十力丛书

乾坤衍

熊十力 著

上海古籍出版社
上海书店出版社

图书在版编目(CIP)数据

乾坤衍／熊十力著. —上海：上海古籍出版社，
2019.2(2021.4 重印)
(十力丛书)
ISBN 978-7-5325-9086-5

Ⅰ.①乾… Ⅱ.①熊… Ⅲ.①唯识宗-研究 Ⅳ.
①B946.3

中国版本图书馆 CIP 数据核字(2019)第 014027 号

乾坤衍

熊十力 著

上海古籍出版社出版、发行

(上海瑞金二路 272 号 邮政编码 200020)

(1) 网址:www.guji.com.cn
(2) E-mail:guji1@guji.com.cn
(3) 易文网网址:www.ewen.co

常熟市文化印刷有限公司印刷

开本635×965 1/16 印张20 插页2 字数207,000
2019 年 2 月第 1 版 2021 年 4 月第 4 次印刷
印数:4,901—6,400
ISBN 978-7-5325-9086-5
B·1089 定价:59. 00 元
如有质量问题,请与承印公司联系

"十力丛书"出版缘起

大约在 2006 年,我动念想出版熊十力先生的书,遂与熊先生后人联系。其时我不过是初入出版界的资浅编辑,没想到万承厚女士欣然慨允,给予我极大的信任。万女士为此事咨询王元化先生,元化先生又委托时任上海书店出版社社长的王为松先生主持出版事宜,事情很快落实,由当时我所在的世纪文景公司与上海书店出版社联合出版。

熊十力先生的曾孙女熊明心博士参与了丛书的编校工作,现代新儒家的传人罗义俊先生担任丛书的学术顾问。罗先生不顾久病体弱,亲自参与审稿或复校。王元化先生则将旧文中有关熊先生的片段连缀成《读熊十力札记》以代丛书序,并在前面写了一段引言,据说这是王先生亲撰的最后文字。丛书自 2007 年 8 月起陆续出版,历时两年,而王先生于 2008 年 5 月去世,未及见到丛书出齐。

转眼间十多年过去了,万女士也于今年仙逝。今由上海古籍出版社联合上海书店出版社再版"十力丛书",因记其始末。新版"十力丛书"改正了不少初版未校出的错讹和不当的标点,将初版遗漏的《论六经》与《中国历史讲话》《中国哲学与西洋科学》等合为一册,《熊十力论学书札》增补了若干新发现的书信,"十力丛书"庶几完备焉。

当时为初版所撰"出版说明",仍录于下:

1947 年门人刘虎生、周通旦等于熊先生家乡谋印先生著作,名

1

之曰"十力丛书"。盖先生亲定名焉。丛书原拟印先生前期主要著作,因赀力不继,仅印出《新唯识论》语体本及《十力语要》各千部。先生晚年自筹付印《与友人论张江陵》《原儒》《体用论》《乾坤衍》诸书,亦以十力丛书为名,显见先生续成之意。然亦止成数百部以便保存而已。今汇集出版先生前后期主要著作,成为一完整系列,仍决定沿用"十力丛书"之名,亦为完成先生夙愿云。

本丛书编辑体例如下:

一、采用简体横排,以广流传。

二、以原始或原校较精之版本为底本,并参考其他版本点校。

三、依熊先生原文之句读,重施标点。通假字保留;异体字酌改为通行字;凡显系手民误植者,径改不出校记。

四、引文约引、节引或文字与出典稍有出入处,一般保持原貌;与出典差异较大者,予以说明。引文或正文少数缺略的内容有必要补出者,补入文字加〔 〕。原版个别无法辨识的文字以□示之。

补记:《新唯识论》立"翕阗成变"之义,系熊十力哲学的重要概念,为尊重故,丛书中与此相关的"阗"字不简化成"辟",而写作"阗"。另外适当照顾作者的用字习惯,如"执著"之"著"熊先生习惯写成"着",古印度论师世亲之兄,熊先生也写作"无着",今亦仍其旧。

刘海滨

2018 年 12 月 5 日

目录

乾　坤　衍

题　记

　　《乾坤衍》1961 年由中国科学院印刷厂影印,系作者自费印存。本书即以此为底本,并参考其他版本点校。

自　序

吾书以《乾坤衍》名，何耶？昔者孔子托于伏羲氏六十四卦而作《周易》，尝曰："《乾》《坤》，其《易》之缊耶？"此言《乾》《坤》二卦，于六十四卦中特居其首。以其发明至道，（至者，至极。）弘博深远，（弘，大也。博，广也。）无所不包通。（一切皆包含之，一切皆贯通之。）《易经》全部实以《乾》《坤》为其缊。缊，犹云宝藏也。言《乾》《坤》二卦是《易经》中之大宝藏也。又曰："《乾》《坤》，其《易》之门耶？"《论语》曰"谁能出不由户"云云。户，谓门也。此言《乾》《坤》二卦乃其余诸卦诸爻之所从出也。孔子自明其述作之本怀如此。可见《易》道在《乾》《坤》。学《易》者必通《乾》《坤》，而后《易经》全部可通也。衍者，推演开扩之谓。引伸而长之，治学如抽丝。丝之端，最微小如无物，引而伸之则愈伸愈长，将无穷也。学亦如是。**触类而通之**，万变万化，万物万事，何由而成？曰成于理。事物万殊，变化万殊，以是而知理本万殊。理万殊故，析之必有其类。类不紊乱，会之乃得其元。（会者，综合以观其大通。元，犹源也。）故理者，一元而万殊，万殊而仍一也。故学问之事，知类其要矣。知类之术，始乎分析，终乎会通，而始之事重矣。知类犹亏,(亏,犹云欠缺。)难言会通也。夫分析者,触类而通也。观物析理,有见乎此,复由此而求通于彼,又由彼而求通于彼彼,(彼彼者,以极繁赜故,彼而又有彼也。)至于极万有之至赜,而后可同于大通矣。是为衍。余学《易》而识《乾》《坤》,用功在于衍也,故以名吾书。书共二分。二分,犹二篇也。第一分,辨伪;孔子《六经》皆为小儒所改窜、变乱,汉儒传至今日之《五经》,皆非孔子原本。《六经》本一贯,欲辨正《易经》之伪,不得不通《六经》而总辨之。第二分,广义。推演、扩充,以弘广《大易》之义也。《易经》称"大",尊之之辞也。二分始于前年,适在病苦中,今始毕业。封君用拙来漆园写定影印,志其劳。

夏历辛丑年立春节前公元一九六一年一月二十一日

漆园老人熊十力识于上海寓舍

第一分　辨　伪

　　《汉书·艺文志》称《易》为《五经》之原。此说盖出自三千之后学传授不绝，而刘歆能述之耳。孔门弟子三千余人，而其天才最高者，孔子目为狂简之徒，狂简诸贤又各传后学。上考孔子之学，其大变盖有早、晚二期。而《六经》作于晚年，是其定论。早年思想，修明古圣王遗教而光大之，所谓小康礼教是也。小康者，以礼义为纲纪，正上下之分，别尊卑之等。贵贱有不可逾之阶，居上层者世守其位。天子以天下为私有、诸侯以国为私有、大夫以邑为私有，是谓三层统治。大多数庶民劳力生产，供奉其上。居上者取之有制，毋更苛虐。庶民聊可自给，得以粗安，是谓小康。古圣王既立小康之规模，已定群制、成群俗，于是一切学术思想，皆依缘此等群制、群俗而发展。晚年思想，则自五十岁读伏羲氏之《易》，神解焕发，其思想界起根本变化。于是首作《周易》《春秋》二经，伏羲之《易》，即八卦是也。但八卦是六十四卦之总称，非谓伏羲只画八卦也。汉人言文王重六爻。（重，读重复之重。）盖小康之儒以拥护君统之邪说，窜乱孔子之《周易》，欲假托文王以抑孔子耳。有问："经名《周易》，其义云何？"答：易者,变动与改易之谓。天地,大物也,每一秒忽都在变动与改易之中,况物之细者乎?变易之义,广矣大矣,深矣远矣。孔子总观宇宙万有,洞彻变易之根本原理而作经,名曰《周易》。周有二义,曰遍、曰密。此经说理,综举大全,不流于偏曲,故云周遍;察及纤悉,不失之疏漏,故云周密。(纤,细也。悉,详尽也。言极细极繁处亦察之详也。)《易经》立名,特取周义,其游、夏诸贤所为欤!(子游、子夏皆孔门文学之上哲也。)古圣著书多由弟子或后学定名。汉人妄说文王重卦,乃以周为周代之称,此无义据,不可从。《春秋经》之名可阅先儒注疏。

立内圣外王之弘规。孔子之道,以成己、成物融成一贯。小己与万物本来一体,不可分割。(此中言万物,即太空诸天大物皆包含在内,而况物之细者乎?蓄然万物,不论有机物、无机物,彼此互相感通、互相联系,而为一体。事实如此。)云何有内外可分? 今言内外者,据理而谈,有总相、别相故。(相,读相状之相。)说万物一体者,此据总相说也;凡物各各自成一个小己者,此据别相说。若无别相,那有总相可说? 别相在总相中,彼此平等协和合作,而各自有成,即是总相的大成。譬如五官百骸在全身之发育,亦此理也。内之为言,就别相说;外之为言,就总相说。内外者,强为之名耳。别相、总相,本来一体。(于一体上,观其分,说别相;会其全,说总相。)犹如吾身,就分而言,五官百骸,别相也;就全而言,唯是一身,总相也。何曾实有内外可划界乎?《中庸》为衍《易》之书,其赞孔子之道曰"合内外",诚哉知言。(言出于真知,曰知言。清儒焦循、胡煦皆谓《中庸》衍《易》。衍《易》者,推演《易》义之谓。内圣外王,同于大通,是为"合内外"。)**内圣者,深穷宇宙人生根本问题,求得正确解决,**正确之解,诚难得。游心万有而求其理,毋逞空想、毋就成见、毋守偏见、毋恃浅见,久之当有正确之解生。成见最难言。已成之见,曰成见。凡见之成,必有所据,然所据者或甚狭,彼乃保其已成之见,终不从多方面体验以自广也。偏见与肤见均难去,此不及论。**笃实践履,健以成己,是为内圣学。外王者,王犹往也,**如人心有所向往,而不容已者,谓之一往直前。**孔子倡明大道,以天下为公,立开物成务之本,**开发万物,曰开物。成立一切应

6

创应兴之新事业,曰成务。见《易大传》。公也者,开与成之本也。以天下一家,谋人类生活之安。"天下为公"与"天下一家"二语,并见于《礼运篇》。皆孔子新《礼经》之义也。孔子天下一家之论,必有详密的说明与豫拟的制度。(圣人有远见,时未至而豫计之,曰豫拟。)惜乎《礼运》一经,后人削除之殆尽,今无可考矣。(《礼运》是孔子所作新《礼经》之一。六国时小康礼教最盛行,必首先改窜此经。汉初儒生又更乱之,列入《礼记》为一篇。参看余之《原儒·原外王篇》。)此皆依于大道而起作为,乃至裁成天地,辅相万物,辅相者,直道行,强权绌。(绌,犹退也。)万物平等,互相协助。人道之隆,可谓极矣。此非偶然可至。浩浩宇宙,芸芸万类,共同戮力,向往大道,健而直趣,无有不遂。故外王之道不托空言,存乎向往之真,见诸行动实践。实践不力,何能成物? 王之义为往,富哉斯义! 外王立名,取义在一往直前,深可味也。夫万物一体,是为总相。个人即小己,对总相言,则为别相。总相固不是离别相而得有自体,但每一别相都不可离总相而孤存。总相者,别相之大体;别相者,总相之支体。名虽有二,实一体也。故个人成己之学,不可为独善、自私之计,而成物为至要矣。然己若未成,又何以成物? 故内圣、外王,其道一贯,学者宜知。《易经》广大,虽内外皆备,而内圣为宗,宗,犹主也。《五经》同出于斯。斯,指《易经》。《春秋经》继《易》而作,成万物者王道,虽以圣学立本,王道,谓外王之业。圣学,谓内圣之功。而王道特详,《礼》《乐》《诗》《书》四经皆《春秋经》之羽翼也。《周官经》与《礼运经》此皆《礼经》。《诗》三百篇,孔子既删定之,必作传以发其旨。三百篇及《诗传》,皆孔子之《诗经》也。惜乎《诗传》全亡。《书经》出于孔壁者,汉武帝遣使者取之,竟藏于秘室,不许流通,遂至毁灭。此经必是破斥帝王制度,否则武帝何故毁之乎? 此事,余考辨在《六经是孔子晚年定论》中,宜参看。最可怪者,《书经》自西汉初年以至今世,无有一部不是伪书。皮锡瑞独以伏生所传授者为真。殊不知伏生本秦之博士。秦之君,累世专横蛮野，六国儒生犹叛孔子晚年之《六经》而专宗小康礼教，况蛮野之秦，其博士有能守孔子之《书经》，而不遵小康之教者乎？余敢断言，秦博士之徒必皆是小康派，其所传之《书经》决不是孔子真本，其为小康奴儒改窜之伪书，无疑也。自秦汉至今二千余年，《书经》无一部不伪，由此可推见，孔子之《书经》必是主张消灭统治，否则武帝既遣使取孔壁之书，何故又令其毁于秘室？孔壁书已毁，而作伪者犹多，（此中不及详。）可见汉人皆知孔子《书经》真本将毁于秘室，各欲造伪书而托孔子之名，以流行于世，亦怪事也。《乐经》主和，其本在仁。扬太和之声，畅生人之性。汉初已不传。六国乱亡，秦人昏暴，《乐经》散失，当在秦火以前。《周官经》与《礼记》所存说乐之文，皆不足以当《乐经》也。外王之道，创发于《易》，盛张于《春秋》。司马迁记其所闻于董生曰："《春秋》贬天子，（贬者，废除其位，而逐之远方。）退诸侯，（退者，废除其位，令其退为庶人也。）讨大夫。（讨者，举兵以灭之。春秋时大夫专政，故须用兵力荡灭之也。）"据此，则《春秋经》主张领导革命，消灭统治，以蕲进乎天下一家之盛。董生受《春秋》于公羊寿，公羊寿之先世公羊高亲受《春秋》于子夏，（子夏，孔子之弟子也。）而其子以下世相传，至寿已五世矣。董生从公羊寿得悉孔子《春秋》之真实底蕴，盖与马迁私言之，（迁姓司马氏，亦简称马。后仿此。）而董生自己著《春秋繁露》一书，则确是小康派之顽陋思想，完全背叛孔子《大易》《春秋》诸经本旨。公羊寿当汉景帝之世，与其弟子胡毋生合作《春秋传》。（创明义例与修辞，胡毋之力为多，而归功其师，名《公羊春秋》。）寿与胡毋不谓传由己作，（己者作，为公羊寿之自谓。下己字，仿此。）只是子夏所亲受于孔子之口说，传于其高祖，（即公羊高。）高祖以下世世相承，爰及己身，乃以世传孔子口说著于竹帛。（古代之书以刀笔刻于竹简，汉时亦有帛书。）寿及其弟子之宣言如此。自朝廷以至天下儒生，大多数人皆以为《公羊传》即是依据孔子口说而写定成书，易言之，《公羊春秋》真是孔子之《春秋》经传也。（《春秋经》有经文和传文之分。）近人康有为治《春秋》，专以《公羊传》及董生《春秋繁露》为宗主。董生之学出于公羊氏，《史记》有明文。（董生当是公羊寿之弟子，不及学于寿之父。）

第一分　辨　伪

《繁露》之书与《公羊传》同声相应，本是一家之学。故康氏宗《公羊传》，不得不尊《繁露》也。其实，公羊寿完全背叛其先人所传孔子《春秋》经传，而甘心改从小康之曲学。托于图谶，诡称孔子作《春秋》是为汉制法，以拥护皇帝，稳固统治阶层为主旨。其顽陋至此。余考定何休所述《春秋》三世义，是公羊高所受于子夏而传之其子，以及后嗣，世守未坠者。此确是孔子之《春秋》。余已释在《原儒·原外王篇》。《公羊传》与《繁露》说三世，专就君臣恩义立言，明明与何休所述三世，截然不可相通，判然无有相近，稍有识者应当一览了然，而二千年来，竟无有人于此处发疑问者。秦汉以后禁锢思想，士人昏然不求知，积习已深也。何休注三世：一、据乱世者，万国庶民在久受压迫与侵削之中，奋起革命，消灭统治，拨乱世而反之正。二、升平世者，革命初成，乱制已革，（乱制者，古《春秋》说少数人统治大多数人，即是造乱的制度。）更须领导新建设，国家将改正旧日之国界恶习，而变为文化团体。但在万国未能遽行统一以前，国家仍保持独立的规模与军事之设备。其对外，则防御列国中或有反动分子阴蓄异国；其对内，则土地国有、一切生产事业国营，乃至万物聚散与人民享受等等业务，莫不由国家经理。（以上皆根据《周官经》而言。聚，谓国内各地各种物资之统购；散，谓分配物资于各地各项职业之人，平价出售，供其食用等需要。）此举其大略也。三、太平世者，国界、种界一切化除，天下一家，人各自主而皆平等互助，无彼我分别，《易》云"群龙无首"是也。何休所述三世，确是孔子《春秋》之三世义。以《易》《春秋》《周官》《礼运》诸经互相发明，义证确然。何休盖得之公羊高所受于子夏之秘文、遗说。（秘文者，孔子之《春秋》不是仅凭口说流传，必已写出为书，由子夏传之公羊高，高传其子以及后嗣，经秦火之惨，久秘而未公之于世，故是秘文。及公羊寿师弟以小康曲说，私作《春秋传》，而假称为孔子之口说，不肯承认其先人有受于子夏之秘文。汉以来言《公羊》者皆笃信其家传只有口说，是为公羊寿师弟所欺蔽也。《六经》中唯《春秋》一经弄出许多诡谲，此辈作伪最险。余尝欲详考而深论之，以一生在病中，未果。康有为不学，于孔子三世及公羊寿师弟之三世，是非不辨，迷暗至极，大可惜也。此段

9

注文颇长,姑止。)

孔子《六经》无有一经不遭改窜。改窜之祸,非独不始于汉初,亦不始于吕秦之世,秦始皇实姓吕,故称吕秦。盖始于六国之儒。韩非《显学篇》曰:"自孔子之死也,有子张之儒,有子思之儒,有颜氏之儒,有孟氏之儒,有漆雕之儒,有仲良氏之儒,有孙氏之儒,有乐正氏之儒。自墨子之死也,有相里氏之墨,有相夫氏之墨,有邓陵氏之墨。故孔、墨之后,儒分为八,墨离为三,取舍相反不同,而皆自谓真孔、墨。取舍云云者,如孔子之弟子虽同宗孔子,而实则三千、七十之徒,其于孔子之道各各有所取、有所舍。(舍者,舍去。如取孔子早年祖述古圣王之教,则必舍去其晚年消灭统治等学说。反之,如取孔子晚年思想,则必舍去其早年之学。各人取舍相反,遂成为不同的许多学派。故云取舍相反不同,儒分为八。此乃韩非就其见闻所及者而言之耳。孔门弟子遍南北,其开学派者决不止于八。且彼所举八儒,多是后学。韩非僻在三晋,闻见有限可知矣。孔子后学既分为多派,而各派皆自谓是真孔。墨子后学之各派,亦各自谓是真墨。)孔、墨不可复生,将谁使定世之学乎"云云。据韩非所说而推之,孔子后学分派,各各自称为真孔。由此可知,各派必将孔子之《六经》,各就其所取与所舍者,尽力改窜。发扬其所取之部分,必删削其所舍之部分,以为其自称真孔之实证。如汉人传来之《五经》,《乐经》早亡,故只有五。几乎完全是小康思想。此乃小康派所改窜之伪《五经》,实非孔子五经之真本也。又复须知,凡改窜正经者,对于其所舍之部分,不得不留存极少数文句,以隐示己之所由改作。至于己所取之部分,则极力铺张,欲以遮掩或淆乱己所欲舍之方面,而使相反之义,在己所改窜之文字中,将失其本义,而与己之所改定者,几不可辨。凡改

10

窜正经者，其用心未有不如此也。姑举一例，《礼记》一书，是汉人辑录六国以来小康派之说，后人尊为一经。其中有《礼运篇》，即削改孔子之《礼运经》而别为此篇也。篇中有"天下一家"之语，本孔子《礼运经》原文。余曾说在前。有问：何以知是孔子原文？答曰：汝试将篇首"大道之行也，天下为公"一段及小康一段，细心体会，当知天下一家是孔子《春秋》主张太平世，全世界人类建立共同生活制度。小康之治，阶级巩固，私有制不可摇动，有治人与治于人之分，天子、诸侯、大夫，是居上治人者。劳动生产之下民，是不能自治而受人之治，谓之"治于人"。有食人与食于人之分，居上者食下民劳动之所获，而贪欲无可餍足，是食人者也。下民竭力生产，以供上之食，是"食于人"者也。有劳心与劳力之分，富贵者安坐而求知，自以为劳心。庶民常在劳动中，虽息息接触大自然，不无感发，毕竟无静中澄思之机会，难以引申触类，构成有体系的知识。故只是劳力。社会一切大不公、大不平，如何可说天下一家？余故知其为《礼运经》之原文也。然而小康之徒，删削孔子《礼运经》原文，而别造《礼运篇》，列入《礼记》中，以张小康义。竟摘取《礼运经》中"天下一家"四字，杂入小康礼教中，以为小康之教。父慈子孝，兄良弟悌，夫义妇听，长惠幼顺，君仁臣忠，此谓"十义"。如天下之人人能遵行之，便是天下一家。参考《礼运篇》。小康之徒用此等窜乱的作法，直将《礼运经》主张"天下一家"之广大义蕴完全掩蔽。汉以来，治《礼记》者于此处都不生疑问。康有为空谈《礼运篇》，徒摘录篇首大同、小康数行文字，而于此篇真意及其种种漏洞，却茫然不求解。余已辨在《原儒·原外王篇》。余犹忆清季号为经师或名士者，以能治三《礼》为至高，而《礼记》则公推其在三《礼》中独为发明大义之经典。余尝涉猎清人书,见其于考核经书中名物而外,不知果有何物。直取《礼记》一读,又见其不外宗主古帝王之教令,而尽力发挥。窃叹六国时小康之儒,思想顽鄙固陋,其流毒深远,诚可痛也。小康奴儒改作之《礼运篇》,特举父慈、子孝乃至君仁、臣忠等十义,以为由此可致天下一家。殊不知君主制度不消灭,私有制永存,统治阶层与富豪阶级,皆以剥削天下大多数劳力生产之庶民为其幸福。庶民穷困,难为生养之计,父不得慈其子,子不得养其父;兄难惠其弟,弟难事其兄;夫难保其妇,妇难从其夫。旧社会此等惨状,知识分子盖少能注意耳。其不注意者,由其依附上层故也。臣之忠,为禄利而忠耳。君之仁,试取中国历史读之,其不为盗贼者有几乎?孔子之新《礼经》,(即《礼运》《周官》二经。)并继《易》《春秋》而作。力主消灭统治,废私有制,建立人类共同生活制度。大哉圣人之道,洋洋乎发育万物。

有人问:"先生以《周官》与《礼运》为孔子《六经》中之《礼经》,此是先生创说。古言三《礼》,《仪礼》《礼记》《周官》是也。先生否认《仪礼》,独取《周官》《礼运》,且名之曰新《礼经》,何耶?《礼运》只是《礼记》中之一篇。自西汉以来,无有人以《礼运篇》为独立之一经者。先生未免独创异说。"答曰:二千年来经师都不曾用思,故陷于迷谬。今者老夫已破迷斥谬,而吾子犹不悟,何耶?康有为窃取《春秋》三世之名辞,而实不通其义。公羊寿师弟为汉制法之三世义,本是反对孔子《春秋》之三世义,不可并为一谈。公羊寿师弟之伪《春秋》,在当时虽盛行于朝野,而公羊寿之先人公羊高,从子夏处得来之孔子《春秋》经传,其秘文与口义犹在民间流行,反抗公羊寿师弟,暗潮未平。但公羊寿伪学,得朝廷崇尚。学者不敢不尊信,莫肯将暗潮揭发出来。直任反抗之少数人在民间暗斗,其势力微小,无足重视耳。然何休偏不忽视此暗潮,乃奋起作《公羊经传解诂》,遂将子夏传授公羊高之孔子《春秋》三世义，收入公羊寿伪书之中，与公羊寿伪学之三世义混合在一起，欲以平息民间反抗之声浪。其实，何休还是维持公羊寿伪学，并非有意保存孔子《春秋》也。何休《解诂》自序曰：昔者孔子有云，"吾志在《春秋》，行在《孝经》"云云。《孝经》文字，明明是六国时小康之儒所伪造。《论语》载孔子答弟子问孝，总是在斯人本性真情处指示，绝不涉及政治作用。《孝经》将孝道引入政治作用，以拥护统治阶层。稍有识者，应当明辨。何休伪造孔子行在《孝经》之语，其用意在保固封建思想，与孔子《春秋经》的思想绝不相容。余伤清季革命失败，又自度非事功才，誓研究中国哲学思想，欲明了过去群俗，认清中国何由停滞不进。故余研古学用心深细，不敢苟且。少年时读《五经》，詈孔子为宗法思想、封建思想，其实，封建思想即以宗法思想为骨子，单举封建亦可。便舍之弗顾。后来专心佛学多年，又不敢苟同，而自有所悟。回忆《大易》一经，早已开我先路。详在余之《体用论》。此论虽小册，而余在哲学路上之变迁，却叙述扼要。于是又回到孔子《六经》。《大易》一经是《五经》根本。汉、宋群儒，以《易》学名家者，无一不是伪学。其遗毒甚深，直令夏族委靡莫振。中华族类古称夏族。夏者，大也。自汉以下，始称汉族。汉朝声威远播，四裔以是称之。余实痛心。久欲讲明《易》学，复兴孔子之道。而神经衰弱太甚，未堪述作。新运肇开，余得闲居养性，又重玩《五经》。深念孔子《六经》是内圣外王一贯之大道，治《易》而不遍通群经，何可悟《易》乎？《易经》以外，《春秋》最要。此经虽亡于公羊寿师弟之造伪，而余从何休所述三世及古籍散见之说，犹可考得《春秋》真象。其详在《原儒·原外王篇》。余始庆幸，以为《六经》虽遭小康派改窜，而孔子本旨未尝不可究明。

次求《礼经》，而知《仪礼》是《艺文志》所称《礼古经》，非孔子作。惟《周官经》为万世开太平，为字，读卫。他处未注者，仿此。最广大深远，非孔子莫能作。虽小儒改窜颇多，而孔子真相最易发见。此真幸事。小儒，谓小康之徒。康有为以《春秋》三世自鸣，而以《周官经》为伪书，其无头脑、无知识，乃至乎是。清季号硕儒名流者，无不恶康而又畏康。余尔时年少，回忆犹如昨日事耳。其实，康氏实少慧，而又不务实学，首开浮妄之风。宗伪传，以伪为真；毁《周官》，以真为伪，愚而已耳。

《礼记》中《礼运篇》，当是六国时小儒将孔子《礼运经》改窜而为此。惟其删削原经殆尽，而改窜本亦未成巨册，汉人收入《礼记》中，后人或疑其原经非独立之一经。原经谓孔子之《礼运经》，《礼运篇》因此而改作，故对《礼运篇》而说为原经。此乃后人之陋耳。《礼运》《周官》二经，皆与《春秋经》互相发明。《周官经》是革命初步成功，领导庶民，结合众志众力，建树一切新政，为创行全世界人类共同生活制度豫备基础。为，读卫。《礼运经》是破除旧社会宗法思想，解脱古帝王种种大不平的教条之束缚。如食人与食于人之制度，即不能不有上下尊卑贵贱等等名教，以抑制大多数庶民，使之安其分。《仪礼》与《礼记》，其要旨在此耳。孔子作《礼运经》，正以推翻古礼。小康派改作之《礼运篇》尚存有原经之文，曰"故天子有田，以处其子孙。天子直辖之地，其田则皆其子孙所有也。侯国虽非其直辖，却须贡献。故古称天子富有四海。诸侯有国，以处其子孙。大夫有采，以处其子孙。是谓制度"云云。采者，古代大夫之邑，称采邑。大夫之子孙，世有其邑而成家。家亦如小国，有家臣也。按《礼

14

运篇》称,天子、诸侯、大夫以天下、国、邑为其子孙私有。此等叙述,定是原经之文。而小儒改作时,所以仍存此文者,则因原经揭出三层统治,是社会上之大不平,人类经济问题不可得合理解决。原经警醒天下大多数庶民,将使旧礼教完全崩溃,无可护持。故其改作时,对于原经此文倘删除不顾,终无以服人之心,不若仍存此文,另予解释。故于叙述统治层皆有广土,以为子孙私有。而下文即总结之,曰"是谓制度"。注意。小儒在此处措辞,本无理可说,只好以旧社会相承已久的制度,不容动摇,来塞人之口。此其用心亦苦矣。至于天下一家一语,古代天下一词,谓普天之下,犹云全世界。明明是提出将来必然要建立全世界人类共同生活制度。余已释在前文。而小儒乃以父慈子孝及君仁臣忠等十义,可达到天下一家。其无知至此,岂非大怪事哉!

《礼运篇》叙述小康礼教一段,有曰:"今大道既隐,隐者,言大道隐晦而不能行也。天下为家。言天子以天下为其一家之私产,诸侯则以国为其一家私产,大夫则以邑为其一家私产。各亲其亲,各子其子,货力为己。各亲其亲、各子其子、货力为己,此三项,皆通天子、诸侯、大夫而说也。至于庶民之各事其亲,各育其子,皆照上层之例,自不待言。但庶民被上层侵削,其事亲育子皆苦不足耳。货力为己,亦是通天子、诸侯、大夫而说。天子以天下之财货与一切物力、人力为他自己,(为字,读卫。)即天子专有天下之财货及物力、人力,以供其自身与子孙之享受,是谓为己。诸侯专有其国内之货、力,大夫专有其邑内之货、力,皆与天子同样。惟庶民在古代未脱奴隶之境时,则不能以货与力为己。其后渐进,不纯为奴隶。庶民劳动生产供奉上层而外,稍有所余,亦各各自为。其私有的观念渐发展。大人世及以为礼,古时以大人为天子之称。天子死,则其子或弟继居其位,是谓世及。后来定为长子继

15

位,天子如是。国君则父死子继,世有其国,亦如天子之家天下。(国君,谓诸侯也。家天下者,言天子以天下为其一家私有。此晚周人攻击天子之辞。)大夫,则秦汉以后,无有子继父位之制。**城郭沟池以为固,礼义以为纪。**自此以下,至以功为己,皆小康礼教之纲目也。**以正君臣,以笃父子,以睦兄弟,以和夫妇,以设制度,**设立天子有天下、诸侯有国、大夫有邑等制度。**以立田里,**天子、诸侯、大夫皆有田,以处其子孙。**以贤勇知,**贤者,奖励之也。知,读智。居上层者,必赖勇力与智谋之士拥戴,故奖励之礼重焉。**以功为己**"云云,为,读卫。古时天子私有天下,诸侯私有其国,故皆好图大功于外,所以自为,而非为公也。参考《原儒·原外王篇》。**详上所云,皆是古代小康时期之制度与教义。今总称之曰"小康礼教"。**今云封建思想,与《礼运》小康思想不异。

　　小儒因孔子《礼运经》而改造之《礼运篇》,其开端大同小康两段文,必皆是原经之文。原经谓孔子《礼运经》,屡见前。纵小儒改作时不无变易或删削,而此两段之大旨,必是根据原经,可断言也。小康一段,其首句曰"今大道既隐"云云,明明是孔子不满于小康之辞。孔子创明大道,则必条举小康之制度、教义,而绳其短。绳,犹正也。方信大道不可隐晦,终当见诸实行。总之,《礼运》一经之真象,在小儒改作之《礼运篇》中,犹可考见。凡言小儒者,皆谓"小康之儒"。《周官经》是革命初步成功后,领导新政建设之大规模。不经此一番领导,无由达到天下一家。《礼运经》是改造旧社会思想,即宗法思想,或封建思想。庶几新政建设无阻碍。此二《礼经》皆与《春秋》经一贯。吾名二经为新《礼经》者,以其推翻古《礼经》故也。古《礼经》不推翻,世运永远是统治层货力为己及以功为己之局,万物皆不得其所。是叫忍乎?《艺文志》有《礼古经》之目，自古以来读《汉书》者都不注意。《礼》有古经，则孔子之《周官》《礼运》二经，皆为新经可知已。新《礼经》之名，岂余独创乎？《志》称《礼古经》者，《志》载书目，须分部。礼之部，有古经，故称《礼古经》。余称孔子之《礼》书为新《礼经》者，则就学术言，孔子之礼学，反对古礼故也。

小儒改作之《礼运篇》，仅篇首大同小康二段，犹存《礼运经》之大略耳。自小康一段以下，遂专主小康礼教。而其繁称博引，要皆杂拾故事、陈言，不足张扬小康坠绪，小儒之技亦穷矣。康有为只摘取篇中大同数语，自矜为新发见。实则孔子之学，早年诵法古帝王小康之业，诵者，记诵。从古籍中，记诵古帝王遗说也。法者，取法。效法古帝王之道也。诚有是事。但自五十学《易》后，其思想根本改变，五十学《易》，见《论语》。朱子误解。余已辨在《原儒·原学统篇》，可参看。创明内圣外王之大道，始作《六经》。则古代传来之小康思想，是其所不得不反对，此《礼运经》所由作也。

小儒改作之《礼运篇》犹留存原经本旨，未尽泯灭。其述孔子叙论小康之辞曰"今大道既隐"云云，叙论者，叙述小康之制度与教义而论定其失正也。大道既隐以下，可阅《礼运篇》。晦而不明，曰隐。孔子盖谓大道隐晦，故小康礼教得行也。其欲革去小康而实行大道之意，可谓深切著明矣。小儒存此段文，幸未改易先师之语。先师，指孔子。小康背于大道，是谓失正。可见孔子晚年思想，专以大道为宗主，决不兼容小康也。今观《礼运篇》即小儒所改作者。称，孔子曰"大道之行也，与三代之英，丘未之逮也，而有志焉"云云，按"大道之行也，天下为公，选贤与能。"与犹举也。而天子不得有天下，诸侯不得有国。统治层倾覆，私有制亦随之俱废。此与三代之英所行小康礼教，完全相反。三代之英，即《礼运》所称六君子，能行小康礼教者也。孔子何至以大道之行与小康之六君子俱为其志之所存乎？志存乎大道，决不效法三代之英；志存乎小康，又何能实行天下为公之大道？孔子五十后，笃志于大道，只有任而直前已耳。任者，以身任道。一直前往，无后退也。三代之英所行小康之道，过去朽腐，犹若死尸而已。孔子的思想，譬如大海不宿死尸。宿，犹留也。大海水油然生动，活活跃跃，死尸自然不能留滞其间。既已志在大道之行，何至又后退而法三代之英，以陷于颠倒乎？小儒以迷乱之谈，假托圣人，圣人，谓孔子。千古莫有辨正。康有为受其欺，遂以谓孔子本有大同、小康两种思想，大同一词，不足以称孔子之学，应正其名曰大道。故口谈大同，身行复辟。康氏阴谋清室恢复帝位，是谓复辟。其愚不可瘳也。自古未有思想不弘通正确，而行动能不迷乱倾仆者也。人之为学，何容易乎！有为假《礼运》以横盗虚声，假，犹藉也。而实于小儒之改窜圣文，紫朱淆乱，苗莠捆同，此言小儒改窜圣经，如以紫乱朱，以莠乱苗。竟茫然一无所知；且悍然自足，不复求知，乃甘受小儒之欺，妄信其邪说是圣言也。岂不可惜哉！有为虚张《礼运》，实不通《礼运》。虚张《春秋》三世，又不求通三世。伪《公羊传》之三世，专明君臣恩义，本是拥护统治。何以知然？我说，寿等说三世专明君臣恩义，其旨在拥护统治。人或不信吾言，故设为此诘难也。下文即答。统治阶层所以得安定不摇者，其道在君臣以恩义相固结。萧墙之内无衅，草野有伏莽亦易定，国外更不足为患矣。然则伪《公羊》经传以三世明君臣恩义，正是保固统治阶层之大法。汝何不识此意乎？公羊寿师弟以其伪经传，假托为孔子之作，又造图谶诡称孔子豫知汉将继周，故作《春秋》以为汉制法也。为字，读若卫。制，犹作也。参考《公羊春秋》哀十四年经、传，何休《解诂》及徐彦疏。汉人一致承认寿等之说。实则为汉制法者,寿与胡毋生也。寿等以三世明君臣恩义,<small>为汉制法,为字,同上。</small>确有鉴于秦。秦自孝公至吕政皆有雄才而藏险毒,久染戎狄之风,怀并吞之志。知其本土乏才,重用来自六国之智勇:才长治国者,委以国政;才堪善战者,付以军权;才工外交者,亦能厚禄、宠任,恣其所为。及其大功既立,鲜不诛灭。秦并天下而速亡,其主因在愚民之术与残民之政。而君臣全无恩义,亦不得不自溃也。寿等为汉作法,可谓忠于帝室。汉武爱好伪《公羊传》,其智优于吕政矣。<small>清季有劝梁任公勿治《公羊传》,宜治《周官经》,而其人确不知《公羊传》是寿等伪造。何故轻公羊而独崇《周官经》乎? 此人盖以《周官经》之制度,为清季变法所宜采耳。当时孙诒让作一小书,曰《周官政要》,为清季主张变法者所盛传。是时,余已参加革命,亦知孙氏之书甚肤浅,非真能通《周官》者。余尝言,《周官》与《礼运》皆自《春秋》出,三经本一贯。《春秋》虽亡于公羊寿等,而马迁所记董生语(已见前文。)及何休在伪《公羊传解诂》中所述孔子《春秋》三世义,犹可据以推见两经大旨。(两经谓孔子之《春秋》与《礼运》。)《礼运经》大道与小康之辨,亦略存于伪《礼运篇》。治《周官》者,若能于两伪书中求得孔子原经之鳞爪,则可观其会通,而体会圣人裁成天地、曲成万物之造化本领矣。</small>

孔子卒时,七十有四岁。自五十学《易》,而思想大变。<small>孔子所学者,即伏羲之八卦,说见前。</small>从五十至临终凡二十余年,皆其作《六经》以弘扬大道之时也。子贡尊美孔子之辞曰:"夫子之得邦家者,<small>夫子,谓孔子。邦家,犹国家也。言夫子倘得一国而主领之,将如下所云也。</small>所谓立之斯立。<small>立之,谓领导其国之民开发生产,使民皆得利用、厚生,方可说及正德之事。(正德,见《古文尚书》。此书虽伪,而其材料采于古籍。比言教民皆有以养成正大之美德也。)是为立国立人之本计。庶民莫不兴起俱立。</small>道之斯行,<small>道,引导也。行,从也。言夫子以仁心、毅力,循乎大公之道,</small>

（道，犹正理。）明于万物之则，（古云，有物有则。）以引导庶民，则民莫不从善。万众合作，以开万物，以成万事。**绥之斯来**，绥，安也。夫子以善道安人，则人莫不来。来者，同归于善之谓。**动之斯和**"云云。动，谓一切创兴之业，无论大小必先作动众志，集合众力，《周官经》曰"作民"，《大学》曰"作新民"是也。夫子之动人也，以大公至善之道，故人皆趋事急功，莫不和悦。**据此，则孔子富有伟大之感化力。其在野，以《六经》教人，有三千七十之徒，皆列国英俊，集于门下。**七十子中，有秦商字子丕，任不齐字选，皆楚人。言偃字子游，吴人。壤驷赤字子徒，秦祖字子南，皆秦人。公坚定字子中，晋人。公良儒字子正，颛孙师字子张，皆陈人。如上所述，七十子之国籍，吴、楚、秦、晋俱有。燕、赵诸邦，当不无人。惜乎三千之众，无可考矣。教化之盛，岂不奇哉！

孔子晚年作《六经》，以教门下，其影响盖甚大。《史记》称孔子有弟子三千。见《孔子世家》。又称孔子曰，受业身通者七十有七人。见《仲尼弟子列传》。而《世家》亦云七十有二人。盖古有二说，马迁并存之。后世每以七十子在三千中最为杰出，吾意不必然。孔子盖就三千中其身历仕途而通显者，曰身通。非以学术言也。马迁曰："学者多称七十子之徒，誉者或过其实，毁者或损其真，均之未睹厥容貌。"见《仲尼弟子列传》。马迁此说较允。余推想，孔门三千之徒，其能深造于《六经》，而或以著述传学，或以行动实践者，当非少数。司马谈云"《六艺》经传以千万数，累世不能通其学，当年不能究其礼。故曰博而寡要，劳而少功"云云。《六艺》者，《六经》之别称。古代艺字，应用甚宽，不独技术名艺，凡智慧、知能之学，皆可名为艺。故《六经》亦称《六艺》也。孔子《六经》之制作，其体裁特妙。每一经皆分为经和传。经提纲要，其文字简括。（简者，简而不繁。括者，包括多义。）传者，依经而作，详说其义，期无遗漏。其文不容略也。如《易经》，其每一卦之卦辞、爻辞,皆经也。《彖传》《象传》等,皆传也。至于《易大传》,一名《系辞传》,其文较繁,体式又变,后人作传者,鲜不取法于此。《春秋经》有经、有传,显然易知。举一二例,可概其余。司马谈自其前代以来,世为史官,家藏书甚多。又有太史之守。(守者,谓太史官府藏书极富,是史官之守也。)谈言《六经》各有经传,合计其部数则有千万数之多,可谓盛极矣。"累世不能通其学"者,古人以三十年为一世。累,犹积也。积之二世,即六十年。更累积之,则历年愈多。谈读儒家经传,自觉难通其学,故极言之耳。"当年不能究其礼"者,礼、理二字,古时通用。儒家之学,以"知周乎万物"为要。(知周云云,见《易大传》。周,犹遍也。谓人当用其知,以遍知万物也。)千万数之经传中,当有格物的专门知识,或哲学中深远之理论,与谈所素习者不相近。谈自叹不能究其理也。"博而寡要,劳而少功"二语,谈盖以此攻击大道之儒耳。谈实赞同小康之教,其评儒家,于上引诸语之外,复有曰"若夫列君臣父子之礼,序夫妇长幼之别,虽百家弗能易也"云云。此乃小康礼教。谈之所服膺于儒者,正在小康耳。司马谈《六艺》经传千万数之言,从来不闻有人注意者。余尝向人提及,或疑千万数,只是大多数之辞耳,不必实数也。余曰,虽不必实数,而其为极大多数则无疑。或又曰:"《六艺》经传,当是东周与六国亡时,多有古籍散在民间;至汉初惠、文、景、武四帝,渐献于朝,故谈得见之耳。今先生必欲断定为孔门弟子或后学之作,恐不尽符事实。"余曰,司马谈《论六家要旨》,却于论儒家时,独举其《六艺》经传之多。以明儒家著作独盛,非谓昔之亡国有古籍遗留至汉也。孔子在春秋时,已恨杞、宋不能存夏、殷之文献,杞国是夏之后,宋国是殷之后。当初皆保存其先朝文籍,且历世有精研古学之贤人。及春秋时则文献都亡,故孔子兴叹。至战国时,六国昏乱,孟子叹其上无礼,下无学,贼民兴,亡无日。东周王朝,自春秋时早已名存实亡。诸亡国之廷,先未注意文献,恐无多古籍。上考东周学术之兴,确是孔子以私人在野讲学,主张有教无类,不分贵贱,普遍收容,学者自四方远国而来。学术文化从王朝没落,而创兴于民间,孔子之功,所以不可朽也。司马谈在汉初所见儒家千万数之经传,当是孔门弟子或后学之著作,潜在民间少数老儒之手,必非亡国故宫有古籍流出也。谈之言曰"累世不能通其学,当年不能究其理"云云。此非空泛之谈,乃自道其实感耳。

余玩司马谈《论六家要旨》一文,其论儒家,分明将孔门大道、小康二派捆合一团。此其故,若欲详考,固苦于难寻文证。古籍经秦火后,丧亡殆尽。此一厄也。晚周六国小康之儒,反对大道学派,而欲将孔子五十以后之《六经》思想完全遮掩。汉初儒生拥护皇帝,承六国小儒之故技,必欲绝大道学派之遗迹。此又一厄也。前一厄,儒家经传之受害犹小,秦火不能烧尽民间之私藏也。后一厄,则小儒宗主古代帝王小康礼教,而藉口于孔子早年所常为门人传授,为,读卫。又共闻孔子自称"述而不作,信而好古"。见《论语·述而篇》。宋儒以此章为孔子之谦辞。殊不知故作谦辞,即是虚伪。圣人决不如是。《论语》记载孔子有"仰不愧于天,俯不怍于人,知我者其天乎"之言。自明、自了、自信,间居自道其实际。何须故作谦辞乎?此盖孔子五十以前之语也。于是小儒悍然改窜孔子晚年创明大道之《六经》,使其一变而为古帝王小康礼教之复活。小儒自以为有本师早年之教可依据,故毁弃《六经》而无忌惮也。弟子称其所从受业之师,曰本师。

孔子年五十而思想大变。自此以后二十余年,专致力于《六经》之创作与教育英才之事。《论语》载孔子曰:"归欤,归欤!(据《史记》,是时孔子在陈。)吾党之小子狂简,斐然成章。不知所以裁之。"按孔安国训简为大,今从之。孔子言其弟子有高狂弘大、勇于进取之猛志。斐然成章者,斐然,有文采之貌;成章者,如织丝成帛,条理茂密而体式完整,是谓之章。加以裁量变化,方为适用之美服耳。此言诸弟子已具规模,犹须裁量变化,俾成有用之才。言不知所以裁之者,圣人意挚而辞婉,固早知所以裁之也。据此而推,孔门必多英才。司马谈称儒家"经传千万数,累世不能通其学,当年不能究其理"。余断定千万数之经传是孔门弟子与后学之作,已说在前文。古代学术,专在王朝。王官各掌其本职之典籍,仕学一致。其阅历事物,时有退思,妙符实理。退思者,退,谓冲远。超脱烦扰而有冲远之趣,以发其思,是谓退思。然退思与空想不同。依据经验而起思维,由分析以达于会通,故非游空玄也。余此段话是从《尚书·帝典》体会尧、舜二圣与九卿四岳互相勖勉于日夕万几之中,自天文以至金、木、水、火、土等等实物之开发,与稼穑之勤劳,极乎礼乐诗歌之和情养性,莫非即事即学,即学即事。大哉唐、虞之廷!不独为中夏开国立鸿基,(为,读卫。)而亦是中夏文化学术之所从出也。夏禹、商汤及周文、武各创一代之业,犹有唐、虞几分意思。而禹、汤、周武之子孙都无其先王开国气象,在朝亦不无废学之忧矣。《帝典》字字是事实,非深心含玩者,莫能通明。吾望治古史者注意。伏生所传《尚书》,本非孔子《书经》。但其所载事迹,则必采之古史。尧、舜皆不以天下为私有。余想孔子《书经》关于二帝之叙述,与古史决不异。其书传当发挥天下为公之旨。《礼运》叙小康,始于家天下之夏禹,而不涉及二帝。可见圣人意思。惜乎孔子书传不存。又余言《帝典》,即将俗本所分二《典》三《谟》,总称《帝典》。《大禹谟》虽今文所无,然于古史必有取材。如"水、火、金、木、土、谷惟修,正德、利用、厚生惟和"等语,必古史之遗文也。然二圣及三王,时代太古。二圣,谓尧、舜。三王,谓夏禹、商汤及周之文王、武王。其时学术授受,限于朝廷,无可推行之于群黎。群黎,谓庶民。惟著作之业,则古代为人君者,有记事、记言之史。圣主贤臣,亦各有创作。

如伏羲有八卦，禹有《禹贡》是也。《禹贡》必是禹自作。记载其亲身经历，非他人可代。然凡执政者，万事劳形，著书当不能多。又中国古帝王将阶级分得太严。大君以天子自号，古代帝王称大君，以别于侯国之君也。至高无上。无有加乎其上者，曰无上。天下大多数劳动人民，则定其名曰下民或小民。上下、尊卑、贵贱，分得太惨。试就宗教思想而言，天子独祭天，诸侯犹不得祭，何况下民。可见古代帝王无处不是压制下民，无人道也。尧、舜二圣，是中国古代最好模范。夏禹始立家天下之基，遂成数千年不可革除之乱制。乱制，见古《春秋》。由夏商至西周，历年极长远。九州统一，四裔来王。四裔皆来朝谒中国帝王，并贡其土之产物，曰来王。而民间犹无学术思想之活动。知识库藏，独在王朝，不得推广于列邦小民。"民可使由之，不可使知之。"此古帝王之秘机也。"民可使由"云云，见《论语》。此乃孔子刺古帝王之辞。直至春秋之世，孔子以私人讲学于野，昌言"有教无类"。于时门下三千，多来自列国。颇有高狂、弘大、勇于进取之猛志，为孔子所喜。说见前。天下英俊，萃于一门。思想活跃，犹如春笋发展迅速。经传千万数，皆孔子门人后学之著作，断不容疑。

司马谈对于儒家《六艺》经传千万数，作一总评。而总评之中，约为两点：一曰，"累世不能通其学，当年不能究其理"。二曰，"若夫列君臣、父子之礼，序夫妇、长幼之别，虽百家莫能易也"。余审核其第一点，明明指大道学派之《六艺》经传而言。第二点，明明指小康伪学之经传而言。古帝王之小康礼教，是孔子晚年所极力反对。而其门下有守旧一派，犹欲假托师门早年之说，以张复古之帜，摧毁先师晚年定论。故小康之徒，应正名伪学。司马谈不分真伪，将小康伪学之著作与大道学派所承孔子正传,混合为一而作评论。其所以为此者,小康之徒本自以为孔子只是继述古帝王小康之道,不应别有晚年独创之学,与其早年所学相反对也。故欲泯灭大道学派而不存其名也。

问:"何由知司马谈总评之第一点,是指大道学派之《六艺》经传而言乎?"答:子之疑问,须明了孔子《六经》真象方可解决,否则汝终必怀疑司马谈总评之第一点,何以是特指大道学派之《六艺》经传。子之至此,为长句。今试为汝略言之。吾说《六经》有真象,必是不信西汉传来之《五经》。孔子《六经》,《乐》居其一,必是独成一部。《周官·大司乐章》不足以当《乐经》。《礼记》中之《乐记》,更非《乐经》。《艺文志》称常山王禹献《乐记》二十四卷。刘向校书,得《乐记》二十三篇,与禹不同。此皆六国时儒生杂说耳。故《乐经》全亡。吾何故不信《五经》是孔子《六经》真象? 此一大问题,最初由韩非在晚周六国时曾提到。韩非说,孔子没后,儒分为八,取舍相反不同,各各自谓是真孔。孔子不复生,孰定其是非? 韩非原文曾引在前,可覆看。余少时阅韩非书,至此便有两种感想:一、八儒,只是韩非就其见闻所及者说。三千七十之徒,岂止八派。二、韩非说八派之分,由其对于孔子学说有取舍相反,遂成彼此不同之各派。取舍,说见前,可覆看。余觉得韩非说取舍二字甚好,但嫌太略。取,应有大取与小取之别;舍,亦有大舍与小舍之辨。此意容后谈。余深信古代创开大学派之哲人,其思想之活动力,极弘大、充沛。唯其如此,故一方勇于吸收古人丰富遗业;一方又毕竟靠自我,以主动力参入大自然与社会,自由思考,独立创造。就前一方之吸收说,退然忘我,似是古人之继述者。就后一方之独创说,跃然独

25

辟新天地，终不囿于古也。孔子便是如此伟大、奇怪。其早年勇于吸收古帝王小康之道，信而好古。但其平生常周流列国。陈、蔡诸邦，邦，犹国也。衰弱而近强楚，孔子在其间最久。深悉民生疾困，周知强弱情势。所感既深，而所获益多矣。后来大道之行，天下为公，天下一家之创见，盖自此而发。其为学之方，要在仰观、俯察，远取诸物，近取诸身。见《易大传》。至五十学《易》，又得古代天才之大典，启发甚宏。于是积平生之实测，观众理之会通，豁然洞彻乎大道，而有《六经》之作矣。

孔子既作《六艺》经传，《六艺》，即《六经》之别名。《六经》文体，皆分经和传，说见前。发明大道，教授门人。一时狂简高才，摄受、钻研，跃然兴起。狂简，见前。同宗孔子《六艺》经传。又复各各殚精述作，莫不推衍、扩充，以发圣人无尽之蕴。然皆推本圣籍，通称《六艺》经传。圣籍，指孔子自作之《六经》。余谓《六艺》经传应区分本经与众经。本经是孔子自作之《六经》，乃众经之根本也。（凡言经者，即摄传在内。他处仿此。）众经，则笃志大道之诸弟子或后学所作，乃推衍本经之义旨也。小康之徒改窜圣经，而假托于孔子晚年之《六经》，可谓无忌惮也。《论语》记载孔子曰"述而不作"，又曰"盖有不知而作者，我无是也"云云。此皆孔子五十岁以前之语。《六经》创作，确是其晚年事。小儒既固守孔子早年之教，故必须以古帝王之道改窜孔子《六经》。司马谈及其子迁，皆奉持小康之学甚谨。不可不辨也。参看余之《六经是孔子晚年定论》。

余在前文，曾引韩非说儒学分派，盖由孔门弟子对于师说，有取舍相反。此说甚是。舍者，舍弃之谓。他处未注者，仿此。余谓取舍宜分大小。有大取，即有大舍；有小取，即有小舍。何以言之？孔门狂简高才、笃志大道者，其于本师之《六经》完全执取，是为大取。执取者,执,犹持守也。持守即是取。故与取字合用为复词。完全二字,注意。言其于《六经》持论之广大体系,都有深密了解。易言之,笃信六经立义正确,故乃全盘承受,无复游移。所以谓之大取。有大取即有大舍者。既于《六经》全盘承受,则于古帝王小康礼教,自不得不全盘舍弃。此在孔子《礼运经》中,将大道之行,天下为公,与六君子小康礼教,两相对照,显出公私无二道,福祸不同途。无二道者:理之至正,曰道。公是大道,私即叛道,未可以私为道也。公私二者不得都是道,惟公是道而已。圣人不许六君子之小康为大道,析义精严。福祸云云者,大道行,则天下有大同之乐。(大同者,无国界、无种界,乃至无有智愚、贤不肖种种差别,更无有自我和他人等畛域。是谓大同。)小康制度,无论六君子如何力行,其结果总是谋用是作,兵由此起。福祸殊途,昭然明矣。故大道之学,决不容小康思想杂乎其间,以其私而无公也。小康礼制,天子私有天下,诸侯私有其国。乃至货力为己,以功为己,莫非私也。若夫孔门小康之徒,其于古帝王小康礼教全盘承受,亦是大取。既于此大取,此者,谓小康礼教。则大道是其所必舍。故孔子没后,小儒改窜孔子《六经》,专弘古帝王小康之道。凡言古帝王小康之道者,其道字,应训为"术"。术,犹谋略也。他处未注者,仿此。是乃孔子所不及料也。

有问:"先生言,孔子既没,小儒始改窜先师之《六经》。此说有据否?"答曰:云何无据?刘歆责太常博士书,有曰"仲尼没而微言绝,七十子丧而大义乖"云云。歆与其父向,在汉朝掌校群书。汉兴,至元、成间,晚周众书出世略备。向、歆父子,于古籍无所不窥。其言仲尼没,微言绝,岂其无考而逞臆妄说乎?歆所云微言者,实指孔子晚年大道之学;所云大义者,实指孔子早年称述古帝王小康之道。微言,李奇曰:"隐微不显之言也。"颜师古曰:"精

27

微要妙之言耳。"余按李奇解，得其实。师古以微妙释之，非歆意也。孔子早年弟子，习闻古帝王小康之道，固执而莫能变，根本不肯承认其本师有晚年大道之学。孔子未没时，若辈自不敢毁《六经》。孔子既没，则逞其愚妄而为复古之国，渐有改窜六经之事矣。注意渐字。改经之事，大概孔门顽固派之后学方着手。约当六国时。故曰"仲尼没而微言绝"也。其云微言者何？孔门顽固之徒，虽不肯承认《六经》。而孔子自五十以后至于寿终，二十余年间，实作《六经》以教门人。其时狂简高才，闻大道而愤发，造作经传，以畅圣意，以晓当世者，不可胜数。畅圣意者，谓孔门诸贤笃志大道者，皆欲广造经传，以畅达圣人之旨意也。司马谈称《六艺》经传千万数，盖三千之徒，多狂简高才，故能有是耳。自孔子晚年以至身没未久，大道之学已盛行于世。小儒虽不欲承认六经，亦无可遮掩其事也。及至六国时，道、墨、名、法诸巨子勃兴，皆无有肯持消灭统治之论者。其言群制、治道，皆背叛《六经》之外王学。老庄抨击帝王，恶剥削。此与《春秋》《礼运》二经，有相似处。然处后、不争、不敢为天下先，则群众无领导。王船山云："道家窥几以远害。"个人主义也。墨翟、法家，并不悟民主。法家流于商、韩，人道绝矣。申不害卑卑，毋足道。荀子斥名家玩奇辞，无补实用。而赵人毛公与公孙龙同游平原君家，尝论坚白同异，以为可以治天下。其以避当世责让乎？(让，亦责也。)昔时孔门一派固守帝王之道者，虽不获逞志于当时，而其后学仍世相承。至六国时，诸子百家莫有宗孔者。于是孔门复古之焰，始盛于六国之世，诸小儒奉古帝王小康之道，以改窜孔子《六经》，正在此时。于是二字，至此为句。春秋时，学风已坏。孔子曰"吾犹及史之阙文也，今亡矣夫"云云。阙文者，古史记事，或有未详，亦或书缺简脱。读者至此，则阙之以存疑，决不以己意伪造一说，以补其阙也。今亡矣夫者，亡犹无也。孔子言其少时，犹及见史有阙文，今日别无阙文之事，盖孔子老年之言也。孔子寿七十四，其晚年将近六国昏乱之世，亲见学人好造伪说而不肯阙文存疑，所以兴叹。及至六国时期，学人凭空造谣之习更甚。如《孟子》书中记载当时伪说流行，谓舜为天子时，尧率诸侯北面而朝，瞽叟亦北面而朝之。瞽叟，舜之父也。《韩非》书中亦称舜臣其父，妾其母。盖谓瞽叟北面朝舜，是舜以父为臣也。既以父为臣，便不异以母为妾。造伪者，必不止造此一事。当是造作种种伪说成为一书，公之于世。否则孟子、韩非何从闻其说乎？六国时人守公正而不靡者无几，敢于造伪，本无足怪。

六国时儒生继承孔门狂简一派者似较少，狂简派，即大道学派也。继承孔门顽固派者当较多。顽固派，即小康学派也。此从《礼记·儒行篇》所称十五儒之行，可以想见，且俟后谈。六国时小儒改窜《六经》，诚获罪于圣人。小儒，谓宗主小康之儒，亦即上承孔门顽固派之儒。他处未注者，仿此。然其动机，不必与当时造伪者同其卑下。独惜其天资鲁钝，识解闭塞，以为古帝王小康之道，可以推诸四海而皆准，俟之百世而不惑。此其所以妄行取舍，而不自知其有叛圣毁经之罪也。妄行取舍者，谓其于古帝王之道则全盘承受，所谓大取是也。于孔子发明之大道则全盘弃去，所谓大舍是也。毁经，谓毁孔子之六经。

小儒，以上承孔子之学统自命，既依据古帝王之道以改窜《六经》，而于原经之文不可一字无存，否则无以取信于人。但袭用其文，要必改易其义。如孔子《春秋》，以三世义为纲要。伪《公羊传》则存三世之名，而全变其义。此一例也。何休所述三世，是从民间流行之秘本得来。此秘本，当是公羊高所受于子夏之孔子《春秋经传》。由高之后裔传授，学者录副本。此与伪《公羊传》之三世，截然不可相通。从古无有求其解者。余释在《原儒·原外王篇》。然公羊寿胡毋师弟造伪传，以媚皇帝，而诡称为孔子之《春秋》。实则将孔子本义，泯灭殆尽。其用心最鄙恶。恶者，言其泯灭孔子《春秋》，使皇帝专制之毒长远莫拔。鄙者，言其伪造图谶，称上天预示汉当继周，命孔子为汉制法。参考何休《公羊解诂》哀十四年经传，何注及徐彦疏。六国时小儒改窜圣经，尚未至是。问："先生此说何所取证？"答：汝问及此，余须先说三事：一事，六国时小儒，必将孔子《六经》尽行改窜，此无疑义，否则不能自称真孔。大道派所推衍之经传，小儒可以不承认。惟孔子自作之经传，小儒无法不承认。故只有改窜，以为孔子晚年作六经，犹是祖述古帝王之道也。二事，孔子六经原本，定在大道派学者之手。但自吕政焚坑之祸后，天下儒生一致畏祸，不敢讲大道之学。孔子经本，是否尚有最少数潜在民间，今无可考，是为憾事。余据《春秋》《尚书》二经而推之，孔经原本在汉初不是无存。《尚书》，汉武帝时出于孔氏壁中者，定是孔子原本。而武帝匿之于秘室，始终不许流行，卒致毁灭。此必有大不利于皇帝也。《艺文志》称"武帝末，鲁共王坏孔子宅，共，一作恭。而得《古文尚书》。孔安国者，孔子后也。得其书，以考二十九篇，得多十六篇。二十九篇者，秦博士伏生所授之书也。此言安国以孔壁书，校对伏生之二十九篇，得多十六篇。安国献之，遭巫蛊事，未列于学官"云云。余考王充《论衡》，说及《尚书》，则与《艺文志》完全相反。真是怪事。《论衡·正说篇》云"盖《尚书》本百篇，孔子所授也。中略。至孝景帝时，鲁共王坏孔子教授堂以为殿，得百篇于墙壁中。武帝使使者取视，莫能读

30

者,遂秘于中,外不得见"云云。《论衡》所说,与《艺文志》完全不符。余确定《论衡》之说,是当时事实,不可信《艺文志》而疑《论衡》。班固作《艺文志》,本遵依向、歆父子之说。汉儒一致祖述六国时小儒,欲变孔子为继承古帝王小康礼教之大师,以此拥护皇帝。且武帝时,正利用孔子,定为一尊。若其《书经》反对皇帝,则武帝自不得不匿之秘室,以渐毁灭。此当时国策之必然也。皇帝专制的国家,其文化政策必取其拥护统治。汉武利用孔子正以其门下有小康一派故耳。大道之学,乃其所必禁绝。孔壁《古文尚书》,武帝不许流行。则《书经》之内容,必大不利于皇帝,可知已。但武帝既定孔子为一尊,而又匿藏其《书经》以至毁灭。此事断不可张扬于当时、后世。故向、歆与班固以伪说变乱实事之所由来也。《艺文志》称武帝末,鲁共王坏孔子宅云云。此是班固据向、歆父子之文。而《汉书·景十三王传》曰:"鲁恭王于孝景前二年,立为淮阳王。以孝景前三年,徙王鲁。"又曰:"恭王坏孔子旧宅,以广其宫,于其壁中得古文经传。"云云。据此,则鲁共王本传载共王徙王鲁,在孝景前三年,与《论衡》云孝景帝时,正符合。而《艺文志》以鲁共王坏孔子墙壁,为武帝末年事,则时间相隔太远。班固作《共王传》,必有确据。而《艺文志》从向、歆父子者,则以武帝匿藏孔子《书经》之事,不得不隐讳故耳。共王坏孔氏壁,本是孝景时事,而《志》说在武帝末年。《艺文志》简称《志》。后仿此。《论衡》称共王坏孔氏壁,得《古文尚书》百篇。武帝使使者取视,莫能读者,遂秘于中,外不得见。莫能读者,自是诡诈之语。而《志》称孔安国献之于朝廷,则将武帝遣使赴鲁取书一事,一字不提。易言之,完全否认。又《志》称,遭巫蛊事,未列于学官。则表示武帝并非有意以孔壁之书秘匿于中，令外间不得见也。"则表"二字，至此为句。只因遭巫蛊事，未得立学官耳。否则孔壁书必立学官，人皆可诵习矣。余以《论衡》与《艺文志》对照，便见得《志》文字字是对于当时事实故意遮掩，其用心巧谲极矣。夫孔子宅中墙壁藏书发现，此是大事，亦是至有趣味之事，天下人孰不闻乎！天子使使者取书，天下人孰不重视乎！天子得书，秘之于中，外不得见。天下人皆有目，又何可掩乎！《志》称安国得壁中书，以考二十九篇，壁中书多十六篇。考，犹校对也。此其用意，实欲宣扬伏生所授二十九篇，是孔壁书中所本有，将使天下人共信伏生所授为真孔。其实秦自孝公至吕政，累世皆凶捌。伏生为秦博士，必不敢传授孔子之《书经》，而必采用六国时小儒改窜之《书经》，断然无疑也。使孔壁之书，果与伏生所授二十九篇不异，则汉武帝何必匿之秘室乎？且伏生所授书，上断于尧，下讫于秦。孔子《书经》，本断自尧始，当下讫西周耳。决不至终于秦穆也。秦本西戎，何足道欤！此秦博士所妄增入也。伏书定非孔经，未容混乱。汉初，首以伏生所授书，立学官。故向、歆父子特重之耳。《艺文志》是官修之史，时有变乱事实以媚皇帝。《论衡》所据，是民间野史，故直载事实，不违直道。余故肯定孔壁《书经》是孔子原本。然余为此事多费文字者，为，读卫。非仅欲明孔壁《书经》之真。余意，正欲后之研古学者，注意六国迄汉世小儒，其用意在变孔子为古帝王之继述者，及变六经为小康礼教之经典。惟欲达其拥护统治之本志而已。

《春秋经》，公羊寿胡毋师弟诡谲最多，造作迷雾。寿称其先人公羊高亲受孔子之《春秋》于子夏。又伪造图谶，谓天命孔子作《春秋》以授汉。又谓子夏传于公羊高者，只是口义。口义者，谓

第一分 辨伪

孔子以其《春秋经》之义旨，口授于公羊高，高传其子平。平以下，世承口义。至寿已五世矣。(此见戴宏序。)寿在汉景帝时，与其弟子胡毋合作伪《公羊传》，而自称是子夏传来之口义。易言之，即是孔子之《春秋经传》，非彼与胡毋私造也。寿之诡诈如是。余按孔子作《春秋经》，见于孟子之书。孟子后于孔子约百年余，时地并接近，百年，则时相近。孟子邹人，与鲁甚近。其言决不妄。马迁《史记》，亦称孔子作《春秋》。迁尝问《春秋》于董仲舒，又称仲舒受公羊氏之传。汉人学《春秋》者，皆宗公羊。余谓公羊高受孔子之《春秋》于子夏，当无可疑。但自高之子平，传至于寿，则已叛其先人所受于子夏者，而卒失其所守，归依六国时小康之儒，以伪《传》显于当世。董、胡皆其门下巨子也。寿言其先世受口义于子夏，而不明言有经传。盖其造伪《传》之意，潜蓄已久矣。夫师弟子相授受，口义诚当有之。师以文籍传之弟子，曰授。或与弟子闲居口语，发挥所学，亦曰授。弟子凡有领会于师，与继述其业者，皆曰受。吾亦不否认公羊高有受于子夏之口义。而决不敢信孔子作《春秋》，只是腹稿，未有文字。决不敢信孔子只是口说与子夏，子夏又口说与公羊高，高又以所受于子夏之口义传于其子，以及后裔也。第二"决不敢信"四字，一气贯下，为句。余相信，孔子作《春秋》必有文字，著于竹帛，所谓经、传是也。不待后来汉朝有公羊寿者出，方著竹帛也。公羊寿家藏之孔子《春秋经传》，在寿与胡毋作伪《传》时，或未遽忍毁灭。董仲舒当于寿处，读过孔子《春秋经传》。何以知之？仲舒私语马迁曰："《春秋》贬天子，退诸侯，讨大夫。"云云。此在当时，确是非常异义，可怪之论。仲舒如未读《春秋》，如何道得出？然仲舒自造《春秋繁露》，便纯粹是古帝王之道，乃六国小康派之余裔也。贬天子之弘大理论,在仲舒脑中似未有一毫影响,岂不怪哉!

余以仲舒深明《春秋》本旨,首在消灭统治,是其从公羊寿家得读孔子《春秋经传》之明证。故肯定孔子经传原本,汉世犹存。本旨者,谓《春秋经》之根本义旨也。古代天子、诸侯、大夫是三层统治。《春秋》于天子曰贬,谓放逐其身于远方,而废除天子之制度也。于诸侯曰退,谓降为庶人也。于大夫曰讨。晚周时,大夫握实权,必以兵力讨灭之也。诸侯、大夫等制度必废,不待言。有问:"《公羊春秋经传》尊王曰天王,而有时王不称天者,因其失道而贬之也。据此,则贬与退都是讥剌之谓,只讥剌之意义有轻重耳。注疏家辨之颇详。先生别作一说,恐非古义也。"答曰:余已言,《公羊传》是公羊寿等伪造,叛孔子之经,丧其先人之守。汝犹持其伪说以难我乎?讥剌只是受上层压迫而忍受之,聊作笑骂。绝不肯奋起革命。汉以后史家皆如此。无耻无聊,消磨民气。孔子曰"我欲托之空言,不如见之于行事之深切著明也"云云,明明主张革命实践。而汉以来说《春秋》者,又将孔子此语曲解。余已破斥。(详在《原儒》。)汝犹不悟耶?

三事,前文说分三事。二事文长。今此说三事,恐阅者忘失次第,故三事二字上留空格。《艺文志》记载孔子因鲁史记而作《春秋》,则谓孔子"以鲁,周公之国。礼文备物,史官有法。故与左丘明观其史记"云云。向、歆父子为此说,最险恶。度其用意,度者,推求也。读若托。一则降孔子为史家。向者章太炎以孔子为史家,即宗向、歆也。太炎虽参加清季革命运动,而于《六经》无所知,思想实顽固,受数千年小康学之毒。二则以孔子为周公之信徒。周公集小康礼教之大成。《论语》载孔子曰"周监于二代,郁郁乎文哉!(监,犹观也。二代,夏、商也。此言周公审观夏、商两代之礼典,而斟酌损益,以详定周之礼也。古之礼典,包含万有。社会、政治、经济、文化、学术各方面,无一不摄于礼。但其整个的体系,是小康礼教与宗法思想。郁郁,文盛之貌。)吾从周"云云,(周代礼文大备,故孔子欲从之也。)此乃孔子早年见解。至其晚年思想,则已根本变易。而以周公为小康六君子之一,岂是周公信徒乎? 三则以孔子欲取法周公而作《春秋》。故借助左丘明,共观鲁国史记。是又以孔子《春秋》多有本于丘明之旨,只是史评一类之作,不足为发明大道之经典也。四则欲将孔子《春秋》说为史评,而不承认其有"裁成天地,曲成万物"之弘深理论。弘者,弘大。深者,高深。故又采纳公羊寿、胡毋师弟奸伪之谣言,以为孔子讥刺当时君臣,自恐获罪,故口授子夏,子夏又口授公羊高,高之子若孙,五世以口义相承,至寿之身,始著竹帛也。"以为"二字至"著竹帛也",一气贯下。《志》云:"《春秋》所贬损大人,当世君臣有威权势力,其事实皆形于传。是以隐而不宣,所以免时难也。"《志》云以下,《春秋》二字起,至免时难也止,皆引《志》文也。大人者,古时天子称大人。当世君臣云云,则通王朝及国君,与侯国有威权势力之卿、大夫而言。以上各阶层人物,皆孔子《春秋》之所贬损,而以其造恶犯罪之种种事实,载在经传中。(故云形之于传。)孔子恐当时王、侯、大夫之怨己也,故隐藏其书而不宣布。(书,谓《春秋经传》。)所以避免当时之祸难。难字,读若乱,谓祸患也。《志》文,本采纳公羊寿等之说。寿等本谓孔子传授《春秋》于子夏时只是口说,子夏传于其先人者亦是口说。(先人,谓公羊高。)因其书,触当时有威权者之忌,故不著竹帛,以避祸也。寿等实造谣以自结于汉皇,诡称孔子作《春秋》为汉制法,而讥刺当世王侯,故未敢宣。必待己身,方著竹帛。己身,作为寿之自谓。向、歆于寿等伪传,本不甚尊重。向信《穀梁》,歆尊《左传》。而于寿等所说孔子隐秘其书而不宣,以免时难者,独有取焉,何耶? 盖向、歆欲以证明孔子之书是史评,史评便于当世王侯有讥刺,可能招祸。此其有取于寿等谣言之用意也。向、歆父子同欲卑视孔子之《春秋》,既上推周公,为孔子所祖述;又援引左丘明,为孔子所就正。其至妙者,则以孔子经传为史评一类之书。《志》文中,叙及丘明作传,俗称《春秋左氏传》。则称:"孔子口授弟子。此本寿等故造之谣言,而向、歆利用之耳。弟子退而异言。谓其传孔子之说,各有不同也。丘明恐弟子各安其意以失其真,向、歆意谓,丘明恐孔子之弟子各安己意,而失去孔子史评之真也。故论本事而作传。本事,指鲁史记所载王朝与列国君臣所作的一切事。丘明根据一件一件的事而作传,以明其得失。明夫子不以空言说经也。"云云。夫子,指孔子。向、歆以为丘明作传之意,乃明示孔子之《春秋》是据鲁史记之事实而作评,不是离事实而持空论。但其弟子解释孔子之《春秋经》,则以己意而持空说。故须救正也。向、歆此言,表面上是驳斥孔门弟子,而实际则是驳斥孔子。此不可不知也。

余按,《志》称孔子与丘明观鲁史记。又云:"有所褒讳、贬损,此言孔子于鲁史所载王侯与大夫之行事,其善者则褒美之;而于鲁君有不善,则讳之。于周天子及列国君臣有不善,则贬损之。不可书见,有贬损故,不可见之于书也。口授弟子"云云。据此,则孔子读鲁史记,虽有所评论,亦只口授弟子,并未成书。倘此说不妄,向、歆何可说丘明为孔子之经作传?为,读卫。又何可说丘明之传,明夫子不以空言说经?据向、歆之说,孔子未尝有此经,此者,指《春秋》。丘明何得凭空作传?向、歆自相矛盾而不觉,班固乃据其说以作《志》,岂不怪哉!总之,向、歆父子实欲毁灭孔子之《春秋经》。首先请出集二代小康礼教大成之周公,以明鲁史记所自出。又以左丘明深于鲁史,孔子欲观鲁史,必求丘明与之共观。向、歆妄造此说,以为孔子须求丘明指导也。孔子既观鲁史,便于当世大人等行事有所评论,口授弟子,是为不成文之史评。向、歆父子之本意只如此耳。

向、歆说，丘明作传，"明夫子不以空言说经"。此中"空言"二字，并非斥孔门弟子，而实侮圣人。圣人，指孔子。汉自武帝已定孔子为一尊，向、歆不敢明斥孔子。汉世去春秋犹近。向、歆在朝，校定群书，闻见广博，晚周故籍，无不遍观。孔子《春秋经传》，向、歆不应全无所闻。公羊高受业子夏，乃孔子再传，其时犹是春秋末期。孔子聚徒至三千之众，鲁、齐二国，都无猜忌。及入战国之世，六国犹甚宽大。齐王遇颜斶，王曰："斶前。"斶亦曰："王前。"王侯与草野学人之间，放荡如是。孟子之时，孟子距孔子百年余，在公羊高之后。齐稷下诸先生，非尧、舜，薄汤、武，未闻犯禁纲。《孟子》书中有一章，记齐宣王问曰："汤放桀，武王伐纣，有诸？"孟子对曰："于传有之。"曰：此曰字，齐王问也。"臣弑其君，可乎？"曰：此曰字，孟子答也。"贼仁者，谓之贼；贼义者，谓之残。贼，害也。残，伤也。凶暴惨酷，则自害其本心之仁，而忍为不仁之事以害人，故谓之贼。推动吾心之良知，于事事物物以求物则。（凡物未有不具理则而得成为物者。《诗》云"有物有则"是也。故云物则。）即接物应事，不失其正，是名为义。世有昏人败类，丧其良知，不务致知格物。迷而狂逞，害于正义。伤己以伤物，（己失其正，即伤己。己之处物失其正，即伤物。）故谓之残。残贼之人，谓之一夫。闻诛一夫纣矣，未闻弑君也。"云云。孟子答齐王，直申正义，威若雷霆。其平生愿学孔子，孟子自述。故能如此。孟子有浩然之气。何况孔子胸有一部《春秋经传》在，而畏大人及有权势者害己，竟不敢书见，书见，解见前，可覆看。乃口授弟子。畏怯乃尔耶？观其相鲁定公，与齐景公夹谷之会。莱人以兵鼓噪，将劫定公。见《家语》。孔子以大雄之威，折齐君而退莱兵。巍巍乎大哉！何至不敢著书以申大道，如公羊寿、胡毋师弟之所云耶？寿等求媚于汉皇，不惜诬圣人。旷二千余年，莫有辨其邪者，旷，犹远也，谓时代悠远。余窃痛之久矣！

向、歆以孔子《春秋》，为不成文之史评。又诬孔子为空言，遂假托左丘明据鲁史作传，以救正孔门空言之失。其无知而诬圣，乃小人之无忌惮也。夫向、歆诬孔子为空言，非以其不成文而唯口说相传，谓之空言也。非以二字，一气贯下。彼父子盖以孔子《春秋》不是史家之就本事发论，注意。而别有一种高远理想，将举古帝王之政本、教条、群制、群俗，一切推翻而改造之，《春秋经》之消灭三层统治，贬天子，退诸侯，讨大夫。而张三世，拟定革新宇宙之一切广大计划，豫立开创规模，通筹实施次第。譬如大化之运，无处不周流矣。革新者，革去其旧，而一切新造。郭子玄《庄注》云："揭天地以趋新，负山岳而舍故。"此语宏深，盖从《易大传》裁成天地等义体会得来。人生与天地万物通为一体，人事革新，天地有不从人工而俱化乎？（化，犹变也。）孔子之道，所以为大也。三世义，发于《春秋经》。可参阅《原儒·原外王篇》。据乱世，（据者，依据。依彼乱世，而大开治道，曰据乱世。）群起革命，倾覆统治，（倾覆，犹推倒也。）拨乱世反之正。（"拨乱"云云，孔子《春秋经》之文也。古代，统治阶层既形成，则天下最大多数劳动小民，受上层之压迫与侵剥。人间世大不平，人道失其正，故云乱世。革命，则拨去乱世种种不平的制度，而反之于大正。古《春秋》家言"治起于据乱之世"是也。）升平世，承据乱世革命初步完成之后，乃领导人民合作，创起生产等等革命，完成一切新建设，（《周官经》以生产为本。宋儒王介甫已知之。）改变旧国家结构，树立新国家形式。（旧国家之结构，社会有种种不平的阶层。居上层者，货、力为己，以功为己。货力与以功二句皆《礼运经》之文。货力，说见前。以功为己者，帝王专政之世，好逞野心，图功以扬威，实以为己耳。）货力为己，故对内则剥削劳动人民;以功为己,故对外则侵略弱国。此旧国家之覆辙,不可蹈也。新国家形式,则国家为一文化团体。此种国家之组织,内则基于全国人民之众志、众力,(力字,通智力、体力而总言之也。)改涣散为团结,化私有为大公,建立共同生活制度。外则与世界万国人民同志、合力,真正平等互惠,有无相通。(通玩《周官经》,方知此段意思。《周官》自《春秋》出也。)太平世,以道德为人类互相亲比之大本。(亲比二义,见《易经·比卦》注。亲者,人类互相爱护,若一体,无彼此之分。比者,人类互相扶助,于一切事皆合作。譬如耳听、目视、手持、足行,互相合作,完成一身之发展也。)消除国家及一切界畛,天下一家,(此见《礼运》。即《春秋》太平世之盛轨。)建立全世界人类共同生活制度。极乎范围天地之化而不过,曲成万物而不遗。(此《易大传》文也。天地,谓大自然。此言以人工操纵与改造大自然,使其变化,常受人力之制驭,而不至有过失。如雷电交作时,人触电即死。洪水奔流,居民当其冲者,莫有幸全。可见自然之变化不能无过失也。自科学技术日精,人力乃能操纵水电之变化,使其不至于过,而利用无穷,此一例耳。曲成万物者,随物之材质与性能而裁量之,以启其变化,俾万物皆得成就。不论无机物、有机物,或有机物之为灵为蠢,皆有以变化之、改造之,使其莫不有成。不会遗漏一物而莫之扶助,令其陷于无成。是谓曲成万物而不遗。)人力之盛,人道之隆,至此而极矣。

上文所举孔子《春秋》要旨,皆汉世学人所共知。如消灭统治之论,董生私告马迁,而马迁记之于《史记·自序》。刘歆曾读《史记》,岂不闻此义乎? 三世之说,何休生于向、歆父子之后,犹能详之。可见孔子《春秋经传》,自西汉至东汉,民间未绝传授。余推想,公羊高受于子夏者,必是孔子之《春秋经传》。不可信公羊寿欺骗。公羊高,齐人也。齐鲁间学人,并无不自由之患。彼既受孔子之经传于子夏,断无不传授于弟子之理。高为孔子再传弟子,何至无良士从之请学。高之门下,必有以孔子经传录成副本,转授后学。虽其思想不合当时制度，未可达于朝廷。而少数人讲授民间，继先圣而扶大道，何代无此幽人乎？默而好深湛之思者，曰幽人。邵公生后汉，何休，字邵公。能言三世义。足征子夏、公羊高之传，在汉世未遽绝也。余又尝思之，孟子、荀卿皆曾学孔子《春秋》。其师承所自，不必出于子夏。但孟、荀皆不守尼山本旨，尼山，指孔子。变而之于小康矣。或者孟、荀所受于其师之《春秋经传》，已是孔门顽固派之后学所改窜者，并非孔子原本。此亦不定是乱猜也。

向、歆父子以博学多通，声施后世，不可疑其未闻孔子《春秋》。然其说《春秋》所由作，则以《春秋》继述鲁史记。且上托周公，下引丘明，以抑孔子。而又以孔子《春秋》为不成文之史评。更诋为空言，遂以丘明之论本事而作传，足正孔子之失。易言之，即以左氏《春秋》代替孔子《春秋》。何其丧心病狂至于此乎？此其故无他，自六国小儒已欲变孔子为古帝王之继述人，宗小康之道以改窜六经。吕政焚坑之祸，儒生畏惧，相率远离大道。大道者，孔子《六经》之所发明也。汉兴，皇帝专制之局已稳定。忠君教条，如众星之灿著乎太空，人皆仰之矣。刘向正而不谲，惜其头脑顽固，小康礼教决不舍除。向子歆谲而不正，又自恃小慧，非堪受大道之器。彼父子同欲毁灭孔子之《春秋》，固其所必至也。向、歆于孔子《春秋》侮之无所不至。歆更假托丘明之论本事而作传，是为鲁史正宗，而罢黜孔子。余谓左丘明见于《论语》，确有此人；是否作《春秋传》，余昔年未决。老来详究，《左传》一书，当是六国时人杂集史料而成，刘歆必有增窜。唐、宋至清，论者多矣。若称丘明作，则亦伪书耳。刘歆或取此书中载史墨"君臣无常位"之谈，为王莽篡汉张目。（为，读卫。）杜预注伪《左传》，完全祖述向、歆。皮锡瑞攻杜,而不涉及向、歆,岂于《艺文志》未究欤? 孔子《春秋经传》,本是发挥哲学思想之伟大著作,不可视为史书一类。向、歆固莫能辨也。

如上所说,孔子《六经》原本,在汉初犹存而未遽绝者,当以子夏传于公羊高之《春秋》为较久。何休而后,遂亡失矣。《尚书》出孔宅墙壁者,当是孔子原本,武帝匿之秘府。大概成帝后,《书经》亦坏灭。

公羊寿、胡毋师弟对于孔子《春秋》,直是完全反叛。而自作一书,假托为孔子之口说。如此险毒,六国时小康之儒,确未至乎是。余在前文,曾提示此意,今当略说。余平常每言小儒改窜《六经》,此实修辞不谨。如伪《公羊传》只可谓其伪造,不可说为改窜也。凡言改窜者,必于原书主旨或纲要,多少有所留存。庶几同时及后世之读者,可于改本中窥得原本主要的意思。方可发见改本是给予原本以无理的改易和混乱,所以说为改窜。今审核伪《公羊传》,其主旨是为汉制法,为,读卫。是拥护皇帝以天下为私有之乱制。此与孔子创发大道之行、天下为公之学说,两相对照,根本不可相容。而彼乃诡称子夏传来之口义,今始著竹帛,是为孔子《春秋》。而彼二字,至此为句。如此险恶,何可无辨? 伪《公羊传》只是凭空伪造,与孔子经传本无关,不得谓之改窜。以伪《传》诡托于孔子,遂废孔子之经,是诚篡夺之阴谋,其罪亦甚于改窜。刘向与其子歆,同莫能了解孔子《春秋》。但主张以伪《左传》夺孔子《春秋》者,此必歆之愚妄无忌惮,非其父之意也。六国时小康之儒,犹能于衰世求敦行谊。《礼记·儒行篇》,郑玄注,析为十五儒。余详究之,其间十四儒皆六国时小康之儒也。此意，须别论。汉世伪儒，如公羊寿、胡毋种种诡诈，刘歆以浅见逞私意、侮圣而图立伪《左》，皆六国小康之儒所决不为也。世所称《左传》，亦不全是刘歆伪造。大概六国时庸材杂抄成册。称左氏，而无名字，亦莫知其故。歆遂采之，当更有增益。凡称君子曰者，必歆所为也。歆尝请以《左氏传》立学官。诸博士皆谓左氏不传《春秋》，（此言左氏书，不是传授孔子《春秋》的书也。）遂罢。博士之言是也。何休以孔子《周官经》为六国阴谋之书。盖明知此经是革命思想，而实反对革命，故詈之曰阴谋。休能言《春秋》三世义，盖子夏授与公羊高之孔子经传，犹流行于民间。当时民间学人，必有斥责伪《公羊传》者。何休为伪《传》作《解诂》。为，读卫。因采纳民间流行之孔子三世义，增入伪《传》中，以调和民间学者之暗潮。而其用意，实在维护伪《传》。休长于文，其叙三世，辞婉而旨微。微有二义：一曰深微，含义深广故；二曰隐微，意思隐秘，人不易了故。笃守古帝王之道者见之，亦不觉其有异义也。《后汉书·何休传》称其雅有心思，虽美之之辞，而亦可知其心思之多方，不能择善而固执之。故明知孔子经传，而又曲顺朝廷教令，护持伪《传》。明知《周官》与《春秋》二经是一贯之道，而又詈《周官》以阴谋。六国小康之儒，虽主小康而违大道，亦决不以阴谋恶名，加于大道之儒也。姑举一证：《儒行篇》十五儒中有忧思之儒，是孔门狂简高才之后裔，大道学派之儒也。其说曰："儒有今人与居，余按此言不脱离民群也。庄子曰："独与天地精神往来。"又曰："上与造物者游，而下与外死生、无终始者为友。"（见《庄子·天下篇》。）余按庄子之唯心论与宗教甚相近。天地精神，殆为天帝之变形欤？外死生、无终始者，庄子之所谓至人也。至人者，与天地精神合一，即超脱乎小己，而何死生之有乎！凡物有始即有终。与天地精神为一，则寻其始而不可得始之端,究其终又何有终尽之期乎? 故无始无终也。庄子当战国衰乱之世,乃欲离人间世而别求天地精神独与之通。(往来,即与天地精神通而不隔之谓。)通于此者,(此,谓天地精神。)是为外死生、无始终之至人。至人者,庄生之所自许,非可向外求得此人而与之友也。庄生实已离群离世,独与天地精神冥通为一。其于世之昏浊,人之疾苦,尚何所有乎? 孔子曰:"道不远人。(言远离于人以为道,则其所谓道,必不是道也。)人之为道而远人,不可以为道。"云云。惜乎庄子不闻圣言也。孔门大道之儒,今人与居。大哉居乎! 裁成天地,辅相万物。是乃与今人同广其居,安其居之道也。(裁成云云,并见《易大传》。此中相字,读相状之相。辅相,犹扶助也。不独人类以互相辅相为道,而人之于动物改善其生育,于植物改良其品种,于无机物亦变化裁成之,以发展其功用,利于人生。皆有辅相之道存焉。)**古人与稽**。郑玄注:稽,犹合也。余按汸乎长往之人,而各有贡献于其时代者,皆古之人也。(或道德高厚,或功业伟大,或学术有发明与深造等类,皆于社会有贡献也。)虽其人与其所成就皆已往,要皆有不朽者存。不朽者何? 过去实有于往世,现在实有于斯世,未来将实有于来世。宇宙毕竟无有一瞬一息或空无,圣人于《易经》盛张《大有》,(《易经》有《大有》一卦。)其以预防观空之教也,德盛矣哉!(佛教观人生空,观一切物皆空。)古人成就不可薄,后嗣承前而兴。随时代之迁流,变动之不居,与古人积累之深厚,其一切成就,视古人则继长增高,亦因乎必然之势耳。后嗣所乘之势,优乎前贤,何可薄古乎? 古人与稽者,(稽,犹合也,见上。)与古人合其志,与古人合其进德修业之无厌倦、无已止、无自私自利,完成人道而已。古人而可薄也,后人将亦薄今人;后后之人,莫不层层相薄。人道其熄乎!(问曰:"古人之学不尽是也,后人尚可守乎?"答曰:学术之事,穷理而已。理,有一时一地见为是,时移地异而见为非者,此必非理之至者也。至者,最高、普遍的原理。理之至者,无有一物可逃于其外而得成为物也。其为真是也,不随时而移,不随地而异也。古学之上穷乎至理者,亦不无矣。后人可得而弃乎? 且汝言古学不尽是,又何至一切都非欤? 信其是,弃其非,斯可已。)

今世行之，后世以为楷。余按此言儒者行事，以为后世楷模。凡为一时自便之计，而不可为后世楷者，必不可行也。**适弗逢世，上弗援，下弗推，谗谄之民有比党而危之者。**此言儒者以世方昏乱，奋起而行革命之事。无奈举世终不自觉，儒者亦莫如之何。故云适弗逢世。六国时诸大学派中，唯儒家大道一派及农家极少数人有革命运动，其势甚孤。此外，皆反对革命思想者也。(此事须别论。)学人既陷于迷途，民群无领导，革命所以难也。上弗援者，革命志士必不为在位者所援引。下弗推者，革命志士必不为下民所推戴。谗谄之民有比党而危之者，此即后世所谓侦察探伺之流，千百为群，组成密网。其人皆深险而善机变，以谗口谄容媚事其上，而毒害志士仁人。(民国时袁氏当国，在武汉大布侦察网，屠鄂志士无数。衰年回忆，犹昨日也。)古今少数先觉，呼号革命于民智未开、民德浇薄之乱国，未有不身受上下弗援、弗推，谗谄比党构害之大险难也。(难，读若乱，谓祸难也。)**身可夺也，而志不可夺也。虽危，起居竟信其志。**信，读伸，谓能自伸张而不屈也。郑玄注：起居，犹举事动作。言身虽处危亡之境，而行事举动，犹能伸己之志谋，不变易也。**犹将不忘百姓之病也。其忧思有如此者。**"以上将《儒行篇》说忧思之儒一节，全录其文，而余分段附注。

《儒行篇》忧思之儒，从来无正解。余正其名，曰革命之儒。审其身历危亡之境，能自伸其志谋而不变，犹不忘百姓之病。此其广大之同情，与坚钢之毅力，非革命志士不能有。此篇之作者，当是六国时人。十五儒中，惟革命之儒是大道学派。其余十四儒，大概在乱世能修其德业，对世事亦不忘怀。遇邦君与长吏，可与言，即陈得失；不可，则止。要归于穷则独善其身。此皆小儒之行也。小康派之儒，曰小儒。非贬辞。他处皆仿此。作者于小儒特详，当是小康学派。但于革命之儒，直叙其行事，犹见嘉善意思。汉人以革命思想的经典，斥为阴谋之书。视此能无愧乎！

《周官经》本是革命思想。不独立君有民选之明文，其凡事皆有联。改涣散为合作，变私有为大公。土地国有，一切生产事业皆国营。作民的办法最好，否则无法改造社会。（发动人民的知识与能力，曰作民。）此略言之耳。何休说是阴谋之书，便认清此经为革命思想。其解悟过人，但不应用阴谋一词。刘歆表章此经，并非有真认识。王莽早有篡志，以学周公自饰。莽少与歆俱为黄门郎，甚重歆，遂相结。歆以《周官》为周公作。莽既篡汉，窃帝位，稍仿《周官》之制以变汉制，实则假借《周官经》以文其篡窃之丑，本非有意实行《周官》之法度也。莽非真正有民主与社会主义的理想，而假托《周官经》稍仿一二制度。俗说市人"挂羊头，卖狗肉"。（言其挂羊头以招买者，而实则卖狗肉，以骗诈为务。）如何行得通？莽之自亡宜也。郑玄注《周官经》，纯以帝王小康的思想去作解，亦是大混乱。然此经赖以存，不可谓其无功。《周官经》确是孔子作，与《春秋经》一贯。刘歆说周公作，盖以媚王莽，郑玄承歆说而不知改正。近人康有为以《周官》为刘歆伪造。有为于《春秋》《周官》《礼运》三经均无所知，其狂吠不足辨。余决定《周官》作于孔子，但六国时小儒当有改窜，然孔子真象犹可考见。武帝所见之《周官经》是否为孔子原本，今不可知。刘歆在秘室所见者，必是武帝匿藏之本。《冬官篇》缺亡，或是秘密损坏，或由刘歆删去，都无从考定。由刘歆传至郑玄以至今世之本，当初或有刘歆增窜处，然大体犹存孔子本旨。是在读者有慧眼，能辨之耳。

　　综前所说，孔门弟子之分派，最初由狂简与顽固两种人，对于孔子早年思想及晚年思想，取舍相反，遂为不同的两大派。完全承受孔子晚年思想者，余在前文，谓之大取。便要将其早年思想舍弃尽净。余在前文，谓之大舍。反之，完全承受孔子早年思想者，亦是大取。便要将其晚年思想舍弃尽净。亦是大舍。如上两种人，何故取舍如此相反？此由孔子早年是继述古帝王之道，是信而好古;及五十岁后,却由经验物理、人事,自己渐有新发现。于是从"温故知新"而至于驳斥反古。"温故知新",见《论语》。反古之反,不是反对之谓,而是返回古代去。朱子《中庸》注曰:"反,复也。"反与返通。《中庸》第二十八章,子曰:子,谓孔子。曰者,孔子说也。"愚而好自用,贱而好自专;此语,盖小康之儒所增窜。生乎今之世,反古之道;如此者,栽及其身者也"云云。栽,古灾字。反古,犹复古。余按《论语》称孔子"信而好古",此当是其少年期初习古典时事。又称"温故知新",又者,亦《论语》所称也。《论语》是孔子弟子记录其闲居偶尔之谈,本无组织,记者亦非一人。而研究孔子者,却可从其散见之说,考索其平生思想变迁。则已与笃信古典时心情大不相同。此当是其三十至四十岁之十年中,积渐变化,积渐酝酿,积渐一词,不可忽。积之也以渐,故云积渐。涓涓之流,积成江河。万物生成,莫不由微小积成粗大。人之为学,其思想由至浅而达于至深,由极简而进于极繁,由狭陋而之于弘博,由错误而归于正确,皆积无量数小变化而成大变化,是谓积渐。酝酿一词,本谓酿酒之事,而推演其义,则凡事之以渐养成者,皆曰酝酿。学问之事,正从酝酿得来。虽上哲天才,未有不由积渐而得成其学也。而始有温故知新,突然大跃之一乐。孔子从十五志学至三十岁,大概殚精古典,惟信古而好之已耳。三十而立,立者,自己树立起来。庶几脱去依傍古人之习,而有以自树。四十不惑,其学又大进。余推其"温故知新",在三十至四十之十年中,确从孔子之自述而体会得来,非敢逞臆妄说也。"温故知新"四字,不可粗心作解。温习古义,而证以自身经验,发现古人之短,而自有新的大创见。是为温故知新之乐事。温习古义,而或于古人所持之义为得为失,未能遽决。吾必不可驰空想以求决,惟有博征之于事物以考验古义是否有据而不可摇。其立义也,或无据而只任空想,或其所据不足而陷于错误,吾皆可决定其非,则吾已发生许多新的问题矣。夫析义之事,微妙至极。万物之理如大网罟,千条众系,孔孔相联。故学人析义,往往由此义引生彼义。彼而又彼,牵引无穷。若知古人一义之非,将可推知其众义多非。既知古人众义多非,而吾之自求真是者,必集证而后能立。有据方为推论。古名学之法,作断,必集证充足。推论,必根据现实。吾之新知,亦将步步为营,坚定不摇矣。倘古义果有据也,彼导吾以先路,吾继述以发展。窗前绿叶,继续昨日之绿叶而生。实则今之绿叶,不即是昨日之绿叶。形式如昨,而实质已新也。孔子少年时信而好古,还是依傍古人。从三十至四十,便已自家独立,格物致知。参考《大学》。借助古人所已知,而考验之于自身经验;审核古人得失,启发自己新知。此其思想与智慧之开拓。所以常与大道消息,而无故道可守也。消者,减损或熄灭。息者,生生不熄也。凡物每一秒忽顷,皆灭故生新。(每一两字,注意。言其无有一秒忽顷,而不灭故生新也。)通无量劫而言,总是新新不已。(劫,犹时也。每一秒忽顷灭故生新,故通长远的时间而言总是新新不已。孔子川上之叹,盖以逝水前灭后生,易言之,前前诸流都不守其故,后后诸流皆随时生新,是乃发展不竭。圣人盖叹美之也。)是乃万物共循之大道也。圣人观物而体道,是以思无滞碍,不守故道也。(故道,谓古道。古道者,人情之所迷执,非大道也。万物永劫皆毁故生新,是乃大道也。)

　　《中庸》称孔子曰"生乎今之世,反古之道;如此者,灾及其身"云云。反古者,犹复古也。见上。此盖孔子五十以后之言。盖自三十至四十,温故知新之业,积累日益弘深。业者,学业。累者,积而又积,累加无止也。积累愈久愈多,学业日益弘大深远。至于五十,则圣人内圣外王一贯之大道,已造乎其极。得之于仰观、俯察,远取诸物,近取诸身之实悟;得之于周流列国,目击上层残毒,下民困于水深火热之实感。于是不得不呼号革命,于是不得不作《六经》。《易经》是思想革命之宝典,开体用不二之洪宗。而天帝废,人道立。上古术数之迷,失其据。统天之义,为科学思想导先路。(为,读卫。)荀卿据此作《天论》,衍其旨,曰"大天而事之,不如制天而用之"是也。"群龙无首"与"首出庶物"诸义,则《春秋》废统治、张三世,与《礼运》之反对小康思想,皆自《易》出,而为政治革命、社会革命之先声。《周官》一切生产事业国营,发动人民合作,为生产革命之开端。此皆略言一二事耳。**孔子少时信而好古之思想,至三十已大变。**少时所接触于旧社会者,皆古帝王之教条。习熟古代之《诗》《书》《礼》《乐》,而动其欣慕,亦青年之情趣也。孔子少年所读之《诗》《书》,皆古典也。古诗三千余篇,大概集录上古以来至于周世。及孔子删《诗》,断自周始。古之《书》,必不始于尧、舜。而孔子删《书》,断自二帝。盖孔子删定《诗》《书》,不是整理史籍之谓。而是利用古诗古书之记载,以发明其对于群制、群俗与治道、教化之最高理想。故孔子少年所读之《诗》《书》,是孔子以前之古典。孔子晚年删定之《诗》《书》,则是孔子发明其哲学思想,不可视同考古家整理故籍之作。**孔子博习深研上古与三代哲王之大典,**习之博,研之深,非涉猎也。**取精多,**吸取古圣之精粹与英华,可谓多矣。**用物弘,**古圣所发明与所创造之物材,孔子都研究而借用之,何其弘大欤!**乃为三十后温故知新,豫备基本。**为,读卫。**此事关系极重大。**若基本不充实,而求有温故知新之大变化与大发展,必不可几也。余平生细玩孔子为学,规模广大。孔子哲学思想,体系广大。孔子为万世开太平之前识、远见,正确至极。余虽欲赞之,而穷于措辞也。孔子《六经》思想,断乎无可与古帝王小康之道相容。故曰:"生乎今世,反古之道,灾必及其身。"其严戒门下与后学勿陷于复古之迷,意深远哉。

孔子以复古戒学者,至有"灾及其身"之危言。反对天下为公,而欲复古帝王之制,是大乱之道也。灾及其身,不亦宜乎。此非无的放矢。孔门三千之徒,守其早年之说,而有志乎复古者当不少。孔子所以戒之也。马迁《史记·孔子世家》,称七十子通《六艺》。《六艺》,即《六经》,乃大道之学。吾意不尽然。子路、子贡皆七十子中之最著者也。二子并疑管仲不从子纠死,为未仁。管仲辅齐公子纠,已为其臣。子纠与齐桓公争齐国之君位,不克而死。管仲不同死,桓公以为相。(相字,读若相状之相,犹俗云宰相。桓公用管仲主齐国之政也。)二子皆疑管仲不仁。孔子称管仲有匡正天下之大功,以仁德许之。二子虽无诤,而其心不无疑也。其后子路死于卫,曰:"食其食者,不避其难。"下食子,谓禄也。难者,祸难。子路因食君之禄,而为其君私人之祸患以死,为,读卫。是奴隶的道德也。此乃小康礼教之教条,而二子中其毒。使其明于大道,则当为天下除公害、兴公利,事或不济,以死继之,是乃至仁。二子知有君,而不知有庶民。其于《六艺》发明大道之旨,实无真解也。但子贡聪明,晚年或有悟乎! 子路、子贡疑管仲事,见《论语·宪问篇》。有若,亦七十子之一也。《论语》载其言曰:"其为人也孝弟,而好犯上者,鲜矣。不好犯上,而好作乱者,未之有也"云云。余考《论语》载孔子答门人问孝之辞,皆令为子者,反求诸内心之安与不安,而指示其应行之事。如告子夏,曰"色难",则以留心父母之颜色为难。父母于日常生活中,稍有不愉之色,则必体察其疾苦所在,而立即解决。且不得自惮劳苦,方有以安亲之心。色难之旨盖如此。举此一例,可概其余。孔子言孝,皆就人之性情处指示,绝不参入政治作用。有若便不然，乃特为居上位者着想。为，读卫。欲使庶民居家皆行孝弟，则其对于国君自然忠顺，不至犯上作乱。此乃古帝王小康礼教之骨髓。《孝经》云："移孝作忠，其说有本也。"以事父之孝，转为事君之忠，谓之移孝作忠。于是君尊于父，忠先于孝。《孝经》作于六国时小康之儒，自是成为皇帝自卫之教典。孝弟本乎人性之自然不容已。宗法社会以此为至德，实亦永不可废。但人群道德日益广大，犹当同情群众耳。中国古帝王乃利用孝弟之教，以拥护统治，人性始被穿凿，失其自然。而宗法社会思想，亦与皇帝专制之局，互相依而延长数千年。岂不惜哉！孔子作《礼运经》，主张废除各各独立私营的家庭制，使庶民一切互相合作，组成共同生活的团体，故曰："人不独亲其亲，上亲字，敬爱之谓。下亲字，谓父母。不独者，敬爱己之父母，而于其他老人亦敬爱焉，犹己之父母也。不独子其子。"上子字，慈爱之谓。下子字，谓子女。不独者，慈爱己之子女，而于其他幼儿亦慈爱焉，犹己之子女也。独立私营的家庭制度既废，人皆习于共同生活。新道德之养成，莫大乎扩充事亲之孝德，以敬爱天下之老；扩充爱子之慈德，以抚育天下之幼。敬老、慈幼，二德双修，人道终始备矣。独立私营的家庭制度，本依缘统治阶层而形成。其大苦，略说有二：一、困于上层之剥削。二、各自独立私营，生产力缺乏。天下之幼不得养、老不获其所者，众矣。废家庭之敝制，建共同生活之新制，人类始得发扬其普遍敬老、普遍慈幼，如此广大的新道德。故曰"不独亲其亲，不独子其子"也。有若言孝弟，盖不悟古帝王教民孝弟，实以自卫。移孝作忠，诱人趋附上层，以歆势利。人凿其性，不亦悲乎！《经》复有言：此言经者，仍是《礼运经》。上文未全引者，今摘引如下。"货，恶其弃于地也，不

必藏于己。此中言地，即举大自然而总摄之。大自然，即是具足一切财货的无尽藏。吾人若蒙然不知改造与变化裁成，不知操纵、利用，则是自然储货以待人，人竟弃之，是诚大可恶也。人能竭尽体力、智力，以取得富有之货，则藏于天下人之公共库藏，不必藏于己。而己固与天下人同为公共库藏之主公，用之终不竭也。**力，恶其不出于身也，不必为己。**"为，读卫。此中言力，通指体力、智力而总言之。人能劳动四体，格物、备物，造事、成事，（穷究物理曰格物。见《大学》。尽人之力以裁成万物而用之，无不备足，曰备物。见《易大传》。）人乃成其人之能。力不出于身，殆不足齿于人，何忍不自恶？古代小康之社会，（即宗法社会，或封建社会。）居上位者搜括天下之财货，藏之于己。庶民稍保残余，犹为幸事。（《诗经》变雅与列国民谣，尚可考见此情。）其时庶民之力，疲于为上，而不得为己。（两为字，皆读卫。）设若统治阶层消灭，家庭敞制亦随之消灭，人皆习于共同生活，则人人莫不自恶货弃于地，而求有其货以藏于公共库藏，不必藏于己，而实已藏于己矣；人人皆自恶其力不出于身，而无待他人旁督。所以者何？人身莫不有天赋充实之一切力，莫不乐出其一切力。（天赋者，形容其力为本有故，非谓有天帝赋予之也。）而在小康时代，则为居上者所劫制，人不得自尽其力也。若乃大道之行，统治阶层消灭，各各独立之家庭制已废除，天下之人人同享天下一家之乐。（天下一家，《礼运经》之文也，谓建立全世界人类共同生活制度。曾说在前。）人人皆乐出其本身之一切力，以畅其性，以成其能，皆非有为己之私而后出力也。是故小康之世，人人受在上者之劫制，不得以自力为己。大道之行，人人皆得自由以出其本身之一切力，却不必为己。（为己之私意、私欲，早已克去故。且己亦无不利故。）不必为己与不得为己，二种意义相去何止天渊，此未可无辨也。上引经文，若从道德的观点而言，则知大道之行，人人皆自恶货弃于地，却不必货藏于己；人人皆有恶力不出于身，却不必以力为己。此种道德，崇高无上。孔门七十子中，如子贡之务货殖，亦欲藏货于己。殖，生也。

51

子贡颇讲求货财生殖之方也。冉求为季氏聚敛,为,读卫。乃欲藏货于大夫之家。原宪无财而自足,可谓难矣,而无辅相万物之道。子贡、冉求、原宪皆英才也,而三子之思想皆小康社会典型也。小康之世,货、力为己,上层如是,士人依托上层者,不能安贫而货殖,亦视为寻常事耳。冉求为季氏聚敛,盖以既为其宰,即以此显其能。原宪之行,在小康世自是高德。若以小康之俗衡三子,则三子皆无过也。然而孔子斥子贡货殖,责冉求助季为虐,亦不以宪为仁。其故何耶?孔子以大道望三子,则三子皆有罪也。冉求罪最大。季氏,大夫也。属于统治阶层,《春秋》所必讨也。求,助之为虐。孔子詈之曰:"非吾徒也。"命小子鸣鼓攻之,盖恨极矣。于此,可见孔子革命实践之盛气,非仅持空理论者也。小子,盖孔门弟子之青年者。此辈可进于大道,故孔子命其攻冉求也。孔子在陈,思归鲁,曰:"吾党之小子,狂简。"云云。(此事,曾说在前文。)可见孔子晚年甚注意于门下青年一派。大道之付托,正赖此辈耳。**孔子大道之传授,今据《史记·仲尼弟子列传》,可考**者仅二人。一、言偃,字子游。见于《礼运经》,吴人也。《家语》称偃为鲁人,则因偃仕于鲁,为武城宰,而误说耳。《史记》称偃吴人,为确。少于孔子四十五岁。二、卜商,字子夏。传孔子《春秋经传》于齐人公羊高。卫人也。少于孔子四十四岁。二子皆孔门之青年。孔门弟子三千,青年当不在少数,其见于《论语》者,不必多高材。马迁《史记》所采七十子之徒,于其行事、学术均不详。吾不知其何为粗疏乃尔。《孔子世家》亦作得太坏。非明于学术之良史也。司马贞曰:"子夏文学,著于四科,序《诗》,传《易》。又孔子以《春秋》属商。又传《礼》,著在《礼志》。而此史并不论,按,"此史",指马迁《史记·仲尼弟子列传》也。司马贞著有《史记索隐》。空记《论语》小事,亦其疏也。"云云。按司马贞言子夏传《易》,马迁《史记》于其传学之事,一无所载,非独不载其传《易》也。马迁独称孔子传《易》于商瞿。《史记》称为鲁人,字子木。少于孔子二十九岁。瞿传楚人馯臂子弘。颜师古曰:"《汉书》及《荀子》书皆云字子弓。此作弘,盖误也。"应邵云:"子弓,子夏门人。"余按:子弘、子弓当是两人。自商瞿传子弘至田何,乃术数一脉相承。必非受《易》于子夏之子弓。弘以下凡四传,是为齐人田何。汉兴,田何以亡齐遗老徙关中,乃得《易》于汉世。自汉至今世之《易》学,皆本于田何。由田何而上索之,则商瞿为世祖矣。孔子为太祖,商瞿当称世祖。马迁之父谈,受《易》于杨何。杨何,乃田何之再传弟子也。田何传王同,字子中。子中传杨何。马迁之父谈,则田何之三传也。田何之学,本是上古术数之业,非孔子之《周易》也。马迁因其父谈,继承田何。遂从杨何而上至商瞿,凡八代,源流叙述分明。马迁盖尊其父之师傅,上追商瞿,以为孔子之嫡嗣,是为《易》学正宗,故屏去子夏而不论也。马迁记载七十子,颇有不实。如公孙龙,为坚白异同之说者,与平原君同时,去孔子近二百年。当然不及见孔子,而列入七十子中。公伯僚亦非孔子门人。余按公伯僚,谗人也。《论语》载孔子答子服景伯曰:"公伯僚其如命何?"泛举其姓名,而于其人不屑教诲,非弟子可知。马迁以商瞿列入七十子中,当是据田何所说。是否为孔子弟子,不无问题。《家语》云:"瞿年三十八,无子。母欲更娶室。孔子与瞿母筮,告曰:后有五丈夫子"云云。此乃占卜家造谣,而窜入《家语》以传。不可信也。余观田何传授之《易》,确是上古术数遗业,决非孔子之《易》。独惜子夏尝传《易》,马迁忽之而不载,迁非良史也。子夏传《春秋》是大道之学,其传《易》断乎不杂术数。商瞿为术数之徒所宗,必不闻大道,其为小康派之尤劣者，可知已。余故不得无辨也。《论语》称子谓子夏曰："汝为君子儒，无为小人儒。"孔子此语，自昔无正解。君子儒者，力行大道之儒也；小人儒者，服膺小康礼教之儒也。孔子勖以为君子儒，而犹戒以无为小人儒，其欲以大道之传，寄于子夏，意深切矣！不明乎此，将以君子为成德之称，小人为失德之目。孔门四科，孔子就弟子之所长，别以四科：一曰德行，二曰言语，（即外交辞令。）三曰政事，四曰文学。（即富于哲学思想者。）孔子独荐子游、子夏为文学上选，荐犹举也。参考《论语·先进篇》。圣怀于子夏，契之深矣。何至虑其为失德之小人乎！惟就大道与小康而论，则为大道之学者，须是见得彻，立得定。稍杂乎小康，而不知辨，则不徘徊于歧路者希矣。何可望其正确领导群众，为革故取新、拨乱反正之大业乎？《易·说卦传》曰："革，去故也。鼎，取新也。"《易》有《革》《鼎》二卦，通明革命之义。拨乱反正，说见前谈《春秋》三世处。宜覆玩。《论语》载子贡问师与商孰贤，子曰："师也过，师，字子张，姓颛孙，陈郡人。少于孔子四十八岁。商也不及"云云。《论语》此处之记者，下笔却太含糊。孔子于子张决不是笼统说一过字，于子夏亦决不是笼统说不及两字。子张过在甚处？子夏不及在甚处？真令人无从猜想。余从《论语》，推想子张毕竟是务外一流人也。一流犹云一类。余因子夏传孔子之《春秋》，欲就《论语》所记子夏语，而深论之，兹不便也。

余写至此，适天气酷热。从夏至到仲秋，是沪上酷热时。余百病交作，腰部难得撑起。最苦者，两膝头之内部，其骨如破碎。如起立便觉上身太重，两足不能支持。此危象也。余写到此处，要说之话，犹甚多。前面所提及者，如韩非所言，孔子之后学分派，由于取舍相反云云。余已举出大取、大舍，而于小取、小舍尚未有说,则因有所待也。今于此事,不暇求详,只好简单作一了结。韩非之学,源出老子而卒会归于卫鞅之法、申不害之术。韩非本不了解孔子,其于儒学决不肯详究。于儒学分派,亦只据三晋流行者言之耳,决不会考索儒学分派之所由来。大取大舍,乃余据《礼运经》,而推定儒学总分此两大派。孔门三千之后学,全盘承受孔子晚年大道之学者,是为大取。同时,必完全舍弃孔子早年所服膺于古帝王小康之道,是为大舍。此种情形,在伪《礼运篇》中犹可考见分明。反之,三千中顽固派之后学,笃守孔子早年传习古帝王之礼教,是为大取。同时,亦必完全反对孔子晚年思想,是为大舍。孔门三千之徒,总分为大道、小康两派。旧以大同和小康分派,甚不当。小康礼教,实将古帝王之阶级思想,与其经济、政治、教化、学术、文化等等方面,无不包含尽。而大同一词,不独不能包含孔子之内圣学,即就外王学言,亦绝不能包含其广大之义蕴。大同一词,不过表示《春秋》太平世,天下一家之盛象。而所以达到天下一家的无穷义蕴,则非大同一词所能含摄也。故应遵用《礼运经》大道之文。(《礼运篇》"大道之行也,天下为公"云云,此是《礼运经》之原文,参看《原儒·原外王篇》。)韩非根本不通儒学,宜其未闻儒学分歧之真象也。韩非言八儒取舍相反云云,余审核其说,八派之分只可谓之小取、小舍,非若大道、小康之分:一则全盘承受孔子晚年大道之论,而于其早年好古出于一时之意趣者,则全舍之;一则全盘承受孔子早年帝王之业,而于其晚年定论,拒而弗承也。非若二字,一气贯下为句。小取、小舍者,两小字,俱释为少。彼此根本处不同。而此之于彼,或认定其一义或数义之有当,而取之以自益,是谓少有所取。彼此根本处实无不同。而此之于彼,或认定其一义或数义不必惬于吾之所见,则违之而弗从,是谓少有所舍。前云大取、大舍者,是于不可并容之两方,全盘承受甲方,说为大取。同时,必极端排斥乙方,说为大舍。小取小舍,便不如此。小取只是于大异中,不妨少有所取。小舍只是于大同中,不妨少有所舍。试就后者举例。如子游、子夏,并是大道学派。而子游之教育法,则于大同中不无少有所舍。《论语·子张篇》载子游曰"子夏之门人、小子,当洒扫应对进退,则可矣。抑末也,本之则无。如之何"云云,按朱子注云"子游讥子夏弟子,于威仪容节之间则可矣。然此小学之末耳"云云。余谓,门人,当是指子夏门下之成年者。小子,犹童子也。朱子以"威仪容节"疏释洒扫应对进退,于义欠妥。洒扫固是小子劳动之事;应对进退四字,则含义极博。日常生活中,万物纷来,吾人皆感摄之,曰应;万物纷来,吾人皆制而用之,曰对;对有二义:曰对向,曰对治。吾人对向大自然,而主动以改造之,利用之,故有对向、对治二义。动履万变,曰进;休息静虑,曰退。此四者,皆成年人日常接触大自然,习劳、趋事,增益经验,广发知虑,知,读智。不容纵其身于偷,游其心于空者也。"不容"二字,一气贯下。孔子自言,少时多艺。此中艺字,为技术与材能之通称。孔子自言,不试用于仕途,故得多习于技艺也。见《论语·子罕篇》琴牢所记。牢,孔子弟子也。其作《易》,曰:"知周乎万物。"周,遍也。言人本有知,当求遍通乎万物也。作《大学》,曰:"致知在格物。"圣人未尝舍离事物,不习劳动,闲居冥心以为学,如其后学老氏之徒所为也。圣人,谓孔子。冥心者,息其心于虚无,昧然若无知也。老子出生之年,后于孔子。余详在《原儒》。子夏之于教育,本继承孔子大道之学,未失正鹄,鹄,射者发矢,必有其命中之的也。教育有正当之的,亦犹射也,非妄教也。朱子以威仪容节疏释应对进退,便是教学者于日常接待来

56

宾时,学习礼貌。此乃以二程理学之教育,而曲解子夏。不可无辨也。子游反对子夏之教育法,而讥之曰"本之则无"云云。子游所谓本,盖谓养性之功也。性者,人所由之而有生也。通天地万物而言之,则吾人与天地万物所同有之大源也。但此大源克就吾人而言,则是吾人之性,非在吾身之外也。通天地万物而言,则是吾人与天地万物同禀之一元,但决不是超脱乎吾人与天地万物而独在,切忌误会。子游养性之功云何欤? 余求之《论语》,子游尝为武城宰。武城在兖州,鲁邑也。宰者,邑之长官也。孔子过,孔子过其邑也。"闻弦歌之声,莞尔而笑"云云。据此而论,可见子游以为含养性德,其功莫大乎习乐。乐主和。和也者,生生不息之仁也。子游虑子夏之教育法,将使人偏重历练于事物的知识,而乏坦荡和乐之趣,无养性之功。故以本之则无,绳其失也。子夏答子游之一段话,似欠圆满。余恐文繁,不及引而正之。余谓子游重本之意,甚是;但决不可流于忽视知识,与四体不勤一路。子夏亦宜酌采子游之意,日常退息时,尽有格物以充其知,与习乐以和其性之暇。子游虽与子夏同为大道之学,而其教育之道此中道字,犹方法也。未免于《大学》致知在格物之教,少有所舍。少字,注意。子游当然不轻视格物,但恐其末流可以至此耳。孔门大道学派,今可考者只游、夏二人。二子于教育学,颇有分歧。故谕之于此。

又试就前者举例。前文云,彼此根本处不同,而此之于彼,颇有取其一义或数义以自益,是谓少有所取。宜覆看前文。如孟子、荀卿同是坚守小康之壁垒,与大道学说之主旨根本无可相容。孟子最顽固,宗法思想,狭碍一团。荀卿有倡导科学之理论,见《天论》。又以养欲、给求、言礼,则于《大易》有所摄取,异于孟轲之愚陋矣。荀卿主张暴君可革,其说有曰:"杀,然后仁;夺,然后义;上下易位,然后贞。"贞,正也。盖忿恨六国时侯王之昏贪无能,非革命无可与图治。然终不曾攻击君主制度,易言之,终不欲消灭统治。荀子于大道之学弃其根本,而少取数义以自文,盖其受古帝王之遗毒甚深,妄冀以少数人居上层而控制天下最大多数人,是万世不易之常道,此荀卿之陋也。妄冀二字,一气贯下。孟轲亦谓暴君可革,与荀卿同。殊不知大道之论,其革命也,必消灭统治,非谓革去暴君而别易一君,可谓革命也。《春秋》与《礼运》《周官》三经,据乱之世,首倡革命,荡平统治阶级。即领导庶民自主,一切互相合作,生产事业皆归国营,此言其略耳,其详可细玩《周官经》。惜乎孟、荀俱不能承受大道也。余在清季,闻康有为以孟子为大同学,以大同为学派之名,甚不妥。说见上。荀子为小康学。其实,孟、荀皆坚守小康。孟轲极固蔽,盖小康学派之正宗。不知康氏何故以孟轲为大同学。岂以其有"天下定于一"之论欤?秦王吕政固已并六国,而实现孟轲之希望矣。殊不知,吕政以暴力将天下定于一,是侵虐天下人。非《礼运》大同之谓也。稍有智者,将《礼运篇》首"大道之行,天下为公"至"是谓大同",与其下段"今大道既隐"至"是谓小康",此两段文,字字句句互相对照,学者能详究之。则吕政之定于一,决不是《礼运》之大同,本不待辨而自明。小康之下流为霸道,霸道之下流为昏暴。今之帝国主义者,正是昏暴。吕政残兆民,愚黔首,欲万世私有天下,终乃十五年而亡,皆昏暴之果也。康有为头脑混乱,于孟子犹未能通,真怪事已。荀子在小康派中,最为通儒,独惜其不闻大道。小取、小舍,余已举例释明如上。韩非所谓八儒,只是大道、小康二派之内又各有小取或小舍,遂分各小派耳。然大道、小康两巨流内部之分歧,岂止八派。韩非闻见亦甚狭耳。

余在前文,曾断定司马谈所称,儒家千万数之经传,累世不能通其学,当年不能究其礼者,礼,当作理。礼、理古通用。是因孔门大道学派,宗主孔子六经而推衍其广大深远之蕴,著作特多,故经传有千万数也。前文作此断定,犹未尽意。今病后气力微弱,不敢求详,且略申吾旨。何由而知司马谈所称经传千万数是大道学派之著作欤?司马谈所论之儒家,本是孔门既兴而后,始有儒家可言耳。孔子未讲学以前,学在王朝。王官治事之经验,虽以所知,著在典册,究未成为有体系的思想与学术,且不得下逮民间。故儒学成为独立之一家派,实自孔子创作《六经》。三千弟子中狂简之徒,狂者,高狂,勇于进取。简,大也。曾说见前。踊跃受持,深研博究,推阐为多种经和传,遂有千万数。此为治古代学术史者,所不可否论之事实。余以经传千万数归之大道学派,是乃第一理由。古之言六艺者,本为六种技术之称。六艺者:一曰礼,序君臣父子之礼,列夫妇长幼之别。(借用司马谈之言。)自五帝之世,已以此等教条,颁布民间。《帝典》有"敬敷五教"之文,是其征也。(五教者,蔡注云:父子有亲、君臣有义、夫妇有别、长幼有序、朋友有信。以五者,当然之理,而为教令也。世儒妄分《尧典》《舜典》为二,汉时本合称"帝典"。此乃古史所载事实。《礼记》有礼不下庶人之条,谓庶人只敬守在上者所颁之教令,而习行其礼仪耳。上层对于庶民,不以礼相遇也。)二曰乐,古时民间亦有简单的乐。三曰射,四曰御,五曰书,文字既兴而后,民间当渐有识字运动。六曰数。数者,算数。自孔子作《六经》而后,世人遂以《六经》别称为《六艺》。《六经》别称《六艺》,当始于大道学派诸贤。揆其用意,盖以《六经》之道为人生所需要，犹如礼、乐、射、御、书、数六者，为人生所必需而不可缺也。孔子未作《六经》以前，本无《六艺》经传可言。五帝与三代之世，当然只有一切教令与行事之记载而已。古史有记言与记事之别，实则言即教令也。谓其足为后圣发明学术之参考资料则可，尊之为经则未合。且古时亦无此称。伏羲八卦，后圣推明之，始承认其有哲学思想耳。后圣，谓孔子。孔子《周易》未作以前，八卦只供占卜家利用，何得有经之称乎！《春秋》，鲁史记之名也。孔子《春秋》未作以前，鲁史得有经之称乎？《仪礼》，周公之教条也。孔子未作《礼运》《周官》二经以前，《仪礼》得有经之称乎？《艺文志》称《仪礼》为《礼》古经，则刘向笃守小康之教，尊重古帝王教令，而妄授以经名耳。《诗》三百篇大部分为小民怨忿王侯大夫侵虐之哀声也。《论语》称孔子曰："《诗》可以怨。"孔子特为删定，而寄以改造社会之最高理想，始称为经耳。孔子未删《诗》以前，古诗三千余篇，多是下民无有聊赖之呻吟，何得有经之称乎？总之，《六艺》经传，孔子所创作者为宗本，弟子所推演发挥者为羽翼。此中弟子，指大道学派。司马谈称其有千万数之多，可见大道学说在当时流行极盛。《礼记·儒行篇》，十五儒中有革命之儒。《儒行篇》是六国时小康之儒所作。小康派本以变改《六经》真髓为务，而于大儒革命之行迹，犹不忍湮没。盖有感于当时危亡之象也。力行大道之儒，曰大儒。小康派大师如孟、荀辈，虽有暴君可革之论，然其思想根底，毕竟保持统治阶层。孟轲游齐、梁为客卿，门下随于后车以就食者甚众。荀卿仕楚为兰陵令，其弟子李斯用事于秦；韩非不幸遭谗死，否则亦暴秦之辅臣耳。故知怀抱小康思想者，终不能革命。而十五儒中革命之儒，必为大道学派

60

无疑也。余以孔门三千徒众，少壮狂简高才，勇进于大道，故有六艺经传千万数。是吾所持之理由二也。司马谈对于儒家经伟，有"累世不能通其学，当年不能究其理"，"博而寡要，劳而无功"之叹。此非空泛之说，必曾阅览一过，而后有是言。谈本史官之裔，藏书富，喜博闻，决非目不窥书而鼓舌妄说。谈云："累世不能通其学，当年不能究其理。"据此而推，可知谈所亲览之儒家千万数经传，决定是大道学派之鸿著，非小康之徒所能为也。《六经》之学本一贯，而《易经》为《五经》之原。《易经》倡导科学之论，甚深弘大。其要略犹可考之于《易大传》。参考《原儒·原外王篇》。孔门三千徒中，狂简高才当有科学思想之创作。惜乎汉世小儒弃而弗究，今无可考矣。小康派之儒，曰小儒。司马谈仕于汉武帝之世，犹见儒家六艺经传千万数。而《艺文志》所载者，即今世现存之伪五经耳。千万数都不见于《志》。故知为汉初小儒所屏弃而丧失也。民国初年，学人尊墨子为科学家，诋儒学阻碍科学思想。若辈既不读《易》，又不考墨学来源。《淮南子·要略》曰"墨子学儒者之业，受孔子之术"云云，此说必非无据。淮南王安所招致宾客，皆当世博学通才。安，高帝之孙也，文帝时封王。其时去孔、墨犹近，其书由群贤合作，凡所持说必经众意共核。如墨学不本于孔，何至凭空造谣乎？余按墨子政论浅薄，未达《六经》义旨。而《淮南》称其"学儒者之业，受孔子之术"，必在科学方面无疑。凡人天才有独长者，每有所短。墨子长于科学，故受孔子之术而有成也。司马谈虽尚博闻，而实专精于《道论》。老子之书，古称《道论》。其学务去知去欲，存神而返无。返合于虚无也。谈所叹为"累世不能通其学，当年不能究其理"，必是发挥科学思想之经传。而谈适与之捍格，莫由入也。又《六经》之外王学，自笃守古帝王之道者视之，未有不骇为非常异义可怪之论。骇者，惊骇。谈于儒学独取小康派之宗法思想，说见前文。其于阐明大道之经传，不能通、不能究，何怪其然。余由司马谈读《六艺》经传有不能通、不能究之叹，正可证明儒家千万数之经传，必是大道学派之鸿著。小康派之思想，迂陋、固滞、空疏，其所为书不过重述古帝王之教令而已。司马氏世掌史职，小康学之典籍，谈之所习见、熟悉，本非"累世不能通"之学，更无"当年不能究"之理。余以谈之言，证成《六艺》经传千万数，出于大道学派。是吾所持之理由三也。谈本道家，于《六经》实无所得，又怀偏见。《史记·老子传》曰"世之学老子者则绌儒学"，绌者，黜退之谓。犹俗云卑之也。其云儒学"博而寡要，劳而无功"，适自露其无知，不足辨也。然谈实曾读过《六艺》经传千万数，其言发于亲身经验则无疑。不能通，便直认不通；不能究，便直认难究，犹不失道学专家本分。古哲风谊，可敬也。

余自少时，阅《史记》至《孔子世家》，见其称孔门弟子三千人，而通《六艺》者只七十二人。《六艺》，即《六经》之别称，说见前。《仲尼弟子列传》其说亦与《世家》相同。而小有不符者，则称孔子曰："受业身通者，七十有七人。"大概当时有两说，而马迁并存之。然迁于《世家》则采用七十二之数，或以七十二为近是也。迁作《仲尼弟子列传》，而书于其后曰"余以弟子名姓文字，悉取《论语》弟子问，并次为篇"云云。《论语》乃极简单之小册，其所记弟子与先师之问答，寥寥无几。先师，指孔子。下同。其犹于大海水中取数滴，何可见大海水乎！即就其见于《论语》者而言，审其发问之辞，亦不必皆英俊也。余尝怪，孔门弟子三千之众，何至通《六艺》者,只有七十子之徒? 马迁作《史记》,以此说著之于《孔子世家》,遂成千秋定论。余推想七十子之说,不必倡自马迁。大概六国之季世,小康派之徒有就其得自传闻之七十余人而记录之。七二与七七之数,相差甚微,可不论。而七十子中,颇有分明不是孔门弟子者,故可断定其得自传闻。记录者不必为有学识之人,或不必有若何用意。自吕政以焚坑之毒,摧残孔子儒学,大道学派无人继承。汉兴,鉴吕政之败,遂利用小康之儒拥护帝制。皇帝专制曰帝制。诸小儒奋起而寻求六国时小康学者之遗绪,亦事势之所不容已也。小康之儒,简称小儒。盖六国时小儒,早已改窜孔子之《六经》,俾成为小康思想之教典。汉初小儒所遵奉之《五经》,如田何所授之《易》,如公羊寿、胡毋师弟所造之伪《公羊春秋》,如秦博士伏生所授之《尚书》,如《艺文志》所称之《礼古经》及大、小戴《礼记》,皆六国时小儒之遗物也。《诗经》唯三百篇尚存,而孔子之《诗传》无传,上传字,是传记之传;下传字,是传授之传。读若权。六国时小儒已废绝之矣。《乐经》无传。六国危乱,其时儒生当无暇注意于乐。汉人传《五经》,而缺《乐经》;亦不敢于六国小儒所有者之外,而有所增也。故《艺文志》载有王禹记二十四篇,又刘向校书得《乐记》二十三篇,与禹不同。而皆不以之定为《乐经》,诚以其非六国时小儒所审定者故耳。有问:"公羊寿等之伪《春秋》,非六国时小儒所定也。"答曰:孔子《春秋经传》真本,由子夏传之公羊高,从高传至其后裔公羊寿,始废其先人之传而造伪。此是公羊氏一家之变态。然孔门传《春秋》者,决不止子夏一人。孟子明言孔子作《春秋》,可见其读过孔子之《春秋》,然不闻其得于子夏之传也。孟子说"《春秋》成,而乱臣贼子惧",极力拥护统治阶层。此与董仲舒私语马迁之言曰"《春秋》贬天子，退诸侯，讨大夫"者，绝无合处。贬与退等义，说见前。仲舒学《春秋》于公羊氏，深知孔子本义。但其著《繁露》一书，则与公羊寿等之造伪相同，而不敢昌言消灭天子、诸侯、大夫。其语马迁者，只是私人谈话而已。孟子之《春秋》说，正是以拥护统治之小康礼教，而完全改去孔子之《春秋》真髓。即此可证，改窜孔子之《春秋》者，自六国时之孟子已开其端。公羊寿等之造伪，不谓其本于六国小儒可乎？且伪《公羊传》中，有子沈子曰、子司马子曰、子女子曰、子北宫子曰，又有高子曰、鲁子曰，此皆公羊寿所称引其说，而特致尊崇者。子而又子之，乃尊崇之辞也。此辈都是改窜孔子《春秋》之小儒，为公羊寿等造伪之所祖。此辈当是六国时小儒，否则亦是六国小儒之后嗣，断乎无疑也。汝谓伪《公羊传》不出于六国小儒可乎？伏生所授之《尚书》，必是六国小儒改窜孔子之《书经》而成此伪书。伏生在凶蛮之秦廷为博士，何敢传孔子《书经》？《书经》于汉武帝时出孔壁，武帝犹废绝之，何况暴秦。故伏生之书，必是六国小儒传授之书也。总之，汉朝初兴时代，正谋利用小康之儒。诸小儒亦一致踊跃搜求六国时小儒所改窜之经典与诸文籍，以明其师承有本，而造伪不自己出也。汉初风气，任何学派皆以拥护帝制为天职。老、庄虽不革命，然其思想实痛恨君主专制。六国时道家，非尧、舜，薄汤、武，可谓激烈矣。及至汉兴，道家无一人不变其所守。盖公游曹参之幕。黄生在汉景帝前献谀曰："汤、武非受命，乃弑也。"齐人辕固生虽是小康之学，而犹面折黄生，触景帝之怒，几至于死。见《汉书·儒林传》。黄生者，道家巨子，司马谈之师也。马迁《史记》自序，称其父谈

64

"习《道论》于黄子"是也。谈、迁父子满腹是宗法思想、帝制思想、小康思想。余在《六经是孔子晚年定论》中,辨之较详。可参看也。道家尚如是,何况小康之儒,一向以帝王之道为万世不可易者乎?汉兴,小儒乘时得志。六国小儒之文籍,乃为汉初小儒之所宝贵。二千余年来,历史家、治文化者,从未有注意及此。岂不怪哉!谈至此,吾当回到七十子之问题。七十子之记录,纯是一本乱账,其集录毫无标准。若是在三千人中,择其学术相同者而录之欤?则子夏传《春秋》、子游传《礼运》,二子是大道之学,分明可考。但二子而外,其余诸子见于《论语》者,若子贡、子路、曾子等等,无论其学行优劣、短长,要皆遵循小康之道也。颜子是否为大道一派?从《论语》考之,殊不可知。《史记》七十子列传,即《仲尼弟子列传》。其中四十有二人,徒有姓名,而皆不见书传,无从论其学行。学者,学术。行者,行事。则以七十子拔出于三千之中,并非在学术上有特殊的标准,可知已。若以德行或政事等为标准欤?而冉有为季氏聚敛,为读卫。亦与颜回并列。子贡货殖,乃与原宪同类。岂不可笑?或以政事为标准欤?冉有、子路,名震于列国君臣间,而孔子只以具臣许之。具臣者,备职官之数而已。其名字不见于书传者,更何足论?故七十子之记录,当出于六国小儒中极陋者之手,其事诚不足道。而汉初小儒一致遵从之,马迁且采之,以作《仲尼弟子列传》。其故何耶?汉初之人,固尊尚六国时小康学者之文献。七十子之录所以受汉人崇信,此亦风会使然也。更有一主要的因缘。六国时小儒本继承孔门弟子反古一派之主张,反,犹复也。反古,犹云复古。见《中庸》。皆以为孔子自称"述而不作,信而好古",皆欲以孔子为古帝王之嫡嗣，变易孔子之《六经》原本，而改胎换骨成为小康礼教之经典。伪《中庸》称孔子"祖述尧舜，宪章文武"。此说盖早发于孔门弟子之反古派，而六国时小儒又盛张之也。小儒皆自以为真孔，故不肯承认先师之门，有所谓大道学派。先师，指孔子。古籍沦亡，此事虽难征考，然细玩伪《中庸》，尚可发见此情。余云伪《中庸》者，即指《礼记》中之《中庸》一篇，而宋儒特提出为四子书之一者也。《汉书·艺文志》载有《中庸说》二篇。唐颜师古注曰："今《礼记》有《中庸》一篇，亦非本《礼经》，盖此之流。"按师古云本《礼经》，即指《中庸说》二篇也。师古以为《礼记》之《中庸》一篇，非是《艺文志》所载之《中庸说》，盖亦《中庸说》之支流耳。余按《论语》称孔子曰："中庸之为德也，民鲜能久矣。"《艺文志》所载《中庸说》二篇，今不存。是否为孔子作？无从考定。《礼记》中之《中庸》一篇，确为六国时小儒治礼者所作。其本旨在表章古帝王之礼教，以反对孔子《礼运》《周官》二经之新礼学。好为空阔之大言。亦窃取大道学说而变其本义，以成己说。余恐文繁，兹不暇详也。此篇之作者，本为礼家，而与荀卿不相近。与孟轲较近，但于大道之论有窃取处，不似孟子太迂陋也。此篇称孔子严戒门人反古者之陋见，曰："生乎今之世，反古之道，如此者，裁及其身。"云云。反，犹复也。见前。其存留孔子此言，甚有功。后人皆以孔子早年有好古之说，遂谓孔子终身守帝王之学，却不悟孔子有反古之戒。然此篇之作者，外貌欲表示不违于大道，而实则极端赞美帝王之道，极端弘扬宗法思想，极端拥护统治。其篇中有云"非天子不议礼，不制度，不考文。中略。虽有其位，苟无其德，不敢作礼乐焉。虽有其德，苟无其位，亦不敢作礼乐焉"云云。见篇中第二十八章。

其上文才称引孔子反古之戒。而下文即以此数语紧接之。真可笑。其言虽有德而无位,亦不敢作礼乐,正是反对《礼运》《周官》二经之新制度。以为孔子虽有德而无天子之位,不可作礼乐也。《中庸》篇此处,明明不承认大道学派之新《礼经》,其辞旨显然可见。总之,小康之徒自负为真孔,实不肯承认有大道学派与之对立。其顽强如此。《中庸》篇之作者,当是六国之季世,齐、鲁或郑、卫间小儒,游仕于秦。或为秦博士。其篇中有"载华岳而不重,振河海而不泄"云云,若未入秦,当不特举华岳也。是时六国将亡矣。

六国时小儒,一致厌弃大道学派之人物,毁灭大道学派之经传。此风气既成,而鄙陋不堪之簿籍,所谓七十子记录者,乃为小儒所共同注意。所以者何? 孔门弟子三千,只可拔出七十名贤。而七十子中,且有四十二人不见书传,则三千之众,殊少成就,无复影响,恶有所谓大道学派者乎! 余自少年时,阅《史记》七十子传,窃怪孔门何以若是无才。及读马迁《史记》自序,称其父谈之论儒家。彼亲览《六艺》经传千万数,彼者,指司马谈。而有"累世不能通其学,当年不能究其理"之叹。使三千之徒而皆不肖也,则千万数之经和传,将从何而得有哉! 小康派之卑劣险鄙,乘吕秦、刘汉废学之恶运,而叛先师、毁大道,斯文丧亡殆尽,岂不痛哉!

小康之徒,其学专主于古帝王之礼教,盖得力于孔子早年思想者甚深。古帝王之礼教,有狭义、广义。广义,则经济、政治、宗教、文化、学术及一切制度典章,皆礼教所摄尽也。(摄者,包含之谓。)狭义,则五伦之叙、五礼之制,(五礼者:一、祭祀之事为吉礼。二、冠婚之事为嘉礼。三、宾客之事为宾礼。四、军旅之事为军礼。五、丧葬之事为凶礼。)乃至礼仪三百、威仪三千,皆有专家讲习之,所谓礼家之业也。然博大之礼家,必通究广义。孔子五十以后,其思想界别辟新天地。其门下顽固者犹贪求复古,而内心不以孔子之革故、创新为然。孔子之革故创新,是在广义上一切根本改造。狭义的礼,随之而变不待言。自孔子门下复古一派,以至六国时小康巨子孟、荀辈,莫不精古礼。孟子曰:"学则三代共之,皆所以明人伦也。"荀子亦言"圣人尽伦"。此为小康礼教根本。不脱去宗法思想者,无缘悟入孔子《六经》大道之学。孔门总分小康、大道两派,实由怀抱小康礼教之徒,顽强抗拒大道之学。故分派自不容已也。六国时小儒改窜孔子之《礼运经》,而别成《礼运篇》。其开端即伪托孔子曰:"大道之行也,此说大道之学。与三代之英,此指小康圣王所谓六君子是也。丘未之逮也,而有志焉。"云云。余按三代之英,是力行小康礼教者。孔子则志在大道之行。大道与小康,一公一私,如划鸿沟,互不相通。孔子发明大道,笃志实践,决不会有志于小康。此不待辨而明也。今小儒改变孔子之《礼运经》而别成《礼运篇》,乃伪托孔子自称,以大道与三代之英,俱为其志之所在。厚诬圣人,何其无忌惮哉!然虽如此,余犹喜此篇保存孔子真象颇不少。此篇,指小儒之伪《礼运篇》。下仿此。**此篇诬圣之罪,在其以大道与小康同为孔子之所志。其意在托于圣言,以尊重小康耳。但此篇已明白承认,孔子发明大道之学,确实与其早年所取法于古帝王之小康礼教,根本相反而无可相容。**古帝王,指三代之英。三代,夏、殷、周也。《论语》载孔子以夏、殷二代之礼不足征而兴叹,又称孔子曰:"周监于二代,郁郁乎文哉!吾从周"云云。孔子早年本取法于三代之英,故其自称曰:"述而不作,信而好古。"至五十学《易》以后,思想大变,始作《六经》。余已说在前文。**学者试就篇首**篇者,指小儒之伪

《礼运篇》."大道之行,天下为公"至"是谓大同",及其下文"今大道既隐"至"是谓小康".如上两段文互相对照,而深穷其博大深远之义缊,当知大道与小康不可兼容并蓄.譬犹燃炭之炉,决不容冰;藏冰之窖,亦非燃炭之所.两物互相违故也.孔子早年本向往三代之英,而服膺其小康礼教.其后周流列国,亲见当世王侯大夫之行事,而与下民同忧患.《易大传》曰"吉凶与民同患"云云,可见孔子不顾一身之吉凶,实欲领导下民以行革命之事也.然后知三代之英已往矣,其小康礼教决不可复行于今世.此其所以创明大道,而急欲实行之也.小儒迷而反古,反古,犹云复古.是诚可惜.然犹保存大道学说之大略,不可谓无功.此可喜者一也.孔门弟子三千,大道学派绍承孔子正统.小康学派虽亦自负为真孔,而实自堕于复古之迷途,乃孔子之罪人也.汉兴,利用小儒继孔,以资拥护.诸小儒皆不言《六经》是大道之学;且消灭大道学派之名称,以示仲尼之门于修古帝王之教外,并无其他学派;更以妄人七十子之簿记,载入《史记》,以为七十子是三千中之卓然杰出者,即将大多数人鄙弃而弗道.弗道者,不肯称道也.顾七十子之学行,不见书传者竟居多数.其见于《论语》者,高才亦少.孔门何至空虚若是,岂不怪哉!独伪《礼运篇》,叙述孔子传大道之学于言偃.言偃与卜商在孔门并为文学导首,偃字子游,商字子夏.则付托已得人矣.继嗣蕃衍,流传日盛,可断言也.大道学派,此篇特详其源.此篇,指伪《礼运篇》.下同.可喜者二也.此篇本是六国时小儒,改变孔子之《礼运经》而为一小书.虽于大道学说之纲要,尚有留存,而开端则以大道与小康同为孔子志愿之所在,其分叙大道、小康而后,仍归宿到小康礼教,此其改变原经之本意也。原经，谓孔子之《礼运经》。汉人以此篇收入《礼记》，则以其为前师之遗著而重之耳。前师，谓六国时小儒，是汉世小儒之所继承故。伪《礼运篇》以大道、小康同为孔子之所有志，伪《中庸》亦有类此之论。伪《中庸》第三十章曰，分章，遵朱子《中庸集注》。"仲尼祖述尧舜，宪章文武"云云。余按伪《礼运篇》分叙小康处，都是称述孔子《礼运经》本义。实行小康礼教者，即三代之英夏禹、殷汤，周之文王、武王、成王、周公六君子是也。孔子以禹、汤为小康之倡首者，而不涉及唐尧、虞舜者何？禹创立家天下之制。天下为其一家之私有，曰家天下。汤以夏桀无道而伐之，则又承禹之术，复行家天下之制。故孔子以禹、汤并为乱天下之罪魁也。六君子之称，称，犹名也。则以其能令小民稍得安息，故臣民皆颂美之曰君子。孔子不妨仍其君子之名耳。《中庸》称仲尼"宪章文武"者，则以举文、武父子，即上摄禹、汤，下摄成王、周公。文从简略也。《中庸》此语，盖谓孔子取法于三代之英，有志乎小康也。尧、舜不以天下为其一家私有，其治天下也，辟四门、辟四方之路，使天下大通，无有壅塞阻隔也。明四目、天下一切事之利害得失，任天下庶民各用其目之明而正视不盲。达四聪。任天下庶民各用其耳之聪，正听大众之舆论而不惑。领导天下庶民者，莫要于使庶民皆得自用其耳目之聪明，共知天下事。此知字，是"主"义。如古时称一县之长官，曰知县，以其主治一县之事也。此云共知者，庶民共主天下事也。孔子作《书经》时，从尧、舜二帝开始。则以尧、舜不以天下自私，将可导至民主，其取义甚深远也。孔子发明大道，可借尧、舜之事以明其志。六君子，家天下之乱制，乱制一词，见《春秋》。是孔子所不屑为，更不忍为者。伪《中庸》称孔子"祖述尧、舜"犹可也，又称孔子"宪章文、武"，则侮圣人而无忌惮矣。圣人，指孔子。伪《中庸》与伪《礼运》在表面上则以大道、小康同是孔子一人的思想，而实际上则欲消灭大道，以归宗于六君子而奉行其小康礼教。六国时小儒有一种风气，每特举文王为六君子之代表，孟子便好称文王。伪《中庸》或单称文王，或文、武并举。公羊寿伪《春秋》隐公元年传亦称文王。(公羊寿，汉人也。其称文王，盖上承六国小儒之风。)《论语·泰伯篇》有"文王三分天下有其二，以服事殷，可谓至德"一条，余昔疑其非孔子之言。文王本怀代殷而有天下之志，三分有二，岂无心于天下乎？武王既灭殷，殷民犹不服。周公之才，且甚费气力而后定之。文王及身事殷，自是不得不然。孔子何至称其盛德，此一条必是六国时小儒所插入也。

　　汉世小儒所传《五经》，悉遵用六国时小儒改变之伪本，伪本者，以其是六国小儒改变之本，非孔子原本故。不敢轻于更易。更，读若耕，犹改也。但其自作传注传者，传记之传。读若馔。或为经说时，便是极固陋的小康思想。其于大道学说，必排斥尽净而后快。《汉书·艺文志》完全采用刘向与其子歆之说。其于孔子之《春秋经》，则称左丘明宗周公之法，而据鲁史作传，直将孔子完全推倒。于孔子之《周官经》，则不问其思想如何，而诡称为周公所作，以附王莽。莽志在篡夺汉之帝位，而欲袭取《周官经》一二制度以自文饰。莽少与歆俱为黄门郎，甚重歆。歆遂附莽。郑玄注《周官》，妄称周公居摄时作。居摄者，成王幼，周公代行天子之事也。盖宗刘歆，而不悟此经实与《春秋经》为一贯。周公继禹、汤而实行家天下之乱制，正与此经根本相违反。郑玄信刘歆之奸辞，是乃未通经义之过也。玄注此经，纯以小康思想为宗主，遂令孔子本旨晦而莫彰。余尝欲为此经作一新疏，并辨正其窜乱。惜乎吾衰不可能也。向来士人皆谓汉朝定孔子为一尊，实则汉世小儒以尊孔为名，以毁孔为实。

刘歆有言"仲尼没而微言绝，七十子丧而大义乖"云云。班固作《艺文志》，即奉刘歆斯言为宝训。甚矣，固之浅陋而敢毁经也。微言，李奇曰："隐微不显之言也。"歆云微言者，不肯承认孔子作《六经》也。《艺文志》载歆之《六艺略》。师古注曰："《六艺》，《六经》也。"其言《易经》则由伏羲始作八卦，文王重易六爻，作上下篇。孔氏为之《彖》《象》《系辞》《文言》《序卦》之属十篇。以上皆节录《志》文。据《志》所云，则歆以八卦始于伏羲，文王依八卦而重之，为六十四卦、三百八十四爻；重者，推广之也。又以上下篇之文，亦作于文王；孔子只依据伏羲八卦与文王所重之诸卦诸爻而为十篇，以解释其义已耳，非孔子自己有特创之见，有新发明之理，足为独立之一经也。非孔子三字，一气贯下为句。余按古称伏羲画八卦者，并非谓其只画八卦也。由八卦而重之为六十四，本自然之序，自是伏羲一气呵成。何待千载下有周文王者，乃补伏羲之缺而重之乎？八卦一词，乃总括六十四卦之简称耳。后人妄疑伏羲画卦，其数止于八，便大误。《史记·周本纪》载"文王囚羑里，盖益《易》之八卦为六十四卦"云云，唐张守节曰："按太史公言'盖'者，乃疑辞也。"守节之说甚是。汉人或言文王重六爻，谓所重之诸卦，皆是六爻。故云重六爻。或言文王演《易》。演者，推衍、扩充之谓。与言重六爻者，词异而其事则一也。余谓重卦之事，理不应有。倘伏羲画卦，数止于八，必是见得执简驭繁，可以包通万有，无须增益。文王生于千载下，何敢妄以己意代伏羲重卦乎？如八卦犹未足，伏羲便当自广之为六十四，何至留一大空缺！断无此理。

据《诗经》《周颂》等篇,颂文王之诗,颇觉其信仰天帝。《易大传》称伏羲氏仰观、俯察,远取诸物,近取诸身,于是始作八卦云云,是乃孔子自述其致力处,而以此称伏羲者,亦缘读古《易》时,想见伏羲曾如此用力也。古《易》,指伏羲八卦。《史记》称孔子读《易》,即此。伏羲决不是宗教思想,文王却是宗教信徒,何能代伏羲重卦? 余考六国时小儒,竭力拥护君主制度,用今通行语,即是拥护统治。其理想在得圣人为天子,遂举文王为君主之模范人物。孟子与伪《中庸》等,皆有此意。度其赞扬文王之用意,当不外此。古《易》曾见重于孔子,六国小儒遂造文王代伏羲重卦之谣,庶几文王道术,上与古圣争烈。古圣,指伏羲。余自信此种推想,颇切近事实。六国小儒一方固守其小康思想,而自负为真孔;一方又不满于孔子晚年造《六经》、倡大道,而排复古。所以抬出文王以临于孔子之上,且暗示孔子之《易》学,源出文王。此六国小儒之诡计也。《易大传》称"《易》之兴也,其当殷之末世、周之盛德耶? 当文王与纣之事耶? 是故其辞危"云云,此乃六国小儒为文王而增入之也。为,读卫。孔子曰:"吉凶与民同患。"此孔子《周易》所由作也。若殷纣、周文同是统治阶层,此起彼仆,徒苦天下大多数庶民耳。当时大思想家夷、齐兄弟,便有以暴易暴之叹。《易》之学,若兴于"文王与纣之事",尚成何学术乎? 甚矣,小儒之蠢也! 六国小儒伪造文王演《易》事,其心计颇复杂,根本是小儒向大道学派进攻之一大暗潮。此事二千数百年来无人注意。吕秦以后,中国学人不用头脑,盖已久矣。《周易》上下篇,本是孔子作。而《艺文志》承刘歆,则称为文王作。歆实本之于六国小儒也。然自西汉传来之《周易》上下篇,却是经六国小儒改窜之伪经,非孔子原本也。此不可不知。刘歆祖述六国小儒，以为文王演《易》，足补伏羲之缺，孔子只承文王之《易》学，无有创作。刘歆二字，至此为长句。如此诡计，遂将孔子之《易经》无形消灭。

《艺文志》叙述《书经》，则云："书之所起，远矣，至孔子纂焉。上断于尧，下讫于秦，凡百篇，而为之序。秦燔书，济南伏生独壁藏之。汉兴，亡失，求得二十九篇。武帝末，鲁共王坏孔子宅，得古文《尚书》。孔安国以考二十九篇，得多十六篇。"云云。以上，皆节录《艺文志》之文。余按：《志》述歆说，约分为二：一、《书》是古史，孔子只依古史而纂述之，非其创作。二、歆承认秦博士所传授之二十九篇，与孔壁出现之孔子所纂《书》，经孔安国校对并无不同。但壁中《书》多十六篇，伏生传授不全而已。如上二说，皆歆之故意混乱。孔子《书经》是自发表其哲学思想，即是为万世开太平之最高理想。（为，读卫。）不可视为纂述古史之业。伏生《书》是六国小儒依古史而纂述，不可以此为孔子《书经》。此者，指伏生《书》。但歆之意，正欲以伏生《书》混同于壁中《书》，以明孔子《书》只是纂述古史，非有创作也。

《艺文志》于《诗经》，不言孔子有《诗传》。《五经》皆有传，《诗经》无传，断无此事。孔子曰："《诗》可以兴，《诗经》大部分是宣播王侯大夫之黑暗，与小民之疾苦，故可使人兴发而起革命之思。可以观，可以激引庶民对天下事来注意，从大处、深处、细处，作种种观察，不至悠忽度日。可以群，可以引导天下最大多数庶民互相和爱、互相合作，不涣散也。可以怨。"庶民诵诗，皆怨怨王侯大夫而力图消灭之也。以上皆见《论语》。孔子《诗传》，必是发明此旨。或六国时小儒已废绝之。

《志》于《礼经》，不举孔子《礼运经》。虽载《周官经》，而歆诈称为周公作，是否认孔子之《礼经》也。

《志》于孔子之《春秋经》，则以左丘明上承周公遗法，《志》云："鲁，周公之国。礼文备物，史官有法。"云云。论本事而作传。言丘明作传，必详记每一件事之真相而论其得失。（《左传》于记事之后，时有"君子曰"，即其论也。）又称"孔子观鲁史记，中略。有所褒讳贬损，不可书见，口授弟子。弟子退而异言"云云。据此，则孔子本无《春秋经传》之作。而其下文又云："《春秋》所贬损大人、当世君臣，有威权势力，此处字句，余释在前文。须覆看。其事实皆形于传，是以隐其书而不宣。"云云。据此，则是孔子本有《春秋传》之作，并非口授弟子而无书，只是"隐其书而不宣"耳。《志》文叙《春秋》处，从"古之王者"起至"夹氏未有书"止，共二百七十四字。前言"不可书见，口授弟子"。不可书见者，不可见之于书，犹云不可著于竹帛而成书也。后言"其事实皆形于传，隐其书而不宣"。孔子究竟有无《春秋经传》之作？在《志》文中无法决定。从其前文欤，则与其后文相违反；从其后文欤，则又与其前文相违反。刘歆、班固皆文学名家，而此处文字不通，实因其胸中有鬼物在。对于孔子之《春秋经传》总想捣乱，捣乱，是旧社会通行的俗话。是以写成文字有不通之咎也。

刘歆与其父向在汉廷职司文献，其在学术思想界影响重大。《七略》之叙《六经》，实导后人趋于迷乱之途，莫求正解。不仅流毒汉世，而其毒之伏于二千余年经学界者，直与皇帝专制之局相终始。甚至帝制告终，而小康派所遗传之自私自利、缺乏正义感、缺乏独辟独创的识力、固陋、卑狭、偷惰、委靡，乃至一切恶习，延及于今，恐犹未易除其根也。向、歆父子继承六国小儒，不承认孔子有创明大道之《六经》。此中只就向歆言。实则汉代儒生，皆犹向、歆也。即汉以来，二千余年之儒生又莫非向、歆也。创明者：前人未发见，今发见之，曰创；持说详正，曰明。然孔子平生之学究不可掩，更不可降孔子为古帝王之继述人。故刘歆又变其辞，而谓孔子生前有微言。歆以为孔子有高远之理想，时或发为隐微不显之言，未尝著竹帛。及孔子殁，而微言亦不传，故云仲尼没而微言绝也。歆之为此言，盖表示不敢过贬孔子，而其不承认孔子有《六经》，则诡诈毕露矣。如歆所说，孔子生前既只有微言，没后微言已绝，何可谓孔子有《六经》乎？歆之诡诈如此，诚哉小人无忌惮也！夫六国小儒，将孔子《六经》改变为古帝王小康礼教之典籍。汉初小儒一致祖述之，称为《五经》。仍以《五经》为孔子之纂述，但不许说孔子于此《五经》外，别有创明大道之《六经》。向、歆父子本恪守汉初众小师之遗轨，似不当专罪向、歆。余深恶夫向、歆父子者，以其用心更险曲耳。六国小儒首造文王演《易》之谣言，只于《易大传》伪称《易》兴于"文王与纣之事"及《易》兴"于中古"，云云。伏羲属上古，文王属中古。然《大传》此二条，"文王与纣之事"一条，余已将其全文引在前。今玩其辞，只是设想并非决定的语势。另一条，其发端曰："易之兴也，其于中古乎？"云云。亦不是决定辞。彼本虚造谣言，自无法决定也。马迁作《周本纪》称文王"盖益《易》之八卦"云云，虽采用六国时小儒之谣，而犹用一"盖"字表示存疑，古人行文，凡用盖字者，皆疑辞也。不肯作决定语。此马迁之慎也。向、歆便决定其事，非险曲而何？歆不承认孔子之《春秋经传》，而作出种种之诡诈，欲以黜抑孔子及遮掩六经，付之于无何有之乡。其险曲之心计，在《志》文中毕露，而向来无人发见，真怪事也。马迁说到《六经》，纯是以小康思想去说。此承六国小儒遗教耳。然董生语彼云：《春秋》"贬天子、退诸侯、讨大夫"。迁敢载此言于其《史记》自序，此迁之直道也。向不承认《六经》，其恶本于迁。歆不承认《六经》，其恶本于谲。迁、谲诚异，其作恶则一也。

刘歆诡称孔子生前只有微言，不独叛圣，_{圣，指孔子。}更叛其所祖述之六国时诸老师。六国小儒改窜孔子经文，未尝不保留原本少分真象。_{原本，指孔子的经本。少分，言其所保留者不甚多，但非绝不保留。}试就伪《礼运篇》举例。姑以篇首_{篇者，指伪《礼运篇》。}大道、小康两段文对照作释，则原经之洪纲要领赫然著明。_{原经，指孔子之《礼运经》。}其可曰孔子只有隐微不显之言而无《礼运经》一书乎？_{其可二字，至此为句。以下凡举《礼运经》者，皆只举一《经》字。后不另注。}《经》说大道开端一语，"大道之行也，天下为公"云云。此全经主旨也。_{行字，吃紧。}大道非可空论，必见之于实行，不实行则道隐而不显，几乎熄矣。_{隐，犹晦也。不显，不著明也。熄，犹灭也。}如何实行，天下为公而已。夫天下者，天下人共有之天下，非一人或少数人可得而私有也。天下人一律平等，各得自由，互相和爱，互相扶助，是为公。_{各得自由者，如甲得自由，必不侵犯乙和丙等之自由；乙和丙等各得自由，必不侵犯甲之自由，是为各得。}天下之利，天下人共开之、共享之，是为公。_{国界未化除以前，则国与国之间通财，必须做到真正平等互惠。若违平等互惠之原则，即非公也。}天下事，天下人共治之、共主之，是为公。

孔子当东周之世，正是天下不公。故《经》说古帝王之小康曰："今大道既隐，_{隐，见上。}天下为家。此言家者，指私人之家庭与家族。天子以天下为其一家私有，诸侯以国为其一家私有，大夫以邑为其一家私有，是谓天下为家。**各亲其亲**，下亲字，指父母。上亲字，含爱敬与奉养等义。**各子其子**，下子字，指子女。上子字，犹云慈爱。天子之家，富有天下；诸侯之家，富有一国；大夫之家，富有一邑，则其各亲亲、各子子，皆优厚至极矣。惟天下最大多数庶民，皆供上层之奴役，受上层之剥削，无以为家，无以养亲、育子。**货力为己**，货者，财货。力者，智力与体力之通称。天子搜括天下之财货以为其自己，（为，读卫。下皆仿此。）役使天下人之智力、体力，以为其自己。试玩历史，皇帝专制之世，天下人不独难有财货，又何能自由运用其智力、体力，而为正当的发展乎？**大人世及以为礼**，大人者，古代称天子曰大人也。世及者，天子死则其子继居帝位，曰世；或其弟继居帝位，曰及。彼以为此礼之当然也。诸侯世有其国，大夫则自秦以后不能世有邑也。**城郭沟池以为固**，其所为者，无道至极。惧天下人之叛己也，故设险以自卫。以上，皆言古帝王统治天下的乱制。（造乱的制度，曰乱制。见孔子《春秋经》。）人群分为种种阶级：天子居最上层，诸侯次之，大夫又次之；惟天下最大多数庶民处于最下层，号为下民或小民，（古籍可考。）所谓无产阶级是也。人间世只有私而无有所谓公，此真人道之忧也。自今大道既隐至此，为第一节。**礼义以为纪**，此句是小康社会礼教的总纲。（小康社会，即是宗法社会，或封建社会。）**以正君臣**，言臣，则下民可类推也。正者，君居上，臣居下，庶民则下而又下。君尊、臣卑，庶民则卑极矣。君贵、臣贱，庶民更贱极矣。上下尊卑贵贱之分，正定而不可移，此小康礼教之髓也。**以笃父子，以睦兄弟**，《论语》载有子曰"其为人也孝弟，而好犯上者鲜矣。（上，谓君也。）不好犯上，未有作乱者也"云云。宗法社会之劝孝、劝悌，皆是政治作用，欲下民习于孝亲、悌长，而后能忠顺以事君，不犯上作乱也。有子深知古代小康礼教。夫孝悌，人道之至大，人性之至德也。上层以政治作用诱之，则毁孝弟之真。**以和夫妇**，夫妇和，家庭乐。下民安生，亦不犯上作乱。夫妇和，本人道之正，人生之乐。但上层以此设教，却有政治作用存于其间。以上，皆是宗法社会礼教之弘纲巨目。**以**

78

设制度，以立田里，以贤勇知，知，读智。贤者，显贵之也。上层宠任天下勇力与知谋之士，使知士为居上者尽其虑，勇士为居上者效其死。(两为字，并读若卫。)以功为己，居上层者，好图大功于国外，慑服臣民，所以扬自己之威武，是乃以功为己。**故谋用是作，而兵由此起。**从"以设制度"至此，则经国、整军的思想颇强，而仍与宗法教条结合。**禹、汤、文、武、成王、周公，由此其选也。**宗法教条与经国整军思想，两相结合。在中国历史上，常是统治势力强盛之世。夏禹、殷汤、周之文王、武王、成王、周公，皆居统治之地。而其驭天下也有道，(此道字，犹术也。)使民得小安。致一时之治，号明圣之王。故曰"由此其选也"。**此六君子，未有不谨于礼者也。以著其义**，著，明也。明君臣、父子等大义也。**以考其信**，信，实也。百官任事，必考其实效。**著有过**，大小臣工行事如有过失，必著明之。俾知儆戒。**刑仁**，刑，犹法也。取法于仁道也。凡人若流于不仁，则将习于残忍，失人性矣。**讲让**，让者，于己之外知有人。不可纵己之私欲，快己之私意，以侵损他人也。**示民有常。**以上五事，示民有常法也。自"以著其义"至"讲让"，共五事。而"考信"与"著有过"二事，所以戒群臣。其余三事，则皆普教群臣及庶民也。然居上层者，以天下为其一家之物，帝位世及以为礼。劫持天下之货与天下人之力，悉以为己。而以刑仁、讲让教下民，不亦异乎？**如有不如此者，在势者去，众以为殃。**在势者，谓居上层者也，即居天子之位者也。不如此者，谓居上者若不能谨于礼以行五事，则将失败而去位，众人讥之，谓其自取祸殃也。**是谓小康。"**六君子能令庶民得一时之小安，故曰小康。自以设制度至此，是第二节。

上来引《经》说小康之文，余断定为孔子之经文而不曰伪《礼运篇》之文者，玩其义旨，明明是孔子驳斥六君子以小康礼教维持统治阶层之稳固。而大道之发明，正由反对小康得来。所以小儒不得将孔子经文安全删去。共分

79

二节。已见前注。第一节，说明统治阶层以少数人控制天下最大多数庶民，古代天子托于诸侯、大夫之上，以少数人制天下。秦以后之天子，虽废诸侯而内用宰辅，外用郡县长吏犹古之大夫也，亦以少数人制天下。恣行其种种为己之私。为，读卫。后不再注。天子帝位世及，诸侯君位世及，其为大不平毋待言。后世诸侯虽废，而天子之位世守犹昔，以致昏庸继统，妾妇、奸邪，皆得窃其大柄，妾妇，指天子之妇。毒流四海，民生困毙。历史事实，犹可考见。若乃一人恃其独制之威，礼由己制；一人，指天子。非天子不可制礼乐，古礼家共守之大训也。括天下之财货，劫天下人之智力、体力，悉以为其自己。为，读卫。人间黑暗，固如是哉！第二节，古帝王之礼教，以宗法为本。道德之培养，何可杂以政治作用！此古帝王为保固统治计，而不惜凿人之性也。且民德、民智，宜随时推广、日新，以弘大人道。孔子教青年"入则孝，出则悌"，出而见长者必尽悌道。悌者，敬也。"泛爱众，泛，广也。广爱大众也。而亲仁"。亲近仁人也。以上见《论语》。又曰："裁成天地，辅相万物。"见《易经》。盛矣哉！人道之大也。岂若古帝王之宗法教条，出于为己之计乎？六君子谨于礼，以五事示民有常。五事，以刑仁、讲让为大。然必消灭统治以后，全世界人类建立共同生活制度，如孔子所谓天下一家，人将不待教戒，而互以仁、让相通于无形之中矣。六君子方图保固统治，下民利在斗争。

孔子精于格物之学，又周流列国，忿恨大人、邦君与卿大夫之行事，恒与庶民同忧患。大人，指周天子。故于六君子保固统治之小康礼教，不得不揭其隐微，正其罪恶，明其错误，不得不三字，一气贯下。而有革故创新，经纬天地之志。古云经纬天地，犹言改造世界。于是大道之学兴焉。

《经》说大道之文，可分三节。此言经者，即孔子之《礼运经》。后不再注。开端"大道之行"至"女有归"，为第一节。"货恶"二字至"不必为己"，为第二节。"是故"二字至"大同"，为第三节。

大道之行也，天下为公。此开示宗要之语也。（宗者，宗旨。要者，纲要。首举一公字，即明示此经之宗旨与纲要。）选贤与能，讲信修睦。此二语须分释。上语"选贤"云云，是就国内政制言。下语"讲信"云云，是就国际交谊言。孔子之《礼运》《周官》二经，皆与《春秋经》一贯。《春秋经》首明据乱世，（明者，说明。）消灭统治，拨去乱制，反诸正。是为革命初步成功。从此，入升平世，（升，犹进也。离乱世而进于治平之世，曰升平世。）升平世是领导建设时期。据乱世，初破除统治，应当急图新建设。建设大计，首须树立新国家之规模。新国家规模，约分对内对外两方面。（对外者，谓一国与他国之关系。）对内，树立民主政制。根据天下为公之原理原则，国家主权在全国人民，但须经过一段领导时期。（时期或不必促短。）领导，一方重在改造社会思想，一方重在大力生产。《周官经》以六卿联合领导，（《太宰篇》有曰"凡小事皆有联"云云。"联"与"均"，是《周官经》之两大原理。社会一切组织、政治一切作为、生产一切计划，都依据于"联"与"均"之两原则。夫小事皆有联，大事可知已。《周官》之王为虚位，且出自民选。）而《天官冢宰》居首者，以其虚己而听六职之众议，以作裁决也。（虚己者，虚怀而不存己见，唯博采众议，实事求是而已。六职者，谓六官各掌之职务。）冬官掌百工，而于五官为终者，以其为万政之总汇，国命、民生之所寄也。《冬官篇》缺，不知亡于何时。余考《天官篇》叙六官之职，其于《冬官》则云："六曰事职，（《周官经》立六官以组成中央政府。六官，一称六卿。冬官列在第六。上云'于五官为终'是也。事职者，其职掌百工生产之事，曰事职。）以富邦国，以养万民，以生百物。"云云。此十六字，至可宝贵。（从六曰事职至生百物，共十六字。）富邦国、养万民、生百物，为冬官之事职，决不是空文。圣人发挥冬官事职，而成一专篇，必有许多特殊创见，必有许多精细规划。惜乎此篇亡,不可考矣。幸而《天官篇》存其事职十六字,可以想见此《经》主张领导人民建设,专以全力开发生产事业。明文足征,非吾臆说也。(汉人重农,抑工商。《冬官篇》或是博士之徒损去,或是向、歆父子损去。)《礼运经》重在改造社会思想,其揭穿统治阶层一切为己,(为,读卫。)侵剥与劫制庶民,种种罪恶不可胜数。六君子更以小康礼教、宗法信条诱惑庶民,庶民受其迷而不自觉。孔门受业者三千,尚有闻大道而抗拒、怀复古之愿望者,何况未学之庶民。故孔子作此经,(此者,指《礼运经》。)必破小康而后可期大道之行也。小康思想普遍潜伏于社会,历年久远,根深蒂固。此经之作,所以改造社会思想,与《周官经》同为领导时期之根本经典。余以此二经为新礼学,并与《春秋经》相辅而行。《艺文志》既夺孔子之《周官经》以付周公,又屏弃《礼运经》而不言,则《春秋》升平世,领导之方针与规制,全不可见。如何达到太平世,亦不可知也。孔子岂是空想的议论家乎? 以上一大段话,余随笔写出。觉得须俟下文,将《经》说大道与小康之文,引释完毕之后。(引释是二事:一、将经文逐句引来。二、余于所引经文,逐句附以解释。但用上下括弧,使余之释文与经文有辨。前未注明,今补注于此处。)宜以此一大段话,移于彼处。但余年来衰病已甚,精力奇短,底稿不堪重行整理,听之而已。此类情形颇不少,姑附说于此。以上行文枝蔓,今当回顾前说。选贤与能者,(与,犹举也。可读举。)此言国内政制,已破除天子以天下为家之乱制。天下之人人同为天下之主人,共治天下事,不需要国家,不需要政府,此《春秋》所以归于太平世也。(《春秋》太平世,不要国家,不要政府,却不是全无组织。孔子《礼运经》主张天下一家。天下一家者,即是建立全世界人类共同生活制度。此种制度,大概将全地球划分为若干大文化区,绝不可采用过去国家和政府的礼制或形式。每一大文化区内再划分若干极小的文化区。每一极小的文化区,即是一个共同生活的单位。每一单位里的人,互相亲爱,互相合作,亦各各都不妨碍其自由自主;没有领导于其间者。此即《易》之所谓"群龙无首"。)但理想愈高,实现愈不易。革命初步成功,人民旧思想、旧习惯,非短期可能去尽。新思想发展至于宏深细密,(宏者宏大,深者深远。细则不粗,密则不疏。)新习惯含养至于纯粹自然,(纯者,纯善不杂。粹者,至美无恶。自然,则动应规矩不待勉强。)更不是短期事。故国家不可遽废,政府不可遽无。但国家之组织不可近于过去,被少数人利用之以为对内扶持资产阶级、对外侵略弱小之工具。(弱小,谓衰弱的国家民族或小国。近世帝国主义国家,向后决不会存在。)此其可知者也。有国家、有政府,则民主之制在所必行。全民直接参政,尚难急遽办到,则由全国人民公意,选贤举能,以代表全民公共意力而组政府。政府一切措施,自不得不倚靠全民公共意力。政府本产生于人民,非若过去王朝是雄据乎人民以上之最高阶层,人民仰之若天神,受其压迫而莫敢谁何也。经云"选贤举能",明明是民主制度。今之知识分子,犹谓孔子之经籍,无有民主思想。盖其一向所耳闻目染者,皆小儒之曲解耳。(《周官经》,秋官、小司寇掌外朝之法,于立君时,则致万民而大询焉,亦与《礼运》之选举同也。)讲信修睦者,此言一国对外则有国际交谊,须以信、睦相与。(相与,犹相交也。)信则以诈欺为耻,睦则以侵略为戒。(帝国主义国家对外侵略之途术甚多矣。有经济侵略,有文化侵略,有土地侵略等等。而经济侵略,其涂弥广,其术弥毒。吸人膏血,何所不至乎。今全世界已大通,万国往来繁密,已形成天下一家之势。侵略野心不可复存。)孔子之革命思想,以大道为本。其于国与国之间,一切交涉皆率循乎天下为公之原则,向太平而趋。(太平,谓《春秋经》之太平世。)国家之组织与威权,将来一切不可蹈过去国家旧辙,宜变为文化团体,驯至太平。惟信与睦,方克有济。**故人不独亲其亲,不独子其子。使老有所终,壮有所用,幼有所长,鳏、寡、孤、独、废疾者皆有所养。男有分,女有归。**以上是第一节。不独亲亲、不独子子者,统治阶层既消灭,国家渐变成文化团体,私人家庭亦不获独存。由人民公意而成立共同生活制度,殆为事势之必然。众人之意志齐一,众人之智慧广大,众人之力量雄厚。生产日富,享受日裕,共同生活制度日进于完善,不待言也。帝王时代上层各亲其亲、各子其子,享受太过,使下民多数陷于不获亲亲、子子之惨状,今则一切扫除矣。**使老有所终,**(句首使字,一气贯下,至有所养三字止。共同生活制度，其组织极完密，一切老人皆有敬养之所。衣食优厚，起居安利，使其情畅神怡得以寿终。）壮有所用，（一切壮年人，则社会上有千条万绪的事业。曰千曰万者，形容多数之辞，非限于千数万数也。旧者待继续扩充，新者待开辟创造。壮年人用其智力与体力之途，无穷无尽。古时帝王劫制天下人之智力、体力，以为其自己，（为，读卫。）人皆不得自用其力于公共利乐之事业。今乃不然。）幼有所长，（长字，读若掌。长者，长养与成长之谓。长有二义：一、使其体格发育完善；二、调和其性情，辅导其动作，为其将来德育智育发展之基。自育婴院、幼稚园以至小学种种设备，皆使幼有所长也。）鳏、寡、孤、独、废疾者皆有所养。（此等人皆有抚养之所，厚其生而除其苦。）男有分，（职业有分也。一人之精力与聪明，欲学尽世间无数学问，欲穷尽宇宙无穷理道，欲备足百科一切知识，终不可能也。故博学者所以成就专长，未可为广泛之博也。人之为学，不得不分工，则任职必从其所学之长，故有分。）女有归。（有归者，女之择夫，必择一可归者而归之也。一夫多妻，一妻多夫，皆不合理。）以上为第一节。**货，恶其弃于地也，不必藏于己。**古帝王括天下之货以为己。（为，读卫。）人终不乐开自然之库藏，以货归一人也。（一人，指帝王。）今推倒帝王，人民始以公意定共同生活之制。于是天下之人人，皆恶货之弃于地，而以大众力量开发之、改造之、操纵之，使其质量变而益优，能量变而愈大。人人如此努力，顾不必以货为己，（为，读卫。）乃储之于公共库藏，同享用舒之乐。（用舒者，人之使用财货可以宽舒安泰也。）**力，恶其不出于身也，不必为己。**古时天下人之智力，皆受帝王专制之害，而不得发展。天下人之体力，皆因生计维艰，而不获充养。今则专制消灭，生活丰裕，人之身皆有力可出，乃以不出力为其所自恶。宇宙广大，人事繁杂，而手足之勤劳，脑筋之运用，无有一息而不与天地万物相流通也。大道之行，天下为公，人人皆自身有力，泰然而出之，何有为己之私乎！故云力出于身，不必为己。以上第二节。详玩经文，明明是社会主义。而二千数年来学人，莫有求其解者，岂不惜哉！

是故谋闭而不兴，盗窃乱贼而不作，故外户而不闭。是谓大同。

以上第三节。细玩前二节,全世界人类习于共同生活,而安乐之。自然宝藏开发,则以人之体力、智力,用于格物之学故。人人力出于身,不以为己。道德智慧如此其高。其时绝无野心家,兵谋早已闭熄。现代帝国主义国家,其不能自觉者,则以盗窃之心,行乱贼之事。将来大道既彰之世,决不会有此辈。(盗窃者,言其窃自由与正义等美名也。)外户不闭者,通天下若一家。(古云天下者,曰普天之下。犹言全世界也。)处处是门户洞开,诚哉泰也。(《易》有《泰卦》,泰者,大通之道。)后孔子而起者,有老聃,主张小国寡民,老死不相往来。何其闭之甚欤!

《春秋》《礼运》《周官》三经一贯。观其会通,方可洞彻圣人外王学之弘阔深远。弘者至大,如天之含万象也。阔者广阔,如地之载万物也。深则如大海难穷其底。远则如四时变通,无留滞。**此意,如广说,须别为书。惜哉吾衰也。**读圣人之经,不可只在字面上作解,须六通四阖去考索,须向深处体会。格物穷理之事,若不向多方面考索,只窥一二方,而以所见为是,则未有不误者也。四阖者:四,谓四方;阖,开也。向四方开发去,则所见广博,不至为一方或三方之狭见所误也。六通者:谓六方。即于四方之外,加上方、下方为六。向六方通达去,便知虽经五方,所见犹狭,未得无误也。格物穷理,须多方博征,六通、四阖,是其譬也。向深处体会,更为切要。姑举一例。吾少时,初读《周官经》"冬官事职"十六字(冬官,即掌百工生产之事。见前文。)其最后三字,曰"生百物"。吾惊曰:古时,先民只信天帝生百物,圣人言治道,却主张人以工业来生百物。初觉其持论颇奇,细思之,此是老实话。上帝,余无从信。宇宙天然的百物如何而有,姑不问。惟人的智慧,能发明科学技术以生百物,确是事实。人生优裕的生活,惟靠自力生百物,万不可仅靠天然的百物。大地上还有未离草昧的同胞,其生活只靠天然百物,而不能以自力生百物。试以其衣食住行等实际生活情况,与能生百物之族类相比较,则两方苦乐,相隔太远。九天九渊之隔绝,犹不足以譬之也。(同胞,见宋儒张横渠书,彼视人类皆若同胞也。)由今上溯,二千五百余年前,圣人有此远见。(凡言圣人，皆指孔子也。）而自汉以来，孔门科学萌芽断绝，生活犹未免仰赖天然百物。后嗣不慧，负我先圣，岂不惜哉！自汉以至清世，经师家愈治经而经愈亡。吾不知若辈读经时，是如何读过也。向后之人，是否读经吾不知。吾一息尚存，犹当孤抱遗经。

余欲破刘歆微言之邪说，而特举《礼运经》为例，以证明其说之无据，余实有深意焉。小儒阴谋变乱与改易孔子之《六经》，使其成为古帝王小康礼教之典籍。其心思之所专注，唯在孔子之外王学。外王学，是关于政治社会诸大问题之探索与解决。孔子《六经》，唯《易经》是创明内圣外王一贯的根本大典。（创明，见前注。）《春秋经》特详于外王学，而其本原在内圣学。两《礼经》则与《春秋经》一贯，缺一不可也。（两《礼经》者，《周官》与《礼运》也。）《诗》《书》二经则孔子外王学之来源所在也。《书经》始于尧舜，明二圣不以帝位传其子，有合于天下为公之道。夏禹、殷汤始背叛尧、舜之公道，以天下为其一家所私有，大乱之端自此开。迄周之文王、武王、成王、周公灭殷帝纣，而复以天下为周家私有之物。大封同姓为诸侯，以镇压天下。美其名曰，"周道亲亲"。自私之流毒，罪浮桀、纣。春秋时小儒，犹乐颂之。武、周厉行王朝集权之制，专制日甚，崩溃更速于夏、殷二代。幽、厉昏淫，西周遂灭，年代较之夏、殷最为短促。统治之局，势难持久，自然之理也。平王东迁，名存实亡。孔子删《诗》，以王风降为列国。东周小邦，虚拥王号，本不可继续西周也。孔子《书经》其上纪唐、虞之际，下讫西周之亡乎？（《史记·孔子世家》，称《书经》下至秦穆编次其事云云，此乃六国时小儒改窜之书，为秦博士所遵用。马迁守小康学，遂以伏生所传者，为孔子之《书经》，此伪说也。）《诗经》存下民之哀吟，载王侯大夫之昏乱，明统治阶层必履亡。孔子之外王学皆根据历史事实，而始发革命思想。《书经》《诗传》并亡。余据《礼运》直斥六君子之旨，推想《书经》《诗传》必是孔子反对小康礼教，倡导政治革命、社会革命、生产革命等等思想之来源。（《礼运经》推翻统治层之货，力为己，《周官经》之土地国有、一切生产事业皆由国营，冬官以工业生百物，不可废人之知能而仰赖天然物以自陷于穷困。此皆生产大革命也。大哉孔子！创发于古代,奇哉,奇哉!)小儒笃守古帝王之制度与教条,决不容许先师外王学之革命思想流行,其僻执坚固如此。先师,指孔子。六国小儒犹是顽陋,汉世小儒更益以诡诈。秦、汉以来二千余年,思想源泉枯竭,学术废坠,群俗、政制敝坏不堪。论世运者,鲜不以皇帝专制为祸源。然试问皇帝制度何以延长久远不可变易? 变者,变革旧制。易者,特创新制。则小儒坚持复古以拥护帝制,其毒化之流衍甚易,其罪恶实不可逭也。汉以后,贤士大夫多有为昏亡之君主流血或守节不贰者,为,读卫。下为字仿此。不贰,谓不仕于新朝。绝无有为天下庶民困毙而伸张大道,领导革命。绝无有三字,一气贯下。大道,谓孔子《六经》之革命思想。小儒锢人思想,毒化普遍而深远。千载下受其遗毒者,犹不能自觉也。千载,犹长期也,非限于千数。汉至今二千余年矣。历史上农民揭竿失败者,皆由于一向未有革命思想为之引导。若使《六经》真义不亡,得人传播,中国何至长受帝制之毒。孔门弟子三千,当然不能无顽固者抱复古之僻。及至六国之世,顽固派持六君子小康之帜,盛张于天下。其时诸子百家如道、墨、名、法等,又皆莫有同情下民苦厄,莫有注视统治阶层制造无穷祸乱。故《六经》大道之学,不为当时风会所容。而孔门复古派流传下来之小儒,复古派,亦称顽固派。遂得乘机活跃,以迷谬之见,腐迁之论,号招徒众,势倾天下。人皆乐其逸而无所用思,安于偷而无所事事。晚世理学容易风行,亦由此故。此大道学派所以浸衰,小儒党类于兹独盛也。会六国崩亡,秦人禁学,吕政焚百家语,百家,谓晚周诸子之学。汉武又黜百家,儒家大道学派早无继嗣,而汉世小儒遂以伪《五经》假称孔子《六艺》,其实皆六国小儒所变乱、改易,非孔子《六艺》原本也。小儒自居孔子嫡嗣，不承认于伪《五经》外，别有孔子自作之《六经》，所以者何？孔子自作之《六经》原本，元是革命思想。六国小儒既改易之，使其变为古帝王小康礼教之典籍，而仍称为孔子所纂述，但其内容是古帝王遗教，不可说为孔子之创作，小儒诡诈在是也。如承认孔子创作《六经》，则将承认孔子之革命思想，而伪《五经》内容确是复古，何可冒孔子《六艺》之名乎！冒者，假称之谓。西汉人皆说孔子《六艺》是述，而不谓之作。如马迁作《孔子世家》称"孔子读《易》，韦编三绝"。又曰"孔子晚而喜《易》，序《彖》《系》《象》《说卦》《文言》"云云。《彖》者，断也。断定一卦之义也。《系》者，于每卦系以辞，曰卦辞；于每爻系以辞，曰爻辞。《象》者，旧说伏羲设卦，以写万物之象，孔子释之，未安。《说卦》者，陈八卦之德用与变化。《文言》者，解释《乾》《坤》二卦经文，故称《文言》。据马迁只用一"序"字，不用"作"字。序者，序述古圣作《易》之旨，非谓孔子自有创作也。其上文称孔子读《易》、喜《易》，则谓孔子所读所喜者，古圣之《易》也。古圣，指伏羲。上下文未注者，仿此。其曰序《彖》《系》《象》等者，则谓孔子序述古圣作《易》之旨耳。殊不知，伏羲之《易》只有卦爻而无辞。辞者，文辞。积字成句，积句成文，以达义旨，曰辞。孔子读伏羲之卦爻，乃返而体会之于自己仰观俯察、远取诸物、近取诸身之无数经验，豁然洞彻宇宙万有变动不居而非无轨则，且深穷万有之元。万有不是凭空幻现，故说有元。元者，原也，谓宇宙实体。但实体不是超脱乎万有而独在。切忌误会。此理说在第二分，至后当知。于是依伏羲卦爻，创作《周易》。其于每卦系以辞，是为作《系》。系者，系属。如释《乾卦》之辞，即此辞是系属于《乾卦》也。如释《乾卦》初爻之辞，即此辞是系属于《乾》之初爻也。其于每卦必为之辞,以断定此一卦所含纷然众义之条理与纲要,纷然,复杂之貌。纲者,大纲。如网有纲,而千孔百目乃由之以成,不紊乱,不溃散也。要者,精要。是为作《彖》。他可类推。孔子作《周易》,是于自然、人事遍观周览,周,犹遍也。积测积验,历散殊以观会通,历者,经历。乃至宇宙人生诸大问题,莫不由远取物、近取身,极深研几,始得明确解决。明者,大明。确者,正确。不明,则未能确也。《周易》一经,广大悉备。广,则无所不包也。大,如太空含万象,则莫有在其外者也。悉备,则六通、四阖,小大精粗,其运无乎不在。此《大传》赞美孔子《周易》之辞也。**伏羲远在太古,经验有限。八卦虽美,犹是造端。当时术数家犹资八卦以为占卜之用,**资,犹取也。**并未成为哲学思想界之大典。孔子读八卦,虽有所引发,而孔子之思想毕竟是自发自动,是本其弘博丰富的经验,而始有广大深远之创见,是自成宏伟周密的体系。**宏,大也。**何可以孔子创作之《周易》为伏羲八卦之注疏乎!**如马迁所言,孔子读《易》之后,序述《彖》《系》《象》云云,则孔子之《彖》《系》《象》等辞,只是序述伏羲作卦爻之旨,并非自己有若何新发明。易言之,只为伏羲之卦爻作注疏而已。(为,读卫。)皮锡瑞肯定《周易》是孔子作,而引马迁称孔子序《彖》《系》云云为证,以谓马迁所云序者,即是作也。殊不知,序者序述,作者创作,此两字本不同义。锡瑞强为混同,未知其可也。锡瑞不知孔门后学有小康与大道分途,复古对于革命,阴谋消灭,伪《五经》对于《六经》潜取而代。伪《五经》,是由六国时小儒变乱与改易孔子《六经》,使其成为古帝王小康礼教之典籍。汉初小儒一致宗之,定为《五经》,而诡称为孔子纂述之《六经》,但缺《乐经》耳。由此之故,不承认伪《五经》外别有所谓《六经》,是伪《五经》潜取《六经》而代之也。上文"锡瑞不知孔门后学有"九字,一气贯下,为长句。**马迁与其父谈**

并宗小儒,宜其不承认孔子作《易经》也。锡瑞曲解一序字,实可不必。马迁又称孔子追迹三代之礼,序《书》传,按三代之礼,即夏禹、殷汤、周文等之小康礼教也。马迁谓孔子所学在此。厚诬圣人,真无忌惮。正《乐》,删《诗》,中略。"礼乐自此可得而述。以备王道,成《六艺》"云云。王道,古帝王之道也。《六艺》,《六经》也。马迁言孔子备修古帝王之道,以成《六经》。此为汉世小儒异口同声之诈言。又称孔子因鲁史记作《春秋》而颂之曰:"《春秋》之义行,则天下乱臣贼子惧焉。"据此,则马迁明明以公羊寿、胡毋之伪《春秋传》认为是孔子之《春秋》。迁称孔子之《易》《诗》《书》《礼》四经皆不下一"作"字,则以小儒一致宣传孔子继述古帝王故也。今于《春秋》而独云作者何?则因公羊寿等伪造图谶,称天命孔子作《春秋》为汉家法,而以其私造之伪《春秋》诡称为孔子作。马迁亦与寿等同声相应,故于《孔子世家》特载其有作《春秋》一事也。马迁用作字与序字,确有分别。其对于孔子与《六经》之言论,一切皆与汉初小儒暗合,无有相违反者。余尝欲列举其说为一表,而苦无暇。汉人诬圣毁经,圣,指孔子。经,谓孔子之《六经》,及大道学派依据《六经》而推演之《六艺》经传千万数。毁者,毁灭。消灭大道学派之名称,绝不道及,其恶秽不可言。盖自秦、汉之际,小儒鉴于吕政焚坑之祸,共谋假戴孔子而实归宗于六君子之小康礼教,以求投合于皇帝,六君子,亦泛称古帝王。暗中早有一种运动,为一致主张。非偶然也。

余驳刘歆微言之奸辞,而特举孔子《礼运经》为例,以证其无据者。诚以《礼运》明明揭穿三代之英即禹、汤、文、武等六君子。以天下为其一家私有,括天下之财货以为己,为,读卫。劫天下人之智力与体力以为己。为,同上。帝王压制与侵苦天下最大多数庶民之术，甚毒而益密。犹且以刑仁、讲让之礼教，迷惑下民。孔子"吉凶与民同患"，此《易大传》文也。曾释在前文。创明大道之学，鼓吹革命。其消灭统治，首定选贤举能之制，为实行民主开其基。为，读卫。不独亲亲、不独子子以下诸文，明明是社会主义，不容曲解。余皆释在前文，兹不赘。六国时小儒虽改易孔子《礼运经》以变为《礼运篇》，而其保存原经之大略犹分明可见。原经，指孔子《礼运经》。下同。不独原经真象未失，而原经与《春秋》《周官》二经一贯之旨，亦甚昭晰无疑。《春秋经》虽亡于公羊寿等，余在《原儒·原外王篇》所考释者，庶几稍复本经真象。考者，搜考古说，如董仲舒私语马迁云《春秋》"贬天子、退诸侯、讨大夫"，何休所称"据乱、升平、太平"三世义，必是公羊高所受于子夏之孔子《春秋》本义，民间尚有保存。何休采之，以增入伪《公羊传》也。此皆有关孔子《春秋》根本义旨之材料。释者，解释。古说简要，（简者，简省。要者，精要。文简义精故。）久晦难明。余详究古说之仅存者，疏通其义，为作释文。（疏者，分疏以去其蔽。通者，畅通以发其蕴。为作云云者，为古说作解释之文，以推广其义也。上两"为"字，皆读卫。）本经，谓孔子《春秋》。《周官经》虽被小儒改窜，而原经真象亦复显然可寻。原经，指孔子《周官经》原本。故由伪《礼运篇》所存原经大道、小康诸文，此云原经，指孔子《礼运经》。以会通《春秋》《周官》二经，深见其一贯。而孔子外王学之思想体系，完然著明矣。从《礼运》之改造社会思想，《周官》之领导生产建设，方信《春秋经》自消灭统治以达到太平世，裁成天地、辅相万物之盛，步步皆脚踏实地，实事求是。不是空想的社会主义也。大哉孔子！无得而称焉。虽欲称美之，而穷于措辞，譬如太空之大，无可说也。

　　详玩《礼运篇》所存原经之文，可以断定孔子《六经》完全是革命思想，无可与古帝王小康礼教混杂一团。刘歆诡称孔子生前只有隐微不显之言。试问伪《礼运篇》所存原经之文，明明是六国时小儒亲见原经，有博深细密的了解，才得择要录存，不失先师大体，试问二字，一气贯下为长句。先师，指孔子。其可曰孔子生前未作《六经》，只是偶尔有隐微不显之言乎？稍有头脑者，当知刘歆作伪心劳日拙也。作伪之人劳心于诡诈，丧其灵明，乃日益蠢拙耳。康有为谈《春秋》，宗刘歆微言与大义之说，其头脑昏乱，不足辨也。

　　伪《礼运篇》更有一大功绩，足为肯定大道学派者作一强有力的证据。此篇开端，伪称孔子曰："大道之行也，与三代之英，丘未之逮也，而有志焉。"云云。按"大道之行也"下，"三代之英"上，中间有一"与"字，极宜注意。彼用一"与"字，即明示大道是孔子之发明。三代之英，亦是孔子平生研究古典学术所一向喜好者。彼之用意，本不以大道与三代之英混作一团，其所见甚是。但下文云："丘未之逮也，而有志焉。"此一"志"字，是对上文之"与"字，紧切照应。即是以大道与三代之英，同为孔子之志愿所在也。以上彼字，指伪《礼运篇》之作者。下用彼字可准知。然而彼在后文，录存原经大道、小康两段文。孔子明明痛斥三代之英违背大道，虽暂致小康，不可久也。小康，只可令下民稍安而已。其可久乎！孔子既志在大道之行，又何忍以小康之业为其志之所存乎？孔子若作两截人，尚何足为人乎？余故断定作者是伪称为孔子之言，以示小康与大道，同为孔子平生之学，同为孔子平生志愿所存。彼盖不以扬大道抑小康为然也。彼之主张如是，其迷谬不待辨。迷者，言其于大道无真知也。谬者，错误。若不迷谬，自当实践乎大道，而何慕于三代之英乎？而敢诬孔子乎？作者改易先师之《礼运经》以

92

成此篇。其时大道学派当犹盛。诸小儒犹不敢以先师之嫡嗣自居，壹意狂逞不承认有大道学派，欲隐没之、消灭之，如后来汉世小儒所为也。诸小儒犹不敢六字，一气贯下为长句。此篇出于六国时小儒之手，决不容疑。从此篇推考，孔门分为大道、小康二派，事实彰著。复古与革命两大派相倾，当时必甚剧烈。小康派主复古，欲倾覆大道派，大道派主革命，亦必倾覆小康派。故云相倾。惜乎汉人尽毁古籍，今不可考矣。《史记·老庄传》曰"世之学老子者则绌儒学，绌者，退之也，排斥之也。儒学亦绌老子"云云。马迁博览，故知两家之徒交相绌。两家，谓儒与老。然大道学派之经传千万数，汉人莫肯保存一字。其有绌老子之说否？不可知。小儒如孟轲攻杨、墨，荀卿非十二子，俱无直绌老聃之文。若马迁不言两家后学交相绌，则汉以下之人，何从知有此事乎。由此类推，孔门三千之后学，有小康与大道、复古与革命之相倾。终以吕政焚坑巨祸，刘氏稳定帝制，天下儒生一致叛大道而宗古帝王之小康礼教，阳戴孔子以自投合于皇帝。阳者，外表之谓。小儒外戴孔，而内实叛之也。大道学派之名称，竟为小儒所消灭。其学卓绝，其书早亡。后之人，无从知有二派相倾之故事。余从《礼运》发见实有大道、小康二派。又搜考汉世小儒诬圣、毁经及消灭大道派之种种诡秘，而后叹圣人之学不亡于秦火，实亡于小儒也。

圣人于《礼运经》中，揭穿古帝王私有天下之乱制，与其货力为己等等恶毒。为，读卫。下诸为字，皆准知。可见圣人识解，博大深远，非奋起革命，无可救拔天下最大多数庶民。此圣人之至仁也。帝王以天下之财货为己，人犹易知。其劫制天下人之智力、体力悉以为己，此种恶毒，则数千年来知识分子皆在迷中，莫能察也。思想不自由、言论不自由,是智力受劫制,犹有知之者。至于天下最大多数人对生产无办法,实由于上层劫制天下人之智力体力以为自己。天下人都不得自用其力以为公,(以上为字,皆读卫。)生产便无从着手,更谈不到发达。圣人在古代,早已见到此理,学人试深体之,(体者,体会。)便觉意思深广。有问:"圣人此言,今世犹用得着否?"余曰:圣言万古常新,今世正须遵用耳。如帝国主义国家当权者,劫制科学家的智力与劳动家的体力,来造人类自毁的武器。为甚要如此?无非当权者为自己扩大野心和权力之一念,(以上两为字,皆读卫。)正是以天下人之力来为己。(为,读卫。力字,兼智力、体力言。)余断定孔子不是古帝王之继述者。古帝王,指《礼运》小康之六君子。汉人传来之伪《五经》,决定不是孔子的《六经》。孔子《六经》,决定不是伪《五经》。传《六经》者是大道之儒。变乱与改易《六经》以成为小康礼教之伪《五经》者,是复古之小儒。伪五经皆出于六国小儒之手,汉世小儒一致遵从之,不会更加窜乱。纵有窜入,当极少。今不及论。《易经》是六国时小儒改窜本,《乾》《坤》二卦保存原经文旨特多。原经,指孔子《易经》原本。而《乾》《坤》二《象》最纯粹,小儒无改易。伪《公羊春秋》亦称《公羊传》。虽作于汉人公羊寿与其弟子胡毋之徒,然其完全改变原经文旨,原经,指孔子《春秋》原本。则自六国时已开其端。最著者,莫如孟轲。孟氏读过孔子《春秋》,而乃明目张胆,叛孔子之大道,竟以小康忠君大义伪称孔子《春秋》。此为公羊寿导先路也。为,读卫。伪《公羊传》鲁隐公元年传云"王者孰谓?谓文王也"云云。可见其与孟子思想有关,孟子好称文王,其书可考。《尚书》,秦博士伏生所传者,必是六国时小儒采集古史而成,与孔子之《书经》决无关。《诗经》三百篇,六国时小儒当无所删削。唯孔子当有《诗传》,惜不传。《礼经》,孔子所创作者,《礼运》《周官》二经。伪《礼运篇》列入《礼记》中。《礼记》一书是弘扬小康大义之作，皆六国时小儒所为也。皮锡瑞似曾说《礼记》辑于叔孙通，殊无据。余衰年失记忆力，故用一似字。《仪礼》十七篇，与孔子无关，当是周公旧典，后王或不无变易，此六国时小儒所传也。《乐经》，全缺。或因六国衰危，儒生鲜习《乐经》者。孔子之经既亡，小儒亦无所据以行改窜，故此经遂缺。

　伪《五经》，唯伏生所传《尚书》及公羊寿等伪《春秋》、董仲舒《春秋繁露》，皆完全背叛孔子原经义旨，完全二字，注意。最可恶。余曾疑伏生书或是采六国时小儒改窜本，更加以改易。当时小儒虽改易先师之经，而必于先师本旨有所保留。如《易经》之《乾》《坤》二《象》，如《礼运经》之大道、小康，如《周官经》之制度，皆未忍将先师本义剥落尽净。其识见较高，胸怀较广。近之，为同时代之孟子所远不及。远之，则汉世奴儒，居心污秽、险谲，真是六国时诸老先生之罪人耳！孟子将孔子《春秋》完全变易。识卑、胸狭。六国时老辈如改易孔子之《书经》，当不至于其本义一无所留。秦廷诸博士大概皆六国人，游仕于秦。秦本凶蛮无学之国。孔子《六经》，皆发扬革命思想。如六国老儒之《书经》改窜本，未将原经思想去尽，原经，指孔子之《书经》。诸博士何敢触秦人之忌，其必更加改易无疑也。汉朝首以伏生《尚书》立于学官，以其利于皇帝故耳。公羊寿等，汉人也。汉人别是一种污风。寿等险曲无所不至，仲舒受学于寿，亦不足责。总观西汉一代，在文化学术界最有领导威权者，厥惟三家。三家者：一、司马迁与其父谈。由前代至汉，累世史官。博学多闻，卓然有风概。朝廷所重，草野学人所向也。惜乎其父子皆不悟大道，盛弘小康礼教。

迁博览而少精，实守其父谈之志。谈习道论于黄生，黄生以汤武弑君，非受命，媚汉景帝。古者言天子必受上天之命，始得为天子。黄生以汤武皆弑君，故不许之。是小康礼教之忠君思想也。受《易》于杨何，杨何是田何再传弟子。田何，术数家也，其为小康之学无疑。学《天官》于唐都，唐都业《天官》，当深于古帝王之礼。谈、迁父子笃守小康，风动天下，有由来矣。二、公羊寿、胡毋、董仲舒师弟。寿之先人公羊高，亲受孔子之《春秋》于子夏。传之子孙，至寿五世。齐、鲁自昔以文献名于天下。寿之家，五世传经，齐鲁高才皆出其门。寿与其弟子造伪《春秋》，背圣叛祖，而假图谶以取信于朝野，影响甚大。三、刘向与其子歆，两世掌校群书。向既笃古，歆亦有才。一时在朝老宿虽不喜歆，要皆惮之。自新莽世以至东京之季，东京谓东汉。歆之流风弗衰。其所崇重之《周官》《左传》，后汉皆盛行。郑氏一门传《周官》，承歆伪说，妄谓周公所作。大道之旨，晦而不明，歆之罪也。贾逵扬《左》，称其义深君父。扬者，宏扬之也。小康教条，歆实传之。三家不独有大影响于两汉，而实有大影响于汉以下之二千余年。至今谈经义者，犹莫能出于三家之外。清季康有为宗《公羊》伪传与董生伪学，犹昨日事也。有为反对歆而毁《周官》，适见其于《春秋》《礼运》都无所知。若其持大义微言以说《春秋》，则祖述刘歆之昏乱。受歆之欺，而终不自觉也。悲夫！

歆言："七十子丧，而大义乖。"歆殆以七十子为孔门三千中之宿德高贤。此乃汉人共同之见，不独歆也。大义者，即古帝王小康礼教，列上下之等，辨贵贱尊卑之分。分，去声。犹俗云本分之分。劝忠劝孝，诛乱臣贼子，皆大义也。歆以为七十子皆能恪守大义,及其丧亡则异论滋多。犯上作乱,不为无道,则大义始乖矣。乖,犹反也。明孔门中,有与大义相反之别派也。歆虽不肯明言大道学派,而其意实以为孔门老成凋谢,而后三千中之少年揭大道之帜,唱革命之论,是乖反乎大义也。余推考大道诸贤,是孔门青年派,曾说在前。玩歆此言,足证余之推考为不谬。有问:"子游、子夏是大道之儒,而同在七十子中。若如刘歆说,则七十子同守小康之大义,何耶?"答:七十子名单,当是六国时小儒之无学识者所为,当初并无若何用意。后来汉人据此名单,而以七十子为孔门三千人中之宿德高贤。汉人一致崇奉古帝王小康礼教,故尊七十子为能守大义者,以明向往之意。汉世小儒自命为孔子嫡嗣,而又以孔子为古帝王之继述者,以此投合皇帝,得定孔子为一尊。故不承认孔门别有革命之大道学派,并其名称亦消灭之。游、夏二人名姓见于《论语》。七十子名单,已将游、夏混入小康派诸人中,正可表示孔门无异派。此汉世小儒所以深取之也。问:"汉人何故必欲消灭大道学派名称?"答:六国时小儒反对大道,纯是思想问题。汉人消灭大道学派,不仅是思想问题,而更顾虑政治问题。汉初老人亲见吕政焚坑之祸,(吕政从并吞六国至于亡,不过十五年耳。)所以一致背大道而宗古帝王。其变先师孔子为古帝王之继述人,煞费苦心。如孔门更有革命之派,将令居上层者疑孔子之学不纯正,则儒学失上层之信仰矣。此汉人之顾虑也。

附识一: 余在前文,曾言晚周之世学在王朝。顷有难我者曰:"知识之启,学术之兴,始于劳动大众。今先生言古时学在王朝,毋乃错误?"余答之曰:在此书不便牵涉太远。惟高明之论,吾亦尝闻之。征诸中国古史,上世劳动之民自游猎以至于耕稼,日出而作,日入而息。仰观俯察,睹日月星辰之象,阅万物之繁滋,于是天文与数学知识最先萌芽。

生活所资，不可坐以待毙，于是拾取金、木、水、火、土诸自然物古称五行。而裁成变化之，以供利用，则物理学知识亦自此开端。人类从四体劳动发知识，开学术，此乃铁案不可移也。两手两足，曰四体。但先民观物，常杂迷情，知识不易走上正当之途。中国远古有阴阳家之术，是天文与算术之原，更是一切术数之原。司马谈《论六家要旨》，阴阳家居其一。然其文太略。又复当知，由日常碎杂的知识发展为学术，更非一蹴可至之事。碎杂的知识，今人通称常识。余则从俗说为碎杂知识，以其未成体系故。蹴，犹踢也。刘子翚诗云："马蹴浮埃去路长。"浮埃，道上浮尘也。马行则其足踢浮尘，但非一踢便可至其所欲至之地也，其去路甚长远也。学术开端，必先考核一切碎杂知识是否从经历实事而始起。若其出于空想构画或迷情猜测，而皆自谓是知识者，此乃治学者所必须扫除，决不许为知识也。以空想构画当作真的知识者，如中国先民信天帝，便是一例。佛菩萨说有不生不灭的法界，是为众生共有的大我，亦空想也。然哲学上以空想为真知者，其说太多，实不须举例。以迷情猜测当作知识者，如中国古天文学，以日蚀、月蚀或其他灾异，是天帝的威灵。此盖本于先民之迷信。（汉人言天变，是上天警戒人君。此说起于天子威权过大之后，非初民时代所有也。）又如五行之说，（上古以金、木、水、火、土谓之五行。）远古劳动之民，一方以此五物为日常生活所必需，（可谓物理的知识。）一方又于五行之变而作妖怪或灾祥等推测，此术数所由兴。（便非物理的知识。灾者，祸灾。祥者，吉祥。）术数本始于上古。自六国衰乱以至汉世，各种术数更盛于古。亦怪象也。（汉世在朝在野皆小儒，莫不顺承皇帝，以锢绝思想为务。术数所以盛行。）先民观物，常杂迷情，此为不可否认之事实。故学术初兴，必先考核世间一切碎杂的知识，何者是经历实事与符合实事,何者是空想,何者是迷情。其出于空想与迷情者,不可说为知识。经历实事,符合实事者,方是知识。此是做学术工夫之初步。《大学》曰:"致知在格物。"便为有志学术者,示以求知的规矩。为,读卫。不格物,未能有知识,圣言深远矣。学术初步工夫,在考核世间一切碎杂知识是否从经历实事得来? 还有第二步工夫甚要紧。世间一切碎杂的知识,每有从实物界得到纷繁与重复的许多经验,所以有碎杂知识。此等知识之获得,并未用过若何方法,未经过几番思考,只是经历事物的次数太多便熟悉了。如老农有时识晴雨,即此故,遂叫作知识。所以此等知识莫能达到条理贯通,未成体系,毕竟不是真知也。知识,简称知。故凡作学术工夫者,既已考核世间一切碎杂知识虽从经历实事得来,而无思维术,终不能成体系故,未可许为真知。从"故凡作学术工夫者",一气贯下,为长句。因此,在学术上求知,必进而又进,进进不已;研寻周到、细密、谨严、正确的格物术。周到者,谓于事物之各方面都要考察到。此最重要。术,犹方法也。实地用功,积以长年,庶几深造得有体系宏密的知识,宏者,言其知识有体系,甚不寡陋,故称宏大也。密者,言其知识有体系,竟无疏略,故称谨密也。而学术之能事毕矣。说到此,当知学术初兴,不能不有资于劳动大众之一切碎杂知识以为根基,但非茫然无所考核一切都取。至于学人笃志学术,必根据客观存在的事物,精究客观的方法,分工而治,专一不杂,终身以之,不改素业。学人自强不息,学术自然发展。此盖中外学术史之所昭示也。平情论事,劳动大众虽其一生常在实事中经历,得到许多碎杂知识，可为学术作根基。劳动二字，至此为长句。为，读卫。而凡深造于学术者，毕竟每日须有清幽自在之若干时间，使头脑空旷，神解焕发。解悟发生，至明而捷，故形容之曰神。此古语也。新事物至或新问题逼来，即能唤起已知，以推度未知，迅速解决。度，读若托。推求之谓。孔子言"默而识之"，见《论语》。即此境也。劳动大众毕生在劳形之中，司马谈曰："形太劳则敝。"敝者，疲倦困乏也。乏，犹俗云无气力也。形敝则累及其神，解悟何从生乎？此中神者，谓精神。劳众难言学术，非其智不足也，势使之然也。劳动大众，简称劳众。若乃古代自尧、舜而后，夏禹以帝位传于子，定世及之制，以天下为一家私有。统治阶层既已形成，日趋稳固。劳众列在最低层，目之曰下民，不独财货非其所有，即其体力、智力，亦莫不受劫制于上层。劳众之一切力皆听上层劫之以自为其私，为，读卫。何有清幽自在之机会可以为学乎？夏禹之后，桀无道，而失天下。殷汤乃取夏之天下而为其一家私有，一切如禹之旧制。汤之后，纣无道，失天下。周之文王、武王、周公父子又取殷之天下而有之，一切如夏、殷二代旧制。后朝之于前朝，枝节处虽有损益，究无关大体。而其维护上层与控制下民之一切作法，终不改也。故云一切如旧制。故可断言，三代之世，劳众不得有学术。唯六君子创业时，能行开明专制，勤惕有为，致世小康。六君子，见前引《礼运》小康文中。其时小大之臣，当有贤才，能于一方接近劳众，一方留神朝廷典章、制度及一切行事，运以精思，创兴学术，此必然之事也。周室东迁，虽降为列国，而前朝文献未亡，不能谓其绝无好学之臣，能守旧学。

"不能"至此为句。若东周累世,绝无学人,其何可自存乎! 要之,三代王朝,当已兴学术。民间有学,决定自孔子始。诸子百家都是继孔子而起,此在古史可考也。吾云"古时学在王朝",不为梦语。

附识二: 有问:"刘歆说'仲尼没,微言绝'。其微言一词,李奇释曰:'隐微不显之言也。'颜师古释曰:'精微要妙之言耳。'两释不同,尊书独取李释,而未明其所以,不得不问。"答曰:余恐文繁,欲学者自思而得之耳。汝若从根本处着想,歆之此说,李释为是。夫小儒改易《六经》以成伪《五经》,即是消灭革命思想,而恢复古帝王小康礼教。故小儒不肯于伪《五经》以外,承认孔子有作《六经》之事。此是小儒发起诤论之根本观点也。刘歆说"孔子生前只有微言",其意正是针对大道派而言,以为孔子对于古帝王之制度与教条,纵有不尽赞同处,亦未尝作《六经》明张革命之论,不过偶尔有隐微不显之言耳。及其身没,微言遂绝。其字,指孔子。此其意,在不承认孔子作《六经》,甚显然也。故李奇微言之释,深得刘歆之意。师古以精微要妙释之,则与小康派起诤论之根本观点毫不相关,是乃师古之好弄虚玄耳。歆言"七十子丧,大义乖"者,是以孔门老成凋谢,遂有别一派与老宿所持守之古礼、大义相乖反也。此虽未明言大道派,而从《礼运经》考之,当时与老成之大义相乖反者,实只有大道派也。则歆意中之所指,可知已。

附识三: 有问:"尊书断定七十子名单,是六国时小儒所为,未举其证。"答曰:若谓其出于春秋时人,则孔门诸贤为作者闻见所及,何至妄增入不相干之人于其间? 如公孙龙出生之年,便与孔子不相接,而列入七十子中。且其叙子贡外交,近于战国纵横之习,故知非春秋时人所为。若谓汉世小儒所造,则七十子中有四十二人不见书传,此司马迁之言也。汉人何至凭空伪造四十二个姓名乎? 六国时,去孔子之世尚近,七十子名单如果出于六国时人之手,则不见书传之四十二人,其姓名或得之于故老传说,或得之于孔门后学手册,皆有可能。"四十二人不见书传",此《史记·仲尼弟子列传》之文也。马迁平生博览,作列传时又必广搜有关材料,决非不审之言。七十子之记录,决定为六国时小儒手笔。

上来总论孔子之学,有早年、晚年二期不同。早年习古帝王之礼,古代言礼,兼广狭二义。曾见前文。可覆看。有曰:"周监于二代,郁郁乎文哉! 吾从周。"又曰:"述而不作,信而好古。"此盖其少年时研古学之兴趣甚浓厚,故有向往三代之深情也。其后常周流列国,亲见当世天子诸侯大夫之昏暴,同情天下庶民之疾苦;又其远游生活,时时接触自然与广大社会,较其少年时闭户稽古之心情,当然大不相同。大概四十岁以后,其思想日在变化之中。五十学《易》,《易》,至下当释。则其新思想已成熟。《史记》称"孔子读《易》,韦编三绝"。《易》者,指伏羲之八卦。韦,皮也。古无纸,写书用竹简,以韦缀之,故曰韦编。韦编毁绝凡三次,言其读《易》之时甚多故也。见《史记·孔子世家》。盖孔子未读《易》以前,其思想早与伏羲八卦之义旨有相遥契,故乍读之,即玩索而不能舍也。伏羲在上古,孔子之世与伏羲相隔太远。而孔子之思想,竟与八卦义旨有相合者,故云遥契。

契,犹合也。后人思想,倘与前人之书无接近处,即读其书,不能终卷。学人有
此种经验者多也。五十以至七十,孔子殆以著作《六经》与教育三千
之徒,度其岁月,中间犹时作旅人。盖其一生学问,多于动处得
力。其静定工夫,确从行动中涵养得来。乐山、乐水合一。乐山
者,大定之乐。乐水者,大动之乐。奇哉,奇哉!早年好古,有"述而不
作"之意。三千弟子中,诸年长者承其风而乐之,执古之礼而莫
知变,其流遂为小康学派。晚年创明大道,有"裁成天地,辅相万
物"之猛志,始作《六经》,启导下民革命。三千中诸狂简高才,承
其风而兴起,虽其道难行,而不易其志,《礼记·儒行篇》有革命之儒。
见前文,可覆看。其流遂为大道学派。两派交争,而小儒固陋,仇
视革命,卒成世运逆流,先进一线生机摧残尽净。岂不惜哉!逆
流者,世运本当离黑暗而趋光明,导先路以跃进而无后退。三代帝王造成统治
阶层,以天下为一家私有,以极少数人控制天下最大多数庶民。其事太不公,
其势终陷于穷。虽其及身行开明专制,可以稍安,(稍安,犹小康也。)圣人前识
其终不可久也。(圣人,谓孔子。下同。)圣门狂简诸贤,克承大道,确是当时先
进的一线生机。(先进者,言其为群众开导先路,一致前进也。为字,读卫。)而
小儒志在复古,力阻革命。其时诸子百家,皆不悟君主制度为天下大乱之原。
学人思想同向后退,不敢为天下先。(此虽道家之主张,而墨、名诸家无不如此。
墨氏恶斗,名家空玩奇词,荀卿已非之,皆处后而不先者也。法家如卫鞅、韩
非,为昏暴独制之吕政开先路。为,读卫。帝王之下流,至此不堪言,非禹、汤、
文、武、周公所及料也。六国时小儒与诸子思想,同是后而不先,退而不进,遂
酿成一大逆流。自吕秦、刘汉至于清季,中夏族类痼疾难除久矣。大道学派之
绝,岂止一时之不幸欤!)

　　余欲说《易》,先以辨伪。说《易》者,说明孔子之《易》学也。说《易》
一词,昔人多用之。伪不辨,则《易》学真义不可得而明也。然今之

辨伪，不专就《易经》直辨，而乃总论《六经》以辨其伪，何耶？余惟《六经》以《易》为本，本，犹原也。《易》为《五经》之原，乃孔门后学遗说，曾见前文。(此云《五经》，指《春秋经》《书经》《礼运》《周官》二《礼经》、及《诗经》《乐经》。此五者皆以《易经》为其本原也。故此云《五经》，不是指汉世小儒传至今日之伪《五经》。勿误会。)故欲通群经者，不可不通《易》。群经，指《春秋》等《五经》。下言群经者，皆准知。而欲通《易》者，又不可不通群经。《六经》发明内圣外王之道，本来一贯，宜观其会通也。然则辨《易》之伪，何可不总论《六经》而辨其伪乎！自孔子没后，六国时小儒既将《六经》改易变乱，以成伪《五经》。秦、汉之际，大道学派完全消灭。自汉以来，只有小儒独盛，实宗古帝王小康礼教，而诡托为孔子嫡嗣；悍然以孔子为古帝王之继承人，以伪《五经》为孔子绍述小康礼教之宝典；不承认孔子作《六经》，不承认孔门有大道学派。至于今历世近三千年矣。由孔子之世至于今，大概二千五百余年。三千之数只欠四百余耳。而孔子遭诬，《六经》被废，大道沦亡，竟无有一人焉注意考察此一团黑暗者，岂不痛哉！其实伪《五经》中尚略存圣言，可以追寻真象。汉人险诈，其遗文散见，综而考之，往往阴谋自露。独惜千载学人祖述汉人拥护统治之故技，绝正学而私图身家之利，弃大道而弗念下民之戚。戚者，忧患。人之无良，久矣。可奈何耶！上云千载，多数之词耳。西汉至近世，殆二千余年矣。

有问："孔子之学，内圣外王。小儒之欲消灭大道学派，其斗志盖专注在先师之外王学，先师，指孔子。而于内圣学似乎罕有涉及。何耶？"答曰：孔子之外王学，所谓"大道之行，天下为公"。直将古帝王之制度、教条，乃至一切，悉以大力扫荡，一丝不留，

宜乎小儒斗志，专注外王学也。实则外王本诸内圣。孔子《周
易》一经，虽内圣外王皆备，究以内圣为外王之原。小儒服膺古
代之天教与术数，其于孔子之内圣学，盖茫然莫得窥其宫墙。言
孔子之内圣学极高深，犹如王官之墙，高而不可窥也。然吾子设若谓，小
儒不了解内圣学故，即无从反对，此乃吾子之不考耳。孔子之内
圣学，详在《易经》。小儒不欲承认孔子作《周易》，遂为遮掩之
计。如马迁作《史记》便以孔子之《彖》《系》《象》等，皆是为伏羲
八卦作注疏而已。为，读卫。参考《史记·孔子世家》。刘向与子歆，更
宗六国时小儒伪造文王演六爻之说。今推其用意，则以伏羲当
时只有八卦，简而未备，直至文王始完成伏羲未竟之业，孔子则
宗文王而述其义耳。以上皆是向、歆父子之意，欲尊文王以抑孔子。此
事，余在前文已说过。伪《五经》中之《易经》，实由六国时小儒改
变孔子之《易经》而成。《大传》，有《易》兴于文王与纣之事及《易》
兴于中古二章，当是隐含文王有演《易》之事。演者，推演扩充之谓。
但其辞旨暧昧，未敢明言文王推广伏羲之八卦为六十四及作上
下篇也。《史记·周本纪》载文王增益伏羲之卦爻事，而用一"盖"
字以示存疑。马迁犹谨慎，不似向、歆胡乱也。余在前文，曾言
六国时小儒好称文王，似乎欲于三代帝王中，定文王为一尊，俾
后之为天子者有所取法。公羊寿等之伪《春秋》于鲁隐公元年，
传云"王者孰谓？谓文王也"云云。此与六国时小儒改窜之《易
大传》，诡称《易》兴于文王，显然有关系。余言寿等伪《春秋》亦
本于六国时小儒，不独有孟子可证，而于《易大传》又得一证也。

更有当注意者，《大易》于群经中最尊。《易经》称大者，尊之之辞。
他处仿此。《易经》为《春秋》等《五经》之原，故最尊。孔子未作《易》以前，

伏羲八卦犹为卜筮之书。孔子作《易》，发明内圣、外王之大道，八卦始为有识者所崇尚。太古先民，睹万有而莫明其原，于是起迷情，妄指太空穹窿之形为天帝之形体。孔子之内圣学便扫除天帝，而将天字之义改易为宇宙实体之称，宇宙，犹云万有。亦名为万有之元。元者，原也。犹云根源，或本原。但元不在万有以外，而是万有之实体。譬如大海水，不在众沤以外，而是众沤的自身。此以众沤比喻万有，以大海水比喻实体。《论语》云："五十知天命。"按命者，流行之谓。《易经·无妄卦》，以"动而健"释天命。释者，解释。动健即是流行不住之谓。问："谁何是流行？"谁何，犹俗云甚么东西。答：流行即是万有，不可说万有以外，别有流行的东西。万有皆流行也。无有固定之物故。问："谈流行，云何说天？"答：天者，流行的实体。非可从空无中忽然诈现流行万有故，现，读发现或出现之现。诈者，言其不实也。譬如幻术家幻现某物，而实无其物，谓之诈现。流行万有四字，系作复词用。须知万有是流行不住，未尝守故。（不住，言其每一瞬间皆是舍故生新，瞬瞬相续而流。从初一瞬以至无量数瞬，都无故物留住至后。譬如吾人，每一瞬间故我方灭，新我接续而生，瞬瞬相续而流，无断绝故，是谓流行。岂有故我，从胎儿期以至老衰，恒留住不灭，可名曰流行乎？岂有二字，一气贯下为句。）流行之义深远矣。万有都是流行不住，圣人遂于万有，不执为有一一固定之象，而直以流行名之也。故知流行定有实体。夫唯实体不可更诘其所由来，诘者，诘问。故名之为天也。天者，犹云自然也。自者，自己。然者，如此。自己如此，曰自然。深穷万有之所由成其有，推至其实体而止矣。实体无所从来，他只是自己如此，（他字，指实体。）是谓自然。夫学者只识流行而不悟流行有元。元者，天之别名。是与佛氏观万法皆幻者无以异，佛书法字，颇与中文物字相近。罗什主译之《中论》等，有时将万法译为万物。自以为智而实惑也。若乃确信万有不是无元,而又妄计实体是超脱乎万有而独在,是乃近于一神教之迷情,大惑不可解也。中国上古之世,先民迷信有天帝,且以大圜、穹窿之形为天帝之形体。大圜,见《说卦》传。谓太空中高处形如大圜也。古帝王笃信天帝有无上威灵,乃自以为承上天之命而有天下,遂以天子自号。天子者,帝王自谓是天帝之子,故自号为天子,以镇压天下庶民。古帝王制礼,惟天子独祭天,诸侯犹不得祭。阶级分别之严,未闻有若此其甚也。上天子帝王,子者,谓帝王以为上天之爱己,犹其子也。而不子庶民。古帝王之专制思想,既毒而亦愚矣。孔子作《易》,废除天帝,于流行而洞彻其元,彻,犹通达也。于万有而认识其体。以上二语,须作复词看。万有皆流行也。体者,实体之简称,亦名为元。譬之于翻腾活跃的众沤,而明了其本身即是大海水也。是故即万有即实体,两即字,明示万有与实体不可析之为二。犹如众沤与大海水其可二之乎? 即流行即真元。此与上语,作复词看。一言以蔽之,曰体用不二。用者,功用之简称。万有流行不住,是乃实体之功用。体必成用,譬如大海水必变成众沤;用必有体,譬如众沤必有大海水为其自身。故体用有分,而实不二。伟哉宇宙,渊奥难穷。知,抵乎此而已矣。体用不二之义明,则皈仰天帝之迷,不待攻而自破。古今哲人在本体论中,纷纷之论庶几可以息矣。孔子曰:"五十知天命。"天者,实体之称。命者,流行之谓,所谓万有是也。万有都不是固定的东西,故说为流行。前文已说得明白,恐犹有未悉者,故复加注。知天命者,知天之不容已于流行也。天之不容已于流行,即上云体必成用义。不容已三字,宜参究。佛家出世法,求趣寂灭,投入不生不灭的实体,此幻想耳。那有不生灭的僵体乎?(不生不灭即无流行,便是僵死之体。)夫天者,实体之名。实体内足于己,(己字,设为实体之自谓。)自不得不变成流行的万有。即此流行的万有,便说为实体的功用。但体变成用,是举其全体都变成了用。譬如大海水其蓄积至盛,自然要变成翻腾活跃的众沤。然复须知,大海水是举其全体都变成了翻腾活跃的众沤。故从众沤与大海水这个譬喻,可以理会体用不二之义。(理会,本俗话,是求解悟的意思。)亦复应知,万有成于天,即万有以外,无有独存之天也。万有即是流行的,前已说过。流行与万有,名虽为二,其实则一也。孔子知天命一语,须玩《大易》体用不二之旨,方可得解。汉、宋群儒都不会此理。

孔子五十知天命,始作《易》,发明体用不二。于是上古宗教思想迷信天帝具有穹窿的形体,独在于太空之中高处者,人乃可以发见先民之作雾自迷而不复信。然复有人诘问:"从来哲人谈本体,大概近于上帝之变形。孔子亦言实体,是否有此嫌?"余答之曰:汝未真了孔子体用不二之旨,故有此疑问耳。哲学家将上帝这一想头,稍变一下来谈本体,良由未悟体用不二,故有夹杂宗教迷情之过。想头,是俗话,凡人意中起某种想时,便谓之想头。头字,助词也。孔子体用不二之论,确是正视现实世界,明其不是从空无而起,故说他有实体。当知所谓万有,就是现实世界。孔子正视于此,所以不至忽视现实而杂染宗教的迷情。他字,指现实世界。现实世界不是从空无而起,此义无可否定。所以说他有实体。惟所谓实体,即是现实世界的实体。注意。现实世界以外没有独存的实体,故吾人不能离开现实世界而空想或幻想别有超越万有的实体。老氏求返虚无,佛氏趣归寂灭,皆是错用其心,违人道也。《大易》主张裁成天地,辅相万物,古哲言天地,即是指大自然或物质宇宙而言之也。是外王学之弘纲。本此而经纬万端以发展现实世界,亦即是发展现实世界的实体。据此而论,则体用不二论之实体观,与哲学家谈本体而有宗教的色彩者,其互相违反,何异高空鸿雁与水田蚯蚓,天然异类,可混作一谈乎?

又复应知,《大易》之内圣学,不许离现实世界而别求有所谓超越万有的寂灭实体,如佛氏之涅槃界。要在于现实世界而了悟其有实体。如是者,不起空见,不作虚无想,不生厌离欲故。释迦氏《阿含经》,便于世间,发生厌离之欲。此即外王学,裁成天地、辅相万物之弘纲,所由立定。而经纬万端之大业,所由开展。天下一家之规画,决定实施。天下一家,见《礼运经》,即建立全世界人类共同生活制度也。余在前文,言外王之本在内圣学,其要旨在是也。

上古先民,迷信天帝。于是为大君者,以天子自居,古时天子称大君。以其君临天下,故称大。诸侯称邦君。(邦,犹国也。言其为一国之君。)以受天之命自宠。三代之王,皆自称受上天之命而有天下。后世窃帝号者皆效之。假称天威,以压制庶民,侵削庶民,使其视为当然,而莫不安分。帝王之术亦毒矣。自《大易》明体用不二之义,天帝消灭于无形中。《六经》之革命思想,当可灌输庶民而解其蔽乎?惜乎小儒改窜《六经》,而群众无门。无门,言其不得开通也。此用荀子语。然《大易》首破天帝,荀卿犹申其旨。申,犹说明也。详见荀子《天论》。外王学之无君,本于内圣学之无神。孔子自述曰:"吾道一以贯之。"宜深玩也。无君者,消灭统治。无神者,无有天帝。

复次,仿中译佛书之文法,承前文而别有所明也。外王学,始于消灭统治,中则领导群众"开物成务",开发万物,曰开物。创成无量新事业,曰成务。此《易大传》文也。终归天下一家。伟哉人生,功莫大于裁成天地,无量物质宇宙必待人功裁度、变化、操纵、改造,使其质其能扩充盛大，发展完成。故裁成一词之含义，深广至极。（裁度之度，读若托。犹斟酌也。）物质宇宙惟赖人功司大造之权，（古称上帝造物，今则此权属之于人。）补天然之缺。（万物如任其天然，不经人功制造与操纵，则其质与能不获发展。而且利于人者奇少，害于人者滋多。）**道莫大于辅相万物。**辅相二字之义，深远极矣。（相字，读相状之相，他处仿此。）古帝王之术，所以毒害天下后世者，以其一切用猜防与劫制之术故也。天帝尚为一己所私有，不许庶民共戴天。此事虽可笑，而庶民之信教自由，亦受猜防、劫制。古籍同颂古帝王为圣人，宜乎庄子有"圣人不死，大盗不止"之叹也。《大易》辅相之义，则以天下之人人皆能开诚心、布公道，彼此互相扶勉、互相合作，故云辅相。猜防无所用，劫制无所施。人人畅其性，游乎坦荡荡之宇矣。小儒染奴化而慕古，岂不哀哉！**裁成天地，惟赖知识技能。辅相万物，要重道德智慧。**智慧是超逼知能的一种明睿作用，此义难为不知者言。（为，读卫。）智慧常与道德合一。忘我的道德，即有明睿作用存乎其间。非明睿，不能公私分明、是非昭晰，何从忘我乎？道德智慧，以下简称德慧。**德慧实有内在根源，惟待外缘引发耳。**制度与养、教、熏习乃至一切，凡所以育人之德、发人之慧者，皆外缘也。制度与德慧之关系甚大，在帝王专制之乱制下，庶民之德慧受严重妨害。养，谓生养之资；教者，教育。养教二者不得遂，则德慧无从启。熏习，则学术思想之诱导与社会一切风习之感染，皆熏习也。熏习有好有坏。习之好者益于德慧，习之坏者足损德慧。此明外缘之大略也。**云何说德慧有内在根源？此事若作专题讨论，必须另著一巨册之书。恐各方意见纷歧。余衰矣，厌此麻烦，姑直述吾之所信。根源者何？其为一己与万物同禀之一元乎。**一己，犹言小己。万物一词，即含摄天地与一切物、一切人均在内。元字，释见前。一己与万物同禀一元，譬如一沤与无量数沤，同禀一大海水。禀者，禀受。人与物不是从空无中而得生，乃同禀受一元以有生。譬如一沤与无量数沤，不是从空无中而得起，（起，犹生也。下同。）乃同禀受一大海水故起。夫元者，言乎一切有生之物所由始也。其在人，亦名为性。其字，指元。德慧禀之于元，成之为性。元之在人，虽名为人之性。而必人自努力修养德慧，以发展其性，否则将失其性矣。《大易》之内圣学，示人以体元、成性、涵养根源，体元之体，乃体现之谓。不以小己之私欲，损其所禀以生之元，是谓体元。成性，见上注。庶几德慧周行，充其天地万物一体之量。周行者，言德慧之运行乎万物万事，而各顺其则，各得其理。故云周行。是乃扩充其天地万物一体之量，无有物我相阻隔之患也。而外王学主张改造群制，卒归天下一家。群制，犹云社会制度。天下，犹云全世界。惟人类德慧进进无止境，方能使共同生活制度日趋于美利耳。旧社会时代之个人，各各陷于孤立状态，其时群体尚未形成。以德言，只以独善为德；以慧言，只以自明为慧。至于天下一家之新社会时代，由各独立体结合为群体，改各各私营制度，创建共同生活制度。各独立体皆为组成群体之一分子，分子健全，群体方能健全。故就群体言，本不轻分子。但每一分子之进德，约有两原则：第一原则，每一分子皆不可独善，必须注重组成群体之众多分子共进于善，庶几促进群体臻于至善。伪《中庸》言，成己成物。此乃孔子之说，而小儒引述之耳。不务成物而惟成己是务者，则独善自私，失德已甚，是新社会之蠹也。复次，旧言德者，有私德、公德之分，此种分别，在新社会中不必可废。是故应有第二原则。以私德言，旧社会所崇尚之私德，若在今后新社会行之，往往是失德之尤。尤者，言其失德最甚也。以公德言，旧社会所敬服之公德，亦多是不德。如古之所谓仁人义士当国家危亡之际，洁身远遁，不仕于侵略者之廷，保存民族气节。世人莫不承认其为抗敌之公德而相率敬慕之。然抗敌之道，要在领导群众革命，事如不济以身殉之，亦所不惜。今乃消极抵抗，实为全身避害之计。此其影响所及，将使族类习于伪善、委靡，终当卑屈而作顺民。其失德最甚，何可许以公德乎？又汉以下之儒不事生产，以其有与庶人争利之嫌也。若辈此等修持，亦自以为有关公德。然在新社会则不事生产，便为不讲公德之巨恶，而参加大众劳动，努力生产，乃是服膺公德之模范人物。略举二例，不暇求详。今应说第二原则。凡公德，必在为群体为，读卫。扶持公道，克治困难时，及图谋公共之快乐与利益诸事业时，均能发起积极行动，是为公德之原则。私德，当在不违背公德的原则之范围内，自由活动，是为私德之原则。以上公私两德原则，合之为第二原则，亦未及详也。晚周六国时与两汉之世，有受私人厚结之惠而为之报仇，以亡其身。佛氏大悲，愿投身饲虎。此等道德，于公私两德都无一合。

前已说德，今略谈慧。古代哲学诸家言慧，殊不一致。而有大同者，则以自明谓之慧，诸家莫有异也。自明一词，见于《大学》引《尚书》"克明峻德，皆自明也"云云。峻，大也。此言人能返求诸己，而能明了自己本有崇大的德性，须珍重爱护。这个明了，不由推论得来，亦不由感官经验而起，直是自明自了。庄子亦说自明自见。佛家禅宗说为自己认识自己，大乘又说内证。（证，犹知也。内自证知，曰内证。犹云自明也。）顾自明虽皆肯定，而世人颠倒，不能自明者颇多。如何得至于自明？诸哲学家还须苦下一番功力。但用力亦必有方，方者，方法。非可茫然从事。而诸家方法，鲜有能同。方法既殊，则各家造诣不一。禅宗直示明之定义曰："自己认识自己。"此云自己与平常说自己者绝不同。若会通各家大旨而言，则是指吾人生初，所与万物共禀之一元。就其在吾人来说,即谓之性,是乃真的自己也。禅宗便将这个自己的发用处,说为本心。认识,犹云明也。自明自己,谈何容易。夫明原于性,非无本也。但明之显发,不能不仗人之自用其力。而人之用力,又视其方法何如。若用力求明而未得其方,往往求明不获而适以自蔽,则欲明了自己,不亦难乎!道、佛二家以及宋、明理学诸老先生,皆以明了自己,为其出生于人间世之唯一大事。余钻研诸大哲与先辈之典册者良久,未敢掉以轻心。理学姑置弗论,佛、道二宗,余由研究而怀疑,怀疑又复研究,如是往复不决者,经历四十余载矣。至于年逼八十而后敢断言,二氏毕竟误入歧途。余实有无量意思,未能写出,衰年长病,无复能为矣!平生至交好佛者,闻余之说而相怪、相责。其实,二氏之学不会绝。误与不误,一任学人抉择可也。《论语》称孔子曰"古之学者为己"云云,为,读卫。下同。按为己者,即是要明了自己。这个意思,余不敢不敬恭领受。二氏本意,与先圣并无不合,先圣,指孔子。余何敢议?顾老氏返无,佛氏归寂。归寂,故观万有皆幻化,而欲投入不生不灭之乡。乡者,聚居之处。此则借用之,以指佛氏之所谓法界。法界,见《体用论》。返无,则一任"天地不仁以万物为刍狗,圣人不仁以百姓为刍狗"。返无,至此为句。而人生无有自力可尽。其流,至于窥几以远害。余平生大恶老聃也。王船山有云:"以理司化,孔子之道也。以几远害,老氏之术也。"此于孔、老都说得是。以理司化,孔子之正大也。余曾与人言及此,其人欲将理字释为自然规律。余曰:汝所说亦是。自然规律固是理,但不必限于此。理字,首见于《易》,其含义至宽广。兹不及论。明了自己,此是道德所由生,道德是自发于不容已。古圣都见及此。但二氏对于自己,犹未明得真相。所以一返无、一归寂,忽视现实世界，无所事事。佛固大悲说法，而于众生实际生活，全不相关。老氏慈而著书，老云："我有三宝，其一日慈。"虽忿詈圣人，老、庄书中所云圣人，皆指帝王。而处后不争，以弱为用，不敢为天下先，以此教导知识分子。庶民无领导，帝王长以庶民为鱼肉，奈若何！吾不知二氏之为德于众生者，果何在也？要之，二氏同以自明为慧，而皆专志求明自己，好逞空想。虽持论不同，其为超脱现实，独阃宗教之途，则一也。佛氏开出世之教，以不生不灭之法界为大我，见《大乘庄严经论》。是其所谓自己也。若是，而可谓之明了自己乎？老氏则以吾人含灵禀气而生。灵，犹神也。维神与气，同出于虚。虚者，太虚，亦称虚无。是神与气所从生也。老氏之道在返无，是以虚无为自己也。不亦芒乎？老氏虽反天帝，而其修养之术，未脱宗教窠臼。后来许多低等宗教皆托于老子，良有以也。

夫惟孔子，以明了自己，为慧之胜用。慧的作用特殊，故名胜用。吾在前文，言慧是超过知识的一种明睿作用者，以其原于性故，能明了自己故。似与诸家不异，而实大异。大异者何？一、孔子承认有自己，但决不承认有超脱现实世界而独存的自己，如佛氏之法界大我，老氏之虚无。二、自明之慧，不可逞空想，以为有超脱现实世界的自己，而当用其慧于格物。《大学》曰："致知在格物。"此一知字即指自明之慧。王阳明说为良知是也。致字，含有运用、推扩等义。自明之慧，是要运用在事物上去，要在事物上推广、扩大此慧故。若惟默然内证，见前。不许向外用于事物，则慧之胜用亦绝矣。道德智慧虽本性有其种子，而必以现实世界为田，始得发芽以至于长大、成熟，欣欣向荣。本性一词，须体会。吾人与万物同禀一元以有生，就一元之在人而言，即名日性。性是本来有的，故云本性。若空想有超脱乎现实世界而独存的自己,寄情于此,如佛氏之观万法皆幻,而起厌离想。于人生或世界起厌故,遂求出离,曰厌离。老氏叹天地不仁,万物为刍狗,则其对于现实世界本无好感,其于人生亦只付之无可奈何。庄子云:"知其无可奈何,而安之若命也。"细玩此语,可见其消极到极点,无聊到极点,一毫热情鼓不起。是故对世界、对众生,根本无从发起道德实践。余读大乘经典,觉其写大悲、写修行万德,文情悱恻动人。但初读最好,再读犹可,三读、四读觉其层复一层,铺排太过。想其平日功力,纯任观想,观者,观察。想者,意中起想,作种种分别,是名想。佛家是静中修观,不是从事上磨练而起观察。揣摩甚熟,辞虽出自胸臆,当胸之处,曰胸臆。实指意而言也。却不似从身上历练得来。身历者,甘苦自知,其辞少。意想者,便喜敷理论,其辞繁。余确不是有意轻薄大乘菩萨。佛法,究是出世的宗教,对现实世界实欲灭没之。当然不能如孔子有裁成天地、辅相万物之盛德大业。佛氏如果效法孔子,便不成为出世宗教。总之,道德智慧之发生、成长,都要以现实世界为田。怀厌世思想的哲人虽不会有恶行,而欲其对世事、对群众有积极的道德行动,殆不可能。佛之悲、老之慈,不过是其存诸意中的观念而已。凡人世间所需要的道德智慧,不可以期诸佛老也。

余犹赘一二语。如果对现实世界不作真实观而作幻化观,不生乐观而起厌想。如是者,而犹有道德、智慧可说,则必如佛氏之发大悲心为众生说法,为,读卫。令其投合于不生不灭的法界大我,是为出世的道德与智慧欤?或如老氏清净自正,返于虚无,亦是独善的道德与智慧欤?余于二氏,终不得无疑。夫惟孔子正视现实世界,不离现实而别寻真的自己,不离格物而专务内证。慧极于裁成，裁成天地。德备于辅相。辅相万物。至矣，尽矣。

综前所说，可见内圣学是外王之本，而外王与内圣又确为一贯。自伏羲画卦，而术数家利用之以为卜筮之书。至孔子出世，读伏羲之卦，而感发兴起。董理其平生仰观、俯察，远取物、近取身，以及周流列邦种种经验，始作《周易》，创明内圣外王之大道。自天地开辟以来，未有此盛事也。伏羲固不必迷信天帝，然孔子内圣外王之渊海，渊海，言其广大深远也。决非上古哲人所能创辟。文王居羑里时，或曾行卜筮之事，商王纣囚文王于羑里，将害之也。其平时或收藏上古以来术数家之《易》说。周邦新兴，搜罗古籍，事所应有。若谓文王作《易》，则《易大传》称《易》兴于"文王与纣之事"，盖因文王居羑时，卜之吉，遂为此说耳。而《大传》确未敢妄称文王作《易》，足征决无此事。汉人一致诡称文王作《易》，欲以湮没孔子创造《周易》、发明内圣外王大道之功，斩绝革命思想。岂不险哉！

　　附识：前文言，古哲以智慧为自明的作用。这个自明之明，不由推论得来，不从感官经验而起。自明者，言其明了自己也。但自己一词，切忌误会。一般人所谓自己，总是指身躯而说，稍有知者，则以自己是具有身心两方面的独立体，不可单以身躯为自己也。如上两说，都是世间公认的。但古哲在哲学上所谓自己，便与一般人的见解绝不相同。余不便多费文辞，且简单提示一二句：古哲确是以吾人与万物所同禀之一元为自己，易言之，即以宇宙实体为自己。但谈到实体，各家见地又不一致，甚至一家之内亦复分派。

儒家小康派始终不脱上古迷信天帝之教，程、朱犹承其统，陆、王便有唯心之嫌。老、庄同是道家，而二人对于实体之认识并不同。佛家是唯心论，而谈到实体则其内部不无分歧。余衰矣，不堪述作。但诸家之学都是要向上穷实体，即是要明了真的自己。真的二字，明其不同于世间所谓自己。然古哲不论何家，要皆以智慧的作用是向里认识自己，不可向外逐物。孔子对于自己的认识，与诸家都不同。自己，指实体。其于智慧作用，不偏主向里冥识自己，却要格物。余宗孔子。窃谓智慧作用，是一切知识之原而不即是知识。智慧用到事物上，便顺从乎物以认识物，才构成知识。其详，则非今所及论。顺从乎物者，谓纯客观的方法。余详究孔子之旨，实行天下一家的制度，是要以道德与知识并重的。但道德与智慧是合一而不可离。如公私之分，是非之辨，都少不得智慧。智慧是自明的。虽不与事物交接时，这一点明，总是炯然在内。所以古哲便把这一点明，用来认识自己。由此，接近宗教的路，弄出许多迷惘。此中有千言万语不及谈。宗教是重道德，而其所谓道德，或不必是人生的道德。孔子不承认有超脱现实世界而独存的自己，又不主张专以智慧收敛于内，而必用之于格物。于是道德才是人生的道德，随人生之日新而发展。

《周易》内圣外王之学，是孔子天才之创发。且不独天才过人，而其出生于三代之后，三代，夏、殷、西周也。历年长远，群变已复杂，民智已渐开，文物已较盛，其所承藉者良优，亦足以发展其天才。伏羲远在太古，无论如何聪明，决不能于草昧之世，凭空发生《周易》内圣外王的思想。此论学术者所宜知也。中国古帝王专制之术甚诡而密，其臣仆及大多数庶民受其迷醉甚深，故信古、好古而不肯变古之风气，莫盛于中国。孔子知俗之难挽，故其创造《六经》，皆托古以申义。申，犹明也。托于古，而实发明己之义旨也。《周易》托于伏羲八卦，八卦，乃六十四卦之总称，曾见前文。而其义旨则于伏羲实无关系。《春秋》托于鲁史，而其义旨则于鲁史绝无关系。《周官经》托于周朝官制，而其义旨则与文、武、周公稳定统治阶层之密意根本反对。《书经》托于古代帝王历史，《尚书》。而其义旨则于古帝王言行无甚相关。《书经》出于孔壁，汉武遣使者往取之，终乃不许通行，卒至毁灭。此其内容，决非史书性质可知也。孔子创作《六经》，而皆托古以申己义。己义者，作为孔子之自称。孔子自己创发之义，曰己义。盖因群俗笃古，不得不假托于古，而为潜移默化之计。此其不得已也。笃古者，笃厚于古也。后于孔子而起，以著述称家者，亦无不托古。如道家宗黄帝，墨子称夏禹，法家托管仲，农家祖神农，此其最著者也。可见中国人笃古之习深。著书成一家言者，非托古难引起当世之信也。马迁作《孔子世家》，称孔子读《易》，按此指伏羲八卦。而后序《彖》《系》《象》等，即以孔子之作《彖》、作《系》、作《象》，是序述伏羲之旨，直以孔子为注疏家。马迁无知无识乃至此，岂止无忌惮耶！刘向与子歆伪造文王作《易》补伏羲之缺，上掩古圣，指伏羲。下抑孔子，吾已辨之在前。《易大传》称《易》兴于中古，孟康曰："汉人以伏羲之世为上古，文王之世为中古。《大传》以《易》兴于文王也。"余按《大传》此文，决定是六国时小儒所伪造。《大传》不必是孔子自作，当是狂简诸贤记录孔子之语。（狂简诸贤，即弘扬孔子之大道者。）后经小儒改窜，列入伪《五经》之《易经》中。其中保存孔子语不甚多，但保存者极精要。小儒伪称文王增补伏羲之《易》，不惜为浮夸之辞，诚无耻耳。余谓《易》之兴，实在春秋之世，孔子作《周易》及《春秋经》，真万世之盛事也。

六国时小儒改变孔子《周易》，以成伪《周易》列入伪《五经》中，犹略存孔子本义。至汉世小儒不肯承认《易经》是孔子创作，贬抑之无所不至。六国时小儒伪称《易》兴于文王，隐含文王有演《易》之事，道高于伏羲，欲尊文王为大圣，使后之居天位者知取法耳，古称天之位，曰天位。然未改明言文王作《易》。至汉世而刘向与其子歆，竟悍然诡称文王重《易》六爻，作上下篇。见《汉书·艺文志》。《志》文全据向、歆父子说。重，读若虫，犹云增益。此言伏羲只画八卦，其义犹未足。及至文王乃于八卦以外，增益五十六卦，成六十四卦，补伏羲之所未及发明者。殊不知八卦是根本，因而重之为六十四，本自然之序。伏羲自是一气呵成，何待后人重之乎？《志》文不言重五十六卦而曰重六爻者，每一卦都是六爻，故曰重六爻也。八卦为六十四卦之总称，不可疑伏羲只画八卦也。孔子《周易》全部，皆出其一人之手。何可以上下篇诡称为文王之作乎？但伪《五经》中之《周易》则由六国时小儒所为，不是孔子原本。向、歆贬损伏羲，是欲特别推尊文王。其所以特尊文王，却与六国时诸老辈尊文王之意不必同，乃欲压抑孔子耳。其欲压抑孔子者，只欲消灭《六经》，变孔子为古帝王小康礼教之继述人耳。《易》为群经之本。今贬损伏羲，而承六国时《易》兴于中古之说，即更进一步硬说文王演《易》六爻作上下篇，于是文王成为一尊，而孔子只在继述之列，不待言矣。此向、歆父子以及班固辈之私计也。

《易大传》曰："古者包牺氏之王天下也，按伏羲亦号包牺。仰则观象于天，俯则观法于地，观鸟兽之文与地之宜，近取诸身，远取诸物，于是始作八卦"云云。据此段文，称伏羲作八卦，说得明明白白，无有隐伏含胡之辞，必是孔子原本之文，而小儒改窜时，幸保存未削者。仰观俯察诸语，序述伏羲当年用力处，极亲切有味。余推想孔子平生学力原是如此，故能尚友伏羲而遥契也。《论语》载孔子曰：吾犹及见史之阙文也，今亡已夫！亡，犹无也。夫学人于史有阙文则存其阙，而不以己意妄为一说以补其阙。此是不自欺、不欺人，大正之道也。曰"犹及见"者，自是其早年见有此事；"今亡已"者，乃晚年不见有阙文之事而伤叹也。据此，可见孔子实事求是之精神，一毫不苟且。故夏、殷之礼，杞、宋无征，则不肯轻说，谨严至极。此处称伏羲作八卦，质直明白，必其平日考核有征，可知已。

《大传》又有云："《易》之兴也，其于中古乎？中古，见前。作《易》者，其有忧患乎？"云云。吾在前文曾言，《传》称《易》兴中古者，是隐含文王有作《易》之事。吾断定此处与下文《易》兴于"殷之末世"云云，同是六国时小儒所增入，决定不是孔子语。审其文，一则曰，《易》兴于"中古乎"？再则曰，"作《易》者其有忧患乎？"下文又曰："《易》之兴也，其当殷之末世，周之盛德耶？当文王与纣之事耶？"云云。始终不直说文王重六爻，不直说文王增益《易》之八卦为六十四卦，此处《易》字指伏羲之八卦。余引用《史记·周本纪》语。不直说文王作《易》上下篇，纯是隐伏含胡之辞。足征其本无事实，虚造诡辞，故造摇荡咏叹之句，故者，故意为之也。欲以迷人，而使之想像文王有作《易》事。此种文辞显然有狡诈态，不似春秋时人气象。何况孔子或其门下狂简诸贤，岂其有此！此为六国时小儒之作伪无疑。孔子称伏羲一生学力，可见其所以作得出八卦来。学术上之成功须实事求是，对自然与人生都有深切体会之功，不是仅有忧患，便可成学、著书也。文王有居羑一时之忧患，遂可作《易》乎？且殷王纣之为人荒淫无深虑，祖伊惧文王之势力已逼殷，以告纣。纣曰："不有天命乎，是何能为！"崇侯言于纣，亦犹祖伊之惧，纣乃囚文王于羑里。周之臣闳夭辈求美女、文马诸奇怪物，献之纣。纣大悦而释文王。据此，则文王之英明，审于殷纣之情，亦何足为忧患乎？吾断定文王无作《易》事。

　　综前所说，自晚周六国至于汉代，累世小儒固皆积矢于孔子之外王学，积矢者，古代战事，射者发矢，以杀敌人。积者，谓其专注于敌，而发矢不已也。而其施于内圣学之攻势，并未稍缓。《六经》中《周易》一经，小儒谋破坏，无所不至者，正欲消灭孔子之内圣学故耳。夫孔子之内圣学在《周易》，小儒非不闻也。自六国时小儒即阴谋改变孔子《周易》之原文，而造成伪五经中之伪《周易》。原经虽已毁灭于六国时，无从考。原经，指孔子《周易经》之原本，后仿此。而伪《周易经》尚保存有孔子本义，可以说是原经之一点端绪。今抽出此端绪，以与伪经祖述古帝王之旧教两相对照，便见得两方根本相反，不可融通。伪《周易经》，简称伪经。后仿此。余虽无暇别为疏辨，而在本书第二分中，将发明原经纲要。纲者，谓其学说之大纲。要者，谓其义旨之最精粹处。试以原经之纲要作镜子而照察伪经，则伪经之宗主古帝王以改变原经，其情状可一目了然。目字，作动词用。犹视也。前说小儒于改窜《易大传》时，以暧昧不明之文句，盛张文王有大兴《易》道之丰功，易道者，自昔皆以《易经》是发明变易的道理。其意中隐含文王有作《易》之事。尤妙者，若辈专就文王居羑，受殷纣一时之厄而张大其事，以明文王作《易》之故。余考《诗经·雅》《颂》，凡称美文王之诗，可以想见文王是古代天教之虔诚信徒。余欲写一笔记而无暇。其功业则是周朝开基之圣王，其思想是否与伏羲有接近之点，当然是一大疑问。据孔子称伏羲一生学问得力处，确不是宗教家。文王何能于居羑一时之厄，而忽然发见古代大天才创作之八卦尚有缺漏，即奋笔为之补成乎？孔子不言伏羲有忧患始作八卦。而孔子尝受厄于陈、蔡，其作六经也，并不闻古今人有传说《六经》因陈、蔡之厄而始作者。古今上哲有关大道或真理之著作，皆是其平生与大自然同流及反己体会之总结果。如蚕吐丝，如蜂酿蜜，行乎其所不容已。忧患之有无，何预于述作事乎！文王居羑之忧患，以私言之，纣暗而无备，柔而寡断，不能纳祖伊、崇侯之谏，不足患也。以公言之，文王与纣之事，同是家天下之争。后人何必因文王之幸成，而诡造《易》兴中古之谣，夸张其盛德乎？小儒破坏《周易》一经，无端虚造文王作《易》之事，上掩伏羲，掩者，掩伏羲创作八卦之功也。下抑孔子。尼山内圣外王之真象不得明，此余所以辨之不得已也。孔子因其母祷于尼丘而生，后世多以尼山称孔子也。《易大传》曰："八卦成列，象在其中矣。如《乾》卦取象于天，《坤卦》取象于地，故曰"象在其中"也。因而重之，爻在其中矣。"八卦已成，即因而重之为六十四卦，本一气呵成也。爻也者，言乎其变者也。重为六十四卦，即成三百八十四爻，而万有之变在其中矣。据此，则是伏羲画八卦才就，即因而重之为六十四。文义极分明，不容误解。若八卦作于伏羲，重之为六十四者则是文王，《传》文竟不分别，断无此理。

自晚周六国至于汉，小儒对于孔子《易经》之种种诬毁，已略辨于上。六国时小儒造文王作《易》之谣，隐示孔子之《象》《系》等作，是继述

第一分　辨　伪

文王,此乃诬圣也。(圣,指孔子。)又改变孔子《易经》原文,以成伪经,是毁灭孔子之经也。马迁伪称孔子之《象》《系》等作,是序述伏羲意旨。刘向与子歆诡称文王重卦及作上下篇,班固宗之。其诬圣毁经更甚于六国时人。今从伪《易经》中寻得其保存原经文义若干处,原经,指孔子《易经》。当董理之,且加推衍,以广其义,为本书第二分。在第二分未下笔以前,余欲将小儒伪经之底蕴揭穿,条举于后。每条之易知者,即只列其目,不必更加说明。或须略说者,便从略。其有须详者,自当详说。

一、伪《周易经》是以上古术数家言为宗主。兹附两项说明:甲伏羲作八卦后,术数家即利用之以作为卜筮之经典。八卦是六十四卦之总称,不是单提八卦而言。六十四卦以八卦为根本,故举八卦而六十四卦全备也。若不了此,便妄疑伏羲只画八卦。伏羲八卦是由平日观察大自然及返己体会,始有此创作,孔子说得详明。据此,可见伏羲不是迷信天帝的宗教家,亦决不是术数家。术者,俗云法术。先民迷信人事吉凶,盖冥冥中有主之者。遂设立五行,明其有相生、相克、相制及变化等法则,以推征人事吉凶得失。数,犹命定也。如卜筮、占候、星命、相法等等,皆术数也。(占候,谓望气,能知吉凶者。)此就狭义言。若举广义,则旧天文学之谈日月蚀及诸灾异,与旧社会信世运盛衰有数,及富贵在天、死生有命之类,莫非术数观念。问:"术数家皆言阴阳,今只说五行,何耶?"答:五行统于阴阳,举五行则阴阳可知。术数必依于宗教,若不信神道则术数莫能存在故。伏羲无宗教之迷,当然无术数之迷。余尝言,《论语》中颇有不似孔子语,或其门下复古之徒所增窜,或六国时小儒及汉人所增窜。如"死生有命,富贵在天"。圣人不独无迷信,又何至念死生。而姑以命自安,念富贵而聊以天自遣乎?圣人不会动此俗念,吾敢断其非圣言。或欲以天字与命字别作解者,吾觉亦不必。余言术数家利用八卦为其经典以取信于世,并非八卦

123

义旨与术数有接近处。伏羲八卦之旨,《易大传》与《说卦传》皆有提及,而合计之不过数语,又杂以小儒之古帝王礼教思想,不易抉择。余恐文繁,未便引释。大概伏羲已经悟到辩证法。在太古草昧之世而有此,非大天才孰能之乎？孔子《周易》的思想,伏羲当然无从得有,余曾说在前。然八卦为术数家之术所乱,则伏羲之大不幸,亦古代思想界之大不幸也。乙吕政将吞六国之时,天下祸乱甚惨。诸子百家向来无革命思想,儒家大道学派其势已式微,九州儒生鲜不趋于小康派上,复古之焰方炽矣。世乱则人情惶惑,术数盛行,孔子之《周易》盖早已湮绝。古史称吕政焚书,"惟《易》以卜筮之书得不焚"云云,余按古史所称《易》者,当是小儒所改变之伪《周易经》,决非孔子之《周易经》原本也。汉兴,《易》学早失传。田何以田齐遗民徙长安,始以《易》授来学者。田何在六国时学《易》,本术数之《易》也。马迁之父谈,是田何三传弟子。谈之所学于田何者,虽无著作可考,而由迁之说《易》,可以推知其父谈所承于田何之学,果为何物。马迁作《史记·田敬仲完世家》云"孔子晚而喜《易》,<small>中略</small>。周太史之卦,田敬仲完占至十世之后"云云,据此,可见六国时小儒早已将孔子之《易》,混合于上古传来术数家之《易》。习非成是,莫知分辨。

<small>习非成是者:非,谓非理。小儒主张复古,遂改变孔子之《易经》以成伪《易经》,而祖述上古术数。更诡称伪《易经》即是孔子之真《易经》,于是孔子之《易》竟成为古术数之《易》,而孔子之真《易经》乃消灭。小儒之所为,甚非理也。但世人习闻其说,久而众口皆同,竟承认小儒之所宣传者是事实,此谓习非成是。</small>

田何受学于六国末世,当时通行之经典,早为田何以前之诸老辈所改变,都不是孔子原本。故田何本学术数之《易》,而乃妄信为

是孔子之《易》。田何既自信其所学之《易》，上承孔子，授诸弟子，皆如此说。马迁从其父谈习闻田何《易》说，遂以为孔子之《易》，即是术数家占卜之《易》。因举周太史之卦，为"田敬仲完占至十世之后有齐国"。其卦竟验。为，读卫。田完为齐国大夫，世世阴谋，欲夺齐国而有之。传至十世后，遂篡君位而有齐国。是称田齐。马迁迷信占卜，以为《易》之理深远、微妙，其术神奇。孔子晚而好《易》，诚有以也。马迁之意如此。余谓马迁此段文中，种种迷谬。彼以为孔子之《易》即是占卜之《易》，彼字，指马迁。下同。是乃根本迷谬，甚可惜。且"孔子晚而喜《易》"之"易"字，须有分别。孔子初读伏羲之八卦，伏羲无术数之迷，余已说在前，未可以八卦混同占卜之《易》也。迁于《世家》中称孔子有《彖》《系》《象》等之作，是已承认有孔子之《易》。孔子之《易》是创明内圣外王大道之学，今与卜卦之术混成一团，迁乃无知至此乎？且田氏谋篡齐，而诡称周太史之卦，以诱惑齐国民众，使其戴己耳！迁莫辨其奸，又从而称之，岂得为良史乎？总之，自六国至于汉世，天下儒生一致宗古帝王小康之教。田何，小儒也。司马谈、迁父子皆学道论，而兼习小儒之业，宗古帝王，而不通大道，厌闻革命者也，其以孔子之《易》混同卜卦之术，诚无足怪。田何授《易》于汉初，天下人学《易》者皆原本田何。流传至于近世，凡学《易》者未有出于田何范围之外。清世有汉学、宋学之争，其实术数之《易》有两大本。两大本者何？一、信有天帝。此与孔子《周易》之内圣学相反。二、拥护统治。即保持君主制度，而希望圣王出世。此与孔子《周易》之外王学相反。汉《易》家固坚守两大本。宋《易》同宗程伊川《易传》。程《传》开卷释《乾》曰"以形体言，谓之天；以主宰言,谓之帝"云云。上古之民指太空之中高处,苍然大圜是为天帝之形体。帝之名,谓其主宰乎万有也。天之名,谓大圜是帝之形体也。天即帝也,帝即天也。又曰"乾为父、为君"云云。君与父同尊同亲,小康礼教深入人心数千年矣。余不知宋《易》何异乎汉《易》也。汉、宋之分,只是细人之无知而多事耳!

二、古术数家亦分流派,其持说颇不一。略举大端,如卦气、消息、爻辰、升降、纳甲、纳十二支、六亲、八宫卦、二十四方位之类。欲求其详,病中不耐烦。汉世诸名家说《易》,未有出于上述诸说之外也。术数之说,始于上古先民之迷情构画。先民理智尚未发达,而日常接触事物每有吉凶得失之遇,茫乎不可测。其感情遇吉而欣,遇凶而戚,遇得而快,遇失而怖。终不能安于不可测,必求作一解释。夫感情动,而其理智犹低,不足以导情,(先民非全无理智,但未发展,故云低。理智低,则不足以主导感情。)则情不得不陷于迷,故曰迷情。迷情剧动,将役使低微之智以作构画。(构者,言其将凭空想构造一说也。画,犹析别也。既构一说,必析别为若干条理。)故上古术数家亦不无理论也。但其理论纯是逞臆妄构。(臆者,意想。谓由意中起想,不曾博求征验于外在事物故。)迷情盲目之动,不能自检其主观之蔽,以客观的方法求征于物也。不征于实事,无关于理道,未可言学术。防主观之蔽,而能研究客观的方法以博求征验于外在事物,此必理智发展到高度而后可能。人能好学,才可发展其理智。理智发展,学术便发展。学术发展,理智又多有发展的机缘。汉以来学人理智闭塞,术数之迷不独遍在社会,而汉人传来术数之《易》,犹见重于儒林。吾侪回忆,犹昨日事也。然而治《易》者,毕竟不能不涉猎汉《易》。即古代术数之《易》。凡治一种学术,必究其源。鉴已往之得失,开新知之途径,此学者所宜知也。

三、伏羲作八卦以后,只有术数家宗之,以为占卜之经典,自此遂有术数之《易》。汉世虽有《连山》《归藏》,与《周易》并称三《易》之说,其书在汉世已少人道及。是否真有其书? 颇难断定。若汉时果有《连山》《归藏》二《易》,吾推定当是六国时好事者所为,而伪称《夏易》《殷易》耳。余所以作此推定者,实非无理。昔人称《连山》本于伏羲,而夏因之,故称《夏易》。《归藏》本于黄帝,而殷因之,故称《殷易》。又称《连山》以《艮》为首,《归藏》以《坤》为首,二《易》与《周易》首《乾》互不同。据此所说,二《易》定是伪托。《易大传》是孔门狂简诸贤记录孔子之言,后来虽经小儒改窜,而其间保留孔子本义处尚可认识。《大传》载伏羲作八卦,而称其平生为学得力处,却非孔子莫能言,小儒无此识见。孔子《周易》本依伏羲八卦而作,凡言八卦,即六十四全备。后皆仿此。八卦首《乾》,是依伏羲所定之序,用不着以己意更改首卦也。《连山》如果本于伏羲,何故承伏羲之八卦而又改首卦为《艮》乎? 夫《乾》为《坤》之首,此有深义,无可改易也。《乾》之象曰:"乾为天,取行健义也。"《坤》之象曰:"坤为地,取顺义也。"地球绕日而转,不逾轨道,有顺义。健、顺异性,卒归合一,是谓相反相成,何可妄改?《连山》不用《乾》为首卦,而以《艮》易之,余不知其何所取义。据《周易·艮》卦,称《艮》之象曰:"艮为山。"山是地面隆起之形,非与地异体也。《连山》既宗伏羲之八卦,则《艮》之象为山,自与《周易》相同,不能有别解也。又《艮》之卦辞曰:"艮其背。"按背,不动之地也。人身中,唯背是不动处。《连山》首《艮》,其有老氏守静笃之意乎? 据此,则《连山》当是六国时道家之徒所伪造,而诡称《夏易》耳。桓谭《新论》称《连山》八万言,《归藏》四千三百万言。郑玄《礼记·礼运篇》注云:"殷,阴阳之书,存者有《归藏》。"据桓谭说,《归藏》简册极繁富。古代书,以竹简写之。而郑玄称为殷代阴阳之书,不曰

《殷易》，当是杂集古代阴阳家言。司马谈《论六家要旨》，阴阳家居其一。余谓上古以来一切术数，皆由阴阳家导其源。《汉书·艺文志》曰："阴阳家者流，盖出于羲和之官。敬顺昊天。历象日月星辰，敬授民时，此其所长也。及拘者为之，则牵于禁忌，泥于小数，泥，滞也。小数，谓各种小术数也。舍人事而任鬼神"云云。师古曰："舍，废也。"据此，可见一切术数，皆出于阴阳家。而《志》称阴阳家出于羲和之官，则是大错误。阴阳之说，当是始于上古时期劳动群众。天文学知识，最初杂发于民间阴阳说之中。及至唐、虞时，有羲和之官掌天文，则天文学已成专业，但未脱离阴阳说而为纯正科学耳。司马谈论阴阳家太疏略，《艺文志》亦复不详。阴阳家包含极广，兵法与望气等术亦在其中。《艺文志》有天文二十一家、历谱十八家、五行三十一家、蓍龟十五家、杂占十八家，实皆阴阳家之所统。中国古代任何术数，无不以阴阳之说为本。注意。《艺文志》序诸术数，纷杂而不究其本，余尝欲论之而未暇也。《归藏》自是阴阳之书，盖将八卦亦采入。而编者好异，以《坤》为首卦，伪称《殷易》。窃意《归藏》一书，当是六国时阴阳家或道家之徒所杂集。老言"深藏若虚"。《归藏》一名，甚有道家意义。守静以敛藏其精神于停蓄而不扬波之渊，即《归藏》之义也。故郑玄不以《易》称之，可见其不是专说《易》之书。总之，《连山》《归藏》皆是伪书。《归藏》巨大之册，其所杂录极宽博，不必出于一时或一人，汉人或有增益。《连山》八万言犹为小册，以《艮》为首卦殊无义。《艺文志》著录道家书目颇不少。汉人或杂拾道论以成《连山》，甚可能。余确信，《易》学始于上古伏羲作八卦，术数家即宗之，以为占卜之经典。至孔子作《易》，则依伏羲八卦，八卦，即六十四卦之简称。八卦之外形,孔子依托于伏羲而一毫无改。八卦之内容,则伏羲只是悟到辩证法,当然未免于粗。孔子借八卦而创明内圣外王、广大深远的理道,解决宇宙人生诸大问题,此非伏羲时代所能远见。**而发明自己独创之义。**自己,作为孔子之自谓。其作《春秋》,依鲁史;作《周官》,托于周朝官制。皆同样之办法。**《周易》之卦辞、爻辞,孔子多采用古术数之《易》而改变其义旨,故可说卦、爻辞,仍是孔子作。八卦,一名《易》,或自孔子始。**清人焦循曾说及夏、殷二《易》,而莫悟其伪。焦氏治《易》,其脑袋里对于宇宙人生诸大问题全不探究,只在卦与卦、爻与爻之间,苦钻一生。如此何能得孔子之意,何望其辨伪乎?又前说阴阳家,有未尽者。天文学源出阴阳家,人所共知。《艺文志》五行三十一家中,有《黄帝阴阳》二十五卷,《黄帝诸子论阴阳》二十五卷。黄帝,道家所祖,是道家与阴阳家有关。又有《锺律》《丛辰》等书及《黄钟》七卷,而阴阳十六家中有《师旷》八篇,(师旷,晋之乐师。)是音乐与阴阳家有关。《艺文志》有《医经》七家,有黄帝与扁鹊等《内经》,莫不穷究阴阳,是医学与阴阳家有关。如上所说,阴阳家对学术不无辟草莱之功。而术数发展,支流极多,则中国社会受其毒不浅也。

附识:前言孔子作《周官经》,托于周朝官制,汉时刘歆诡称为周公作,不肯承认是孔子作,郑玄等皆宗歆说。自此,几成定论。但后人对于官制,颇有疑问。有谓,周公自作《周官经》,而其摄行天子事时,并未实行此经制度。有谓,周公意在俟诸将来。其实,此经本是孔子作。此经之官制,实非周朝所有,只是孔子理想的制度,而假托为周朝之制,以避时忌耳。

四、古术数之《易》完全陷于迷谬,无从驳斥。然其根本迷

谬处，不得不揭穿，姑分作四件来说。

第一件根本迷谬者，古术数之《易》信有天帝。《易·说卦传》曰："乾为天，为圜。"余按此云天者，犹云天帝。天帝二字，可合用为复词，亦可各别单用之。单用，则单称天，犹云帝也。单称帝，犹云天也。圜者，太空之中高处，穹窿之形犹如大圜。上古先民，即指此大圜为上帝之形体。中国先民笃信有主宰乎宇宙之上帝，而复不以上帝为其意中空想之物，故以为太空穹窿至高之大圜，即是上帝之形体。其思想喜求实而不肯翔空，表现于宗教信仰者犹如此，不亦异乎？然求实是其长，而对于客观之认识，不能信任理智以求正确，竟为迷情所驱使，则又是其短也。

第二件根本迷谬者，术数之《易》其言阴阳则云二气。汉、宋群儒皆曰"乾为阳"，为阳者，谓乾是阳气也。皆曰"坤为阴"，为阴者，谓坤是阴气也。余少时甚好王船山易内外传。其《内传》释乾、坤曰："乾，气之舒也。按舒，有二义：曰充裕，曰通畅。船山盖谓乾为阳气，是生生不已的东西。阴气之结，为形为魄，恒凝而有质。按船山以为阴气凝结为物质，即成闭塞。阳气之行于形质之中外者，为气为神，恒舒而毕通。推荡乎阴而善其变化"云云。见《周易内传·乾卦传》。"阳气行于形质之中外"一语，余曾见读者多不解，尝为之释曰：（为，读卫。）譬如一粒沙子是有形质的东西，阳气则潜运于此一粒沙子的里面，是行于其中也。至于此一粒沙子自身以外的处所，亦皆是阳气之所普遍流行，是行于其外也。就一粒沙子言固如是，乃至就太空诸天体言莫不如是。余当时颇喜此段话。而独惜其大惑在于以乾为阳气耳。案乾为生命，将释在第二分。试近取诸身，五官、四肢、五脏、百骸乃至血气等等，总称一身，皆形质也。吾此形质，犹云吾之这个形质。不是固定的独立体。犹如一沤与众沤互相维系、互相贯穿,而且彼此都是起灭灭起,每一沤皆是才起即灭,才灭又即起。吾之今我,不是故我延持到今日。吾确是经过无量数的起灭灭起,与沤不异。奔腾不住。不住,犹不停也。然则吾与万物,此云万物,即太空诸天体皆含摄在内。物之细者不待言已。他处言万物者均仿此。睹形质,固各别。若体会其彼此都是起灭奔腾,而又互相贯穿、维系,其间当有一物焉,斡运乎众形众质之各各内部,斡者,主领之谓。运者,运行。充塞乎太虚,无定在而无所不在乎。充塞,犹充满也。太虚,犹太空。此一物也,吾不知何以名之,其可名之曰"吾与万物共有之生命"乎?吾甚惑乎船山之以阳气说乾也。吾人明明有生命,且明明与万物同此生命,形质可剖分,生命不可剖分。(剖分者,分成各别也。)生命力在吾身,亦在万物各内部。在万物各各内部,亦在吾身。奈何不自识生命而别寻有所谓阳气,以普遍斡运乎吾形吾质与其他众形众质之中者乎?吾形吾质,指个人之身体。余少年时览《易》书,从宋《易》入手,嫌其迂陋、浮虚。旋闻老辈崇尚汉《易》,余乃舍宋而有事于汉学。纵目于惠栋、张惠言以及吾楚李道平诸老辈之遗册,而后知汉《易》者乃古代术数之流传,未遽泯者耳。余有闻道之素心,殊少考古之逸兴,兴,读兴趣之兴。颇怀失望之感。余已衰矣,犹忆当年,于古术数家阴阳二气之说,甚为不满。上古人言之,犹不足怪。汉、宋群儒治《易》者,一致守古术数陈言,莫有怀疑、莫有改正,岂非怪事?中国哲学思想自晚周以来,儒、道实称两大。儒学成为创辟之伟大学派,实自孔子作《周易》《春秋》等《六经》而始定其基。孔子未作《六经》以前,凡学古帝王之业者,犹未足称儒学也。道家自关尹、老聃二子开山,庄子《天下篇》,关、老虽并称,而关在老前。未几,以老子与黄帝并称为道家之祖。黄老之新名词流行,而关尹遂遭黜退,此其故安在? 今无从考也。道家言阴阳,于阴阳家为近。老子云:"万物负阴而抱阳,冲气以为和。"按古人用字,亦有借用。冲当借为冲,言阴阳二气相反,故相冲击,是名冲气。然二气相冲,终归于和同,故云"以为和"。据此,则老子亦以阴、阳为二气,与术数家相同,亦即与阴阳家相同。孔子《周易》言阴阳,别有新义,与术数之言绝不同,当俟第二分中揭出。小儒之伪《周官经》即汉人传来伪五经中之《周易》。以乾、坤为阴阳二气,即古术数家之说,与古阴阳家言相近。自秦、汉之际,大道学派灭熄,《六经》已亡绝。小儒之伪《五经》诡托为孔子之遗经,而风行于天下后世。道家自六国时,庄周继老聃而起,亦言阴阳,且盛张气化之论。气化一词,见郭象之《庄子》注。(气的变化,曰气化。)通玩《庄子》全书,庄子谈宇宙所由始,人生所由生,确是持气化之论。故有以庄子为唯物论者。然庄子持论不能一贯,又好谈神化,郭注中以神气并称者亦多。晚周六国至于近世,悠长之年代,道家思想与小儒所传古帝王之遗教,盖不约而自然合流。故自汉以来,凡稍有哲学嗜好者,谈到万物所由成,此云万物,即自太空诸天以至于人,均包含在内。虽不纯持唯物论,而万物皆禀气以成形,则为中国思想界普遍之信念,莫有立异者也。禀者,禀受。夫道家与小儒所以合流者,小儒伪《易经》实为古代术数之流传。其以阴、阳二气,原本于天,天者,上帝之别一称。化成万物,莫非气字所为。小儒承古术数家衣钵甚谨也。禅宗大师传学于弟子时,必以其所服之衣、进食之钵,授之于弟子。以后,代代相传勿失。故凡后人传前人之学而不失者,皆谓之传衣钵。道家亦以气言阴、阳,盖绍述古阴阳家。小经与道论,譬犹鼠穴可相通也。小经,谓小儒之伪《易经》。道论,谓《老》《庄》二子书。

余少时读《易》，即不满于阴、阳二气之论者，学问之事，莫急于正名。汉、宋群儒对于气字，无有明白正确之解，余深以为苦。将谓是周流于太空之大气欤？大气只是一种气体的东西，此与液体、固体诸物相比较，虽形体互异而同为实物，则无可说异也。其可曰液体、固体诸物，都是气体这种东西之所成乎？实则物之气、液、固三体，同以物质与能力为其所由成。郑玄注伪《五经》中之《周易》，特提出元气一词，似亦觉得伪《易经》中气字，不可当作气体的东西来说，所以加一元字以别异之。郑云元气，必自以为有甚深微妙的含义。但郑玄将气字神化，益令人迷离恍惚耳！迷离，模糊之谓。恍惚，不定之貌。元气不始于郑玄，兹不及详。实则阳气、阴气，本无其物。四时气候转变之故，先民莫能通晓，则猜想春夏和暖、生长，是有一种实在的东西为之，这个东西叫作阳气；秋冬寒冷、肃杀，亦有一种实在的东西为之，这个东西叫作阴气。于是又以二气之来源，归诸天帝。汉《易》家马融解释《乾卦》初爻"潜龙勿用"之象曰"物莫大于龙，故借龙以喻天之阳气也"云云。按此中喻字，即譬喻之简称。孔子作《周易》，本以龙有健德，因取龙为乾之譬喻。盖古人以物类中，惟龙之德至健，故举龙以譬喻乎乾也。而马融是宗古占卜之《易》，则龙只是象，（此义后谈。）不可说为譬喻。马融所谓天，乃天帝之简称。其言阳气，则宗古之术数家以为乾即是阳气也。其云天之阳气者，据先民宗教思想，以为阳气乃天帝至健之德用，故说乾是天之阳气也。阳气当十一月，潜动于地下。（潜者，潜藏之谓。潜藏而不舍其动之健，是潜动义故。古术数之《易》，谓阳气即是乾。此非孔子《周易》之义，不可不辨。）马融以龙为乾之譬喻，此亦大误。古术数之《易》，每一卦或每一爻之取象，都不是譬喻的意义。孔子作《周易》，才将术数家之象改为譬喻。后来汉《易》家竟将孔子以象为譬喻的主张，硬拿去加入古术数之《易》里去。如此，既乱了孔子之《易》，又变了古《易》取象的本旨。古术数之《易》，简称《古易》。孔子之《易》与古术数混淆莫辨，此汉《易》家之罪也。治《易》学者切须注意此问题。下文当更论之。马融又提及阳气之来源，易言之，即乾之来源。古术数家说阳气即是乾故。以为阳气是天帝至健之德用，故曰天之阳气也。易言之，乾是天帝之德用，唐人李鼎祚《周易集解》言："天，以健为用，运行不息。"云云。与马融说符合。李云天者，即天帝。健，谓乾也。天以健为用，犹云乾是天帝之德用也。马融此处所说，是古术数家之《易》说，更是汉《易》家共同的信念，非马氏一人之言也。又复须知，马氏就《乾卦》言，只说乾是天之阳气。若就《坤卦》言，则坤是天之阴气可知。先民迷信有天帝，迷信天帝有生杀二用。春夏时，和暖之气至，主生长、开发，说为阳气，此实天帝生生之德用也。秋冬时，寒气至，主肃杀、闭藏，说为阴气，问："何谓肃杀？"答：如秋冬草木枯丧，便见杀机。此实天帝有生，即不能无杀之德用也。问："生固是德，杀亦名德乎？"答：德者，得也。此言天帝主宰乎万物，所以得行其用也。故此云德者，不是世间所谓道德。上古之民迷信有天帝，术数由是而兴。四时寒暖不同，远古未有天文、地理诸科学，莫能明其故，遂以为有阴、阳二气，阳气为生，阴气为杀。其于人生与万物之生死荣枯，殆司其威柄。此中万物，指一切生物。此先民所以深信二气是天帝之德用，术数家即据之以说《易》，而谓阳气即是乾，阴气即是坤也。《乾卦·文言》"阳气潜藏"云云，此非孔子《周易》之文，乃伪经之文耳。六国时小儒改变孔子之《周易》以成伪《周易》，今称之曰伪经。向者有人问："阳气即是乾,见于《乾卦·文言》。"余答之曰：汝所据者伪《周易》,非孔子之《周易》也。孔子《周易》,六国末世当已亡绝。伪《周易》是古术数之《易》,不可无辨。

王船山《周易外传》反对汉《易》之卦气等说,但于汉《易》各派,似乎涉猎不多。汉《易》中绝,清世惠、张两家,董理汉《易》,渐有端绪,至李道平又加详。船山入清,窜身猺洞,其学宏博,恐未暇纷神于古术数之探索。船山未睹汉《易》整体之容貌,不能认清汉《易》是古代术数家言,此其大阙,无须讳言也。既不能判定汉《易》是古术数,即无从判定汉人传来之伪《周易》是六国时小儒所改定,实非孔子《周易》原本。既不能三字,一气贯下为长句。船山犹以伪《周易》为孔子原本,故其攻汉《易》也,只攻其枝节,而不能拔其本根。古术数家以乾为阳气、以坤为阴气,本是宗教之迷谈,迷惑之谈,曰迷谈。而船山不知辨正者何？船山盖误信伪《周易》即是孔子之真《周易》,不敢妄议圣言耳。宇宙间有气体之物,人所共知也,何可曰于气体之物以外,别有实在的阳气可说为乾,又别有实在的阴气可说为坤乎？总之,先民睹四时变异,如春夏暖气至则万物生,于是说暖气为阳；秋冬寒气至则万物枯,于是说寒气为阴。又推阴、阳二气之源则以为是天帝之德用,此上古术数家之《易》说也。伏羲乾、坤之义,是否如此？只合存疑。孔子说乾、坤,在伪《周易》中尚有明文可考。将于第二分中引释。引释者,征引其文,而解释之也。

附注：上来所说两件根本迷谬,如不破除,则不可悟入孔子《周易》之内圣学。

　　第三件根本迷谬者,古术数家之《易》以保守君主制度、拥护统治为万古不易之常道。《说卦传》曰"天地定位"云云,虞翻曰:"谓乾坤五贵二贱,故定位也。"李道平疏曰:"天地,乾坤也。"按《说卦传》有云:"乾为天","坤为地"。乾五位上,为贵;坤二位下,为贱。故定位也。五爻为阳位,乾之位也。其位在上,故贵。二爻为阴位,坤之位也。其位在下,故贱。余按,虞注乃遵守古帝王小康礼教之原则。古术数之《易》奉持唯谨,非虞翻一人之私言也。统治阶层自固之道,要在严分上下贵贱之等级。大君之位最上,大君,天子之称。故至尊贵。天下大多数庶民,处于极低下之地位,故甚卑贱。百官对君王,则为下,为贱;对庶民,则为上,为贵。百官复分等级、贵贱差别。乃至社会各方面之组织,莫不详分上下贵贱,如男贵女贱之类是也。上下异等,贵贱攸别,使各阶层之人各安其分,而无异志。此古帝王小康礼教之大略也。问:"古术数之《易》何故奉小康礼教最谨严乎?"答:术数,依宗教而起。宗教视天神为无上至尊,本无平等观念,故易于受帝王教条之诱惑。《史记》称《说卦》是孔子作。其中诚有粹言,粹,犹美也。但小儒改成伪经,所保存孔子之言,亦不能过多。自"天地定位"以下,广说八卦。大概孔子口说,而狂简诸贤记录之。余详玩"天地定位"一语,圣人自有精义,不可据古帝王分上下贵贱之教条以解释此语。天地者,乾坤之譬喻辞。天为乾之譬,地为坤之譬,不直曰乾坤而举譬喻以名之者,此缘古《易》诸卦、诸爻各有取象,即以象为其卦、爻之名。如《乾》取象于天,即以天为乾之名。《坤》取象于地,即以地为坤之名。古《易》,谓古术数之《易》。孔子改象为譬喻,则亦以譬喻为其卦、其爻之名,亦从象而引申得来也。且譬喻得为命物之名,亦不自孔子《周易》始。如先民呼天曰巅。巅者,山顶最高处也。先民以巅最高,故以譬喻天之高,而遂用为天之名。又如宰相执行国政以均平为原则,本取譬于厨人宰割肉类分配平匀,宰相之名即由此譬而立。举此二例,可见譬喻得作名称,在古时并不希奇。位,犹处也。乾坤是万变万化所依之而得起,故假说为处。起,犹生也。《大易》六十四卦,三百八十四爻,而《乾》《坤》为本。譬如无量众沤都以大海水为本。无有一沤不以大海水为本故。故《大易》开端应以《乾》《坤》二卦定为首位,以明示其他诸卦、诸爻从此处而生,是为定位。圣人以天为乾之譬喻,不可说天即是乾。以地为坤之譬喻,不可说地即是坤。且天地之在太空也,何尝有上贵下贱之分。古术数之《易》,以天在上为贵,地在下为贱,证明乾五位上为贵,地二位下为贱,以此言定位,是乃祖述古帝王严分阶级之教条,无道之至,无耻之极,不可以训也。训,犹教也。言不可以教人也。《说卦》又云:"乾为君、为父。""坤为母,为众。"众,谓庶民。乾为阳,坤为阴。古术数之《易》,尊阳而贱阴,故就人道言,则乾"为君、为父";坤"为母、为众"。《礼记•丧服四制篇》曰:"天无二日,土无二王,(土,谓天下。《诗》云:'普天之下,其非王土。'言天下之土地,皆王者所有也。)国无二君,(国,谓诸侯之国。)家无二尊,(家庭,则父尊于母,兄尊于弟,夫尊于妇,嫡室尊于妾,主尊于仆。)以一治之也"云云。按三代,始定天子一人独制天下之制度。其理论即以天无二日,故土无二王。至于国无二君、家无二尊,皆以配合土无二王之制。是故天子专制之世,天下与国及庶民之家,都是定一尊,所谓以一治之是也。三代帝王对于天下国家或社会之组织,确有严密的系统。而专制之毒,使族类不振。小儒颂三代圣王,宜乎老、庄恨圣人也。坤为母者,言母之在家,为子者不得以尊父者尊母。父独尊而母贱也。坤为众者,庶民最卑贱,受天子与诸侯等之层层宰割。余为儿童时,闻老辈口头常称颂三代是黄金时代,禹、汤、文、武、周公皆圣王,常有怀古之积念。未几,闻先父其相公说国史,吾觉得秦汉以来常在黑暗中。后来研究中国思想,始知三代圣王保固统治阶层之术,甚毒而密,其礼教只欲奴化庶民耳。儒家何故独尊此等圣王?余在清光绪二十八年,始参加革命,尝怼訾孔子。辛亥而后,余研佛学,又不满于佛。余在哲学上之体会,自有所获。(即体用不二义。)忽触及《周易》,乃知先圣早在古代发明之于《易经》,余往时未得其解耳。自是,余重取《五经》玩索,渐疑《五经》非孔子原本。久之,识得圣人内圣外王一贯意思,而后知《六经》是孔子晚年创明大道、领导革命之作。其早年信而好古,门下三千中之顽固者笃守古帝王之礼教,传及六国徒众甚盛,遂改变《六经》,大张复古,卒使世运后退,长为天子一人独制之局。岂不惜哉!尊阳贱阴之论,决非伏羲时代所有。古史载上古五帝,有三说。一说,伏羲、神农、黄帝、少昊、颛顼为五帝。二说,黄帝、颛顼、帝喾、尧、舜为五帝而不上及伏羲与神农。古史称伏羲传十五世,历一千二百六十年,而后神农氏出世。三说,少昊、颛顼、帝喾、尧、舜为五帝。此说竟不上及黄帝,则在黄帝以前之伏羲、神农,更略而弗纪。五帝,是古帝中之勋德最高者,其名次虽有前后之序,而从最后之帝逆数而上,则后之每一帝与其名次相承之前一帝,中间经过其他朝代或甚多,则前后两帝相隔之年数多少,实不可考知。但据三说以推想太古五帝年代,则伏羲当在太古之最前期,彼时不必能成立王朝。伏羲盖为多数部落所公推之首长,后人乃以帝号追称之耳。彼时首长与群众以真朴相结合,并无君臣名分。朴散,而后为首长者,有君人之名。帝号建,百官立,制度兴。老子云"始制有名"是也。王朝萌芽或在黄帝之世,及至尧、舜二帝则王朝正式完成。《帝典》可以考见。然犹未成家天下之局,家天下始于夏禹传子。夏朝并未稳固。成汤伐桀而取天下，犹有惭德，是其贤于周之文、武也。武王最劣。殷帝纣已自杀，而犹亲斩其首。纣妾已自杀，而亦亲斩其首。何不仁已甚乎。孔子说武未尽善，其辞犹婉也。周自公刘谋夺殷之天下，文、武、周公竟成其志。以天下为一家私产，无复惭愧，自周始也。余在《原儒》一书中，曾言周文王决无演《易》之事，惟于古代术数家遗说及占卜之辞，或有采集。此与伏羲八卦义旨无关，不得说为作《易》也。但文王是否曾采集卜辞及古术数遗说，殊无从考，亦是余之推想耳。《说卦》所载《易》象，尊阳、贱阴。如乾为天，坤为地。《易大传》演之曰："天尊地卑，乾坤定矣。古代以乾为阳，天为上帝，属阳，故至尊也。坤为阴，地神曰祇，属阴。故卑也。卑高以陈，贵贱位矣"云云，此乃统治阶层之政治作用，即以尊卑贵贱、别上下之等，使臣民安分，不生异志。臣，谓百官。民，谓天下大多数之劳动人民。术数之《易》完全以帝王之教条为宗，其起于夏、殷二代之际，至西周而益厉乎！至于乾"为君、为父"，列君于父之前，此六国时小儒伪造《孝经》，移孝作忠之邪说所本也。曹丕将称帝时，大宴一时名士，问："君与父孰重？"坐中惶恐莫敢对。丕乃独向邴原重发此问，（重读若虫。）邴原厉声曰："父为重。"丕默然无言，幸面未变色。时满坐皆欢。坤"为母、为众"，此等象，其取义皆在拥护统治。或是西周盛时，术数家所增益也。若夫孔子作《易》，特于《乾卦》创发"群龙无首"之义。群龙，以譬喻天下大多数劳动庶民。无首者，消灭统治，庶民互相合作而同为主人，以治天下事。故无有首长也。又曰："首出庶物，庶物，指天下万国庶民。中文"物"字，是至大至普遍之公名，人亦名物。首出者，庶民从来受统治阶层之压迫、侵削，今乃同出而首行革命之事。万国咸宁。"天下庶民互相联合，出而革命。昔日万国当权之毒物，盗窃其国之主权,对内剥削人民,对外侵略弱国,故万国皆陷于危殆不安之境。今则庶民联合革命,每一人对于天下皆有两种自觉:一、自觉是天下之主人公,当戮力天下事,不容袖手旁观。二、自觉是天下之一分子,当与天下人互相亲比,凝成整体。(亲者,亲爱。比者,辅助。凝,犹结也。万物本来是一整体,未有孤生孤立之物也。但人若私其小己,便于不知不觉之间从整体中分裂出来,而陷于孤立矣。然人能克治为己之私,为,读卫。又可即时与整体结合为一。)天下庶民能一致奋起革命,当然已有此两种自觉。否则人皆自暴自弃,何可联合革命?故知庶物首出,天下事便不足为。各国当权之毒物,在庶民新势力如旭日方升之下,自然消灭。而万国将本天下为公之大道,以缔造万端,更新世界,(更,犹改革也。读若耕。革其旧而创新,曰更新。)驯至天下一家之盛。(天下一家,即建立全世界人类共同生活之制。此孔子《礼运经》之文。)所以说万国咸宁。**孔子内圣外王一贯之学,特于《乾卦》发其端,其余诸卦、诸爻自当盛弘斯道。**盛者,详阐明之也。弘者,大宣扬之也。**何至连篇累册称述古术数家之言,以推广古帝王大不道之教条乎?吾故断定伪《周易》是六国时小儒所为,决非孔子《周易经》之原本。**

附识:旧有谈象之笔记一则,今附存于此,可与前文参阅。

占卜之风,自上古至于战国流行甚盛。故《易》之象,多有商、周二代之占卜家所随时增益,不尽由上古传来也。如贵阳、贱阴之说,当开始于夏、殷及西周。"乾为天"、"为君、为父",尊君以同于天、上于父,君列于父之前。此当是君权极盛时事。自夏朝首开家天下之规,而侯国之未服者犹多。家天下者,六国时道家罪帝王之辞也。夏禹以天子之位传其子,自是世世相承,天下为其一家之私有。此后王朝虽有兴亡,而家天下之制度莫可摇动,直至清季革命,始废除之。由殷而至西周,天子统一侯国,威权渐盛,西周更盛于殷。今考占卜家之《易》,其于乾则取象于天、及君及父;其于坤则取象于地、及母及众。此当是贵阳贱阴之所由始。夫父与天、与君,同为乾之象,则父尊于母可知,此中国宗法社会时期之教条也。乾之有君象、父象,坤之有母象、众象,其起于西周时代乎?《说卦传》载乾之象,有"为寒、为冰",言阳变为冷酷也。又有"为老马、为瘠马、为驳马"等,言阳气微也。此或由六国时人见君道丧,遂造此等象以明阳衰。兹不暇详考。

附注:第三件根本迷谬,如未能破除,则无可悟入孔子之外王学。

第四件根本迷谬者,古术数家为占卜而取象,为,读卫。无可免于杂乱之失,已非伏羲本旨。至孔子改象为譬喻。改者,改变。孔子虽仍用象之名,而训象为譬喻,则改变其义矣。汉人既宗古术数之象,而复采用孔子之义,即以象为譬喻。则有两失之大过。

伏羲取象,其义云何?古籍无可征,未堪臆说。按《易正义》云:"万物之体,自然各有形象,此中体字,指物之自体言。如太古时,以天之体为大圜。大圜,即其表象也。圣人设卦以写万物之象。圣人,指伏羲。今夫子释此卦之象也。"云云。夫子谓孔子,下同。马迁《史记·孔子世家》称夫子序述古《易》象。古《易》谓伏羲之八卦。马迁不承认孔子作《易》,妄谓夫子之《象》《系》《象》等作,是序述伏羲之旨,非孔子自有创作也。余已辨正在前。《正义》称"伏羲设卦写万物之象,而孔子释此卦之象"云云,此乃重申马迁邪说。重读重复之重。申,犹说明也。余在前文,曾引《正义》此语而下"未安"两字,则未严斥其隐恶耳。马迁与其并世小儒,如公羊寿、胡毋、董仲舒之徒。皆阳宗孔子,而阴毁《六经》。其识解卑陋,逆流以复古,怀谲以背公。逆前进之流,曰逆流。"大道之行,天下为公。"而马迁之徒迎合皇帝,不惜背公,是怀谲也。圣学湮绝,马迁诸人何得无罪乎!孔子《周易》创明内圣外王之道,广大极矣。伏羲当草昧之世,何能悟到此。马迁谓孔子之《易》,只为伏羲作注释。为,读卫。《正义》亦从之。愚妄狂吠,又何责焉!

《正义》言八卦写自然之象,此说似是而实大误。八卦者,乾、坤、震、艮、离、坎、兑、巽也。乾为天,坤为地,震为雷,艮为山,离为火,坎为水,兑为泽,巽为风。天、地、雷、风、水、火、山、泽,此为八卦主要之象。伏羲初画八卦,盖观于天地之象,而悟乾坤阴阳;乾坤阴阳四字,作复词用。乾为阳性,坤为阴性。阴阳,即指乾坤而言也。观于雷、风、水、火、山、泽,而悟阴阳变化相反相成之妙。因八卦而重之为六十四,重读若虫,谓推广之也。则观乎变化之复杂,而极尽其缊,无所不备矣。《正义》云:"圣人设卦,以为万物之象。"此中圣人,指伏羲。如其说,是以伏羲画卦,犹如画家作山水画也,岂不悖哉!《正义》谈象,适与伏羲之意相悖逆。余推想,伏羲八卦之取象,元来只有天、地、雷、风、水、火、山、泽八象。彼观变于阴阳而立卦,实从八象而发悟,故取此八象也。及术数家以八卦为卜筮之用,八卦为六十四卦之总称。凡未注者,皆准知。则取象杂多,无关于理道。如乾为玉、为金、为大赤、为木果,坤为布、为釜、为吝啬、为子母牛。若此之类,皆卜筮时所取之象耳。古代占卜,设卦观象以测吉凶,汉末犹存其术。《三国志·管辂传》云:"初应州召,与弟季儒共载,至武城西,自卦吉凶,语儒云:'当在故城中见三狸,尔者乃显。'辂自设卜问吉凶,卦有当在故城见三狸之象。前到河西故城角,正见三狸共踞城侧,兄弟并喜。"云云。余按辂占得何卦,《志》未详。故城三狸,则其卦之象也。《辂传》注云:"术数有百数十家,其书有数千卷。"据此,班《志》所著录者,三国时犹存。皆六国时术数家遗物也。

术数家设卜、取象,其于各卦各爻,皆取具体的实物为其象。《说卦》载八卦之象,鲜有不是实物者。细求之伪《易经》全部各卦各爻之象,大多数都是实物。盖初民思维力未发达,对于事物不能起抽象作用,只能分别一个一个的实物。汉人所传古象,其由来远矣。

汉人治《易经》,皆主象数。象,即卦爻之象,乃是占卜家所传者。数,即术数,占候吉凶之术是也。占卜家在各卦各爻所取之象,本是对于占候吉凶者,直举象以启示之。如《乾》卦之初爻居下,即有隐而未见之情状,见者,出现之谓。故取潜龙为其象。将令卜得乾之初爻者,玩此象,敛藏自修,厚养潜力,毋躁进而取败。举此一例,可见各卦各爻每举实物为象,明告占者令其取法。这个取象的意义,绝不可当作譬喻来说。取象,是将卦爻的本旨直接显示出来,教占者仿效。譬喻,则是出语或行文遇到难以达出的道理,往往用譬喻以助说明。故占卜家之取象,不可作譬喻看。

孔子改变占卜家之象,而作譬喻用。此与占卜家本义互相隔绝,不可混作一谈。汉《易》家将旧象亦作譬喻解,旧象,谓占卜家之象。既失孔子之旨,而于旧象更说不通。此两失也。

占卜家释象，曰："象者，像也。"伪《易大传》曰："象者，像也"云云，此乃称引古占卜家言。按像者，相似之谓。占卜家为人卜卦，占候吉凶，为，读卫。如遇某卦，则必观其六爻之变动，而测其宜与不宜，宜者，为吉，或无咎。不宜者，为凶，或悔和咎之类。宜与不宜，是为其卦和爻之义。遂取某种实物或实事，以为其卦与爻之象。象与卦和爻之义，必有相似。故曰"象者，像也"。象已取定，则卦和爻之义，全在象中显示出来，而象外无义。故占者玩象，将知所以自处之道。凡汉《易》家之书，随便翻阅一部便见满目皆是象，更无若何理道可说。一卦有一卦之象，径直表明一卦之义，令占者得此启示而有以自处。一爻有一爻之象，径直表明一爻之义，令占者得此启示而有以自处。譬如问出处孰宜者，如占得《乾卦》初爻"潜龙勿用"之象，便知潜隐自修，不轻于一出。古人学《易》其平日观象玩占，皆此类也。

象之于卦爻是表诠，不是譬喻。表诠者，表明或表示也。取象以明示卦爻之义，令占者有所依据而务实践，曰表诠。若以象为譬喻，则譬喻毕竟甚空泛，不足表诠卦爻义，占者又何可以譬喻作依据乎！

孔子作《周易》本是解决宇宙人生诸大问题，而对于古代术数家之迷谬思想自不得不扫除。彼采用古《易》之卦辞、爻辞，而改变其义者，彼，指孔子。《古易》，谓占卜之《易》。正以术数之影响甚深，骤与之显然兴诤，不如潜移默化之为善，此其用心甚苦也。孔子于《乾》《坤》二卦，虽采古《易》之卦辞、爻辞，而二卦各有《象传》，总括本卦之纲要。纲者，大纲。要者，精要。无所不包含。六十四卦、三百八十四爻，皆自《乾》《坤》之渊海流出。大矣哉《乾》

《坤》也！

诸卦诸爻之文义有不合于二《象传》者，皆当以二《象传》为南针而辨其离失正向与否，失者，完全失去正向，是愚或迂之咎也。离者，以私意而离开正向，罪之大者也。则小康派之窜乱，无可逃于慧眼矣。《象传》及《文言》明定卦辞及爻辞之义，皆根据《象传》，其有不合于《象传》者，必小康之徒所改窜也。

孔子既本其平生仰观俯察、远取诸物、近取诸身、积测积验之所获，而完成其致广大、尽精微之德业，德者，得也。万物之理实见，而实践之于一切行动，非虚见也，故曰得。发为学说而作《周易》。虽卦辞、爻辞，采用旧文，旧文，谓占卜之《易》。实则用旧文而变为新义，有《彖传》《象传》等以改定其义故也。颇欲别为文，引经作释。卦辞、爻辞之含义，既已改变，则所谓象者，在孔子之《周易》中便不同于占卜之象，固已改为譬喻矣。

譬喻，根本不同于占卜之象者，凡哲学界伟大著作，发表其广大深远的义蕴，遇难以直达之义，往往借譬喻以达意。譬喻，固必与意中所欲说明之义有少分相似。少分，犹俗说些微，即只有很少的一点儿相似也。凡用语言文字等工具以表达理道，有时遇到困难，则取譬喻以便达其难达之旨趣，此乃常有之事。但与上古占卜家取象的意义，则绝不相同。余曾见人以《易》之象，说为意象，颇觉其欠妥。意象不是凭空起来。《大传》云"象者，像也。像其物宜"云云，此当细玩。占卜家当其遇某卦而推测卦义和爻义时，在他意中当然有其所明了之义。此义初现于其意中时，即有寻求物宜之一种想像等作用，同时现起，此为取象的造端。物宜者，凡物各有其所宜，曰物宜。如古时民俗，皆信龙是能潜能飞之灵物。宜潜则潜,宜飞则飞,是龙之不失其宜也。占卜家如遇《乾卦》初爻,即以为初爻居下,有隐藏而不宜出现之义。于是求物之宜,有与《乾》初爻之义甚相似者,盖莫如潜龙。遂以"潜龙勿用"为《乾》初爻之象。象之所由取定者,略如此。象既取定,则卦和爻之义便完全表示在象中。此其根本迥异乎譬喻,不可并作一谈也。

占卜之《易》元是一部占卜辞典,非学术的性质。孔子《周易》是学术界的大库藏,其变《古易》之象为譬喻,实已扫象,此不可不察也。昔人恶王弼扫象,此无知之妄吠耳。弼之言曰:"得言忘象,得意忘言。"此别是一种意境,与扫象无关。然占卜之《易》其言何言,其意何意? 弼盖得老聃之虚无而已耳。余于占卜之《易》象不惮辞繁者,诚以此之不辨,人皆不信今之《周易》是早经改变之伪经,而莫求孔子之真也。

《易》之象有三期不同:伏羲观万物而悟阴阳变化,因作八卦直取天、地、雷、风、水、火、山、泽等象,欲人因象而悟变化之理也。此为第一期。上古术数家利用八卦为占卜之经典,其设卦问吉凶,则取象渐多矣。此为第二期。孔子作《周易》,始扫尽术数,发明内圣外王之大道。伏羲画卦或只有六十四卦、三百八十四爻,而不必有辞。_{辞者文辞。积字成句,积句成辞。}卦之有辞,爻之有辞,当始于古占卜家。孔子作《易》,其卦辞、爻辞,大概有采旧辞而修正之以变其义,_{旧辞谓占卜家之卦辞爻辞。}亦有新造之词。采旧辞而改其义者,因每卦必有《彖辞》,_{彖者,断也。}以断定一卦之义,又有《彖传》以发挥《彖辞》之冲旨。《彖辞》既定,则卦辞、爻辞之义旨,皆与《彖辞》一贯,必无相背或相反者。《彖辞》,孔子或有采旧象而修正之，旧象，谓占卜之象。亦有自取之象。但孔子虽用象之名而实变为譬喻，此与占卜家取象根本不同其旨。是为第三期。汉《易》本是术数，而以象为譬喻，则袭取孔子之意，而两方皆失。占卜之象，不可作譬喻看，已说在前。孔子《易经》是学术之文，当然改象为譬喻。汉《易》偶存孔子之义例如干条，甚重要。余俟第二分详之。

　　上来辨伪已讫，今当次之以广义。伪《周易》全部，唯《乾》《坤》二卦保留原经文义较多。原经，指孔子之《周易经》。而《乾》《坤》二卦中，小儒改变处仍不少。唯《乾卦·象辞》《坤卦·象辞》，可谓全存孔子之本旨。今当依据两《象传》《象辞》，亦称《象传》。而广衍其义，无暇疏辨二卦之全文也。疏者，疏释其所存孔子本义。辨者，辨明小儒之伪乱。原欲别为《乾坤疏辨》一书，今已衰甚，无暇及此。

第二分　广　义

　　古术数之《易》，说乾是阳气、坤是阴气。余在第一分中，已破其迷矣。孔子之《周易经》云何为乾？云何为坤？自西汉以来二千余年间，以治《易》称名家者，盖难以数计，而皆不能于伪经中，发见其保留有原经之本义。伪经，指伪五经中之《周易经》，已说见第一分。原经，指孔子之《周易经》。此真怪事。乾是甚么？坤是甚么？此一大问题如不得解决，则孔子《周易》之真象，毕竟不可搜寻。其实，孔子内圣学之纲要，特详于《大易》之《乾》《坤》二卦。纲者，众理所依之以得会通而不纷乱也。如网有纲，则千百孔目依以成立，秩然有序，不纷不乱也。目者，网之组织分为无数的孔，所谓千头万绪皆依于一大纲，而互相贯穿遂成全网。即此千头万绪的孔，对纲而言则名之为目。（目者，分条别绪之称。）要者，谓内圣学中极精要之义。而二卦中之骨髓，又在两《象传》。《象辞》，亦称《象传》。曾见前。伪经《易大传》曰：伪经，见前注。《易大传》，马迁《史记》自序，称其父谈《论六家之要旨》曰：《易大传》"天下一致而百虑，同归而殊涂"云云。按《正义》引张晏云："《易大传》，谓《易

148

系辞》。"此说是也。皮锡瑞《易经通论》以系辞为卦辞及爻辞，人多不肯。(不肯，借用禅师语。)实则《史记·孔子世家》，称孔子序《彖》《系》《象》云云，则卦辞、爻辞即是系辞。马迁在汉初所闻已如此。又《史记·蔡泽传》载其称引《乾卦》五爻"飞龙在天"，及《论语》"不义而富且贵"云云。两文连缀为一句，而冠以"圣人曰"三字。可知圣人是称孔子也。蔡泽，燕国人，已知《乾卦》五爻之辞，是孔子语。足见马迁以卦辞、爻辞通称系辞，而载其父谈引伪《周易》俗本所题《系辞传》上、下者，则称《易大传》，而不称《系辞》。谈为田何嫡传，其于《周易》之篇名，必本于田何所亲得于六国时人之旧说，不可轻疑。皮氏未曾举此两证，只笼统说孔子作《易》，而又不了马迁用一"序"字，与"作"字绝不同义。余已辨正在前。马迁《史记》欠详审处诚不少。如其自序末段，有"西伯拘羑里，演《周易》；孔子厄陈、蔡，作《春秋》"云云。文王本无演《易》之事。孔子作《春秋经》，岂是为一身暂时之厄而始作经乎？古今人稍有识者，当知马迁浅陋，无有肯其说者。其序又云："韩非囚秦，《说难》《孤愤》。"余览《史记·韩非传》，(在老子等传中。)首称："非见韩之削弱，数以书谏韩王，韩王不能用。"云云。下文紧接而言，"故作《孤愤》《五蠹》《内外储》《说林》《说难》十余万言"云云。据《韩非传》，《说难》《孤愤》作于未使秦之前，今乃忽说为囚秦之作。文人无聊，往往以行文之便，伪造故事。余因其诬孔子，前文未及辨正，故此中详之。"知者观其《彖辞》，则思过半矣。"知字，读智。按此言，读《易》宜特别注重《彖辞》。六十四卦、三百八十四爻，须将各《彖辞》详慎而深思之，则对于《易经》全部无穷无尽之义海，其所获得者，将超过于义海所含无量义之大半数以上矣。无量义一词，借用中译佛经。按此文意，实谓读《易》者能真正解悟《彖辞》，则《易》之义海殆已完全窥见。而只曰过半者，留不尽之意，戒人莫自足耳。又复当知，各卦各爻之《彖辞》虽皆重要，而《乾》《坤》二卦实为其他诸卦诸爻之所从生。每一卦、每一爻，皆乾阳坤阴，由相反以成合而

149

始生也。据此，则《乾》《坤》两《彖辞》，既断定二卦之义，而实为其他众卦、众爻，无量义之统宗也。伪经于《乾》《坤》两《彖辞》，特保留原经本义。原经，谓孔子之《周易经》。伪《五经》中，唯《周易》《周官》与《礼运篇》，皆未忍完全湮绝先师本旨。先师谓孔子。此可追录其功而减其毁经之罪也。毁经之经字，谓孔子之经。毁者，伪《周易》成而孔子之《周易经》毁；伪《礼运篇》成，而孔子之《礼运经》毁；伪《周官经》成，而孔子之《周官经》毁。（《周官经》出现于汉武帝时，未许通行。刘歆始表章之。康有为疑刘歆伪造。有为无知，妄信伪《公羊传》为孔子之《春秋》。故不能了解《周官经》是据乱世革命初步完成，领导庶民努力一切新建设事业之伟大经典也。刘歆何能造得出《周官》来。何休说是六国时人阴谋之书，此大谬误。《周官经》本孔子所作，六国时小儒改变之，多削去孔子精详之制，而胡乱增入者不少。但原书大规模犹可见，革命精神未失。休云"阴谋"，盖谓革命。以革命为阴谋，休以邪佞媚世主耳。）

《乾》《坤》两《彖辞》，尚保存孔子《周易》纲要。《系辞》、即卦辞、爻辞。《象辞》《文言》《易大传》，小儒虽废原文而改造，原文，谓孔子之文。小儒尽废去之也。而诸篇之中亦偶有圣言存留，犹可辨识。诸篇，即指《系辞》《象辞》《文言》《大传》等也。伪《五经》中唯公羊寿等之伪《春秋》、伏生之书，皆将先圣义旨完全消灭。伏生为秦博士，不敢传授孔子《书经》之思想，而改变孔子之书为古史。公羊寿师弟则皆大不道之徒，求媚世主而叛大道，废圣经，背先圣以及其祖。康有为宗其伪学，诚可惜也。世主，谓当世之君，指汉朝皇帝。公羊高受孔子之《春秋》于子夏，以传其后嗣，至寿而废其先人之传。

伪《周易》中幸有《乾》《坤》两《彖辞》，未变原经真象。原经，指孔子之《周易》。伪经本是占卜之《易》，伪经，指伪《周易》。后仿此。

虽假托于孔子,而其说乾是阳气、坤是阴气,余自初览伪经时即不肯轻信此说为圣人之言。后来于《乾》《坤》两《象辞》有深会,知是圣文未毁灭者。即本其旨以抉择《系辞》《象辞》《文言》《大传》,而后识圣人所谓乾者,乃生命、心灵之都称耳;都,犹总也。圣人所谓坤者,乃物质、能力之总名耳。阴阳二气圣人早已扫除尽净。而汉以来治《易》学者始终不舍阴气阳气之迷谈,岂不怪哉!

问:"孔子《周易》何故说乾为生命、心灵?何故说坤为物质、能力?"答:此无他故。圣人只是根据事实耳。圣人作《周易》,反对古帝王所利用之天帝,古帝王自称为天子,又自称受上天之命而得有天下,以此镇压天下庶民。而创明体用不二之论。体者,实体之简称。用者,现象之别名。不二者,实体是现象的实体,不可妄猜实体是超脱乎现象而独在。譬如大海水是众沤的自身,不可说大海水是超脱乎众沤而独存。(大海水,以譬实体。众沤,以譬现象。有问:"现象何故又名为用?"答:用者,功用之简称。有实体故,即有功用。无用,即体之名不容立。实体元是变动不居,非固定性。即此变动不居,是实体之功用。亦复以此变动不居的功用,有象显著,故名现象。譬如大海水元是腾跃不住。不住,犹云不停止也。即此腾跃不住,是大海水之势用,亦复以此腾跃不住的势用,非无象故,名为众沤。由斯譬喻,可悟现象与功用,名虽为二,其实是一。说功用是现象之别名,诚然。说现象是功用之别名,亦然。)此论既出,不独天帝无可迷信,而古今哲学家谈本体者之种种错误,皆可避免。其或反对本体论,而自矜为不堕虚玄者。试问,宇宙若无实体,现象岂是从空无中忽然诈现欤?此等浅见,当为有识者所不肯。不肯,借用禅师语,犹云不许可也。惟《大易》体用不二之论,则以全体既成大用。实体是大全的,故云全体。用而言大者,赞美之辞。故万有以外,无有独存之体。万有,即是大用，亦即是现象。万有以外，无有独存之实体。譬如众沤以外，无有独存之大海水。大用成于全体，故生生无尽，足征根源深远。伪《易经》云："生生之谓易。"此其偶存孔子《周易》之文也。昔人云：易者，改换之称。生生者，万有皆于一瞬之间，舍其旧而生新，是改换也。前一瞬间，舍旧生新，新者方生，便复成旧。后一瞬间，又舍旧生新。如此，则每一瞬间都是舍旧生新，是为生生不已。(不已，犹云不止。)根源者，实体之形容辞。所以生生，正以其有实体故耳。实体，不可问其所从来，只叹其深远难测也。体用不二，是内圣学之渊奥。渊奥，犹云深微。其理似易知而实甚渊深隐微，难以穷了其缊。实体无有不变动时，即无有不成为功用或现象之时。知至此而止矣，其可复问实体所从来乎？故曰渊深隐微，难穷其缊。

夫惟《大易》创明体用不二。所以肯定功用，而不许于功用以外求实体，实体已变成功用故。肯定现象，而不许于现象以外寻根源，根源已变成现象故。寻者，寻求。根源者，实体之形容词，已见上。肯定万有，而不许于万有以外索一元，一元已变成万有故。索，犹求也。一元，谓实体。以上三小段，均属复词。是故圣人正视万有，而斥绝神道；正视万有，而不涉空想。云何说乾为生命、心灵？云何说坤为物质、能力？则以万有现象之发展，盖自鸿荒肇启，无量诸天体逐渐凝成，散布太空，是为物质现象盛著之始。凡言物质，即含摄能力在内。有质，即有能故。无机物世界既成，生物相继出世，是为生命力以刚健自胜，转化固闭之物质而创成生机体。自胜者，生命力能自强胜，不为物质所折挠也。生命出潜而见，见，读发现之现。从微至著。微者，隐藏未露，而其势力似微小。(似者，言其非真微小，故言似耳。)著者，盛大貌。生命破除固闭而出，则日进乎盛大矣。未几，生

第二分 广 义

机体改进益臻完善,生命得优良之凭藉,则发扬日盛。心灵初露于植物或低级动物中,颇有暧昧不明之象。及生机体改进,至高级动物以极乎人类,生命力充实不可以已。心灵亦离暧昧,而大显其明睿照炤、无亏无蔽之光辉。无亏云云者,言其光辉甚盛,无亏损、无掩蔽也。万有现象之层出不穷,若推其原,良由实体含缊复杂性。世间无有一事出于偶然。凡言偶然者,细求其故仍不偶然。亦未可执一性,以为其他异性之因。执,犹持也。现象万殊,因果不容淆乱。鸡卵不生羊,羊胎不产鸡,两物不同性故。圣人以生命、心灵,同有刚健、生生、升进、照明等性故,同称为乾。生命、心灵,其性刚健,所以名之为乾。乾字之含义,是刚健故。《大传》称乾曰"大生",又曰"生生之谓易"。生生之义,虽与健义有别,而亦相关。惟其健而又健,所以生生不已也。升进,犹俗云向上。生命、心灵同是升进之性,不下坠故,亦足征其健也。照明者,无迷暗性故,乃心灵之特性也。《乾卦》卦言"大明",又言"知",皆指心灵也。心能了别物、改造物、主导物,而不受物之蔽,亦至健也。圣人以物质、能力,同是"势不自举",《易纬》言坤,"势不自举"。盖以物质能力虽亦有猛烈之动,而其性实柔。炸药一爆发即消失,其猛烈不足恃也。惟心灵操纵乎质、能,使其起非常之变化,而质益增盛,能益扩大,遂有利济人生之优胜价值。此惟心灵主导之,乃有如是盛事耳。且生命与心之力,能自由操纵自己。如人或失之愚,而可转为明,或失之柔,而可转为强。此无他故,惟仗其生命力之奋进而不甘暴弃,仗其心灵作用之运思有术而不肯疏忽。所以柔者可强,愚者可明,实由生命心灵有操纵自己之威权故耳。(上两仗字,犹俗云倚靠之谓。)物质不能操纵自己。故《易纬》谓其"势不自举",以其待他力主导故。(他力,指生命、心灵。)昔者,吾国抵抗日本军阀来侵,而兴义战。余流亡在蜀,窃叹蜀本山国,而山上多石。蜀中人口蕃庶,农民尝于石上种植豆类麦类,略以灰掩之。未几,豆麦等种发芽,根茎长大,以至结实累然。余甚惊喜。俯视豆麦之根,穿石深入,且广布周围。久之,石皆裂痕,碎为土壤。余于此,颇悟生命力之强大,能战胜坚硬闭塞之顽石,洋洋乎发育。伟哉生命,大生、广生,其势足以自举,挟顽石以从化,岂不奇哉! 物质,若无生命力斡运其间,即颓然莫由自举。(以自力升进,曰自举。前后未注者,均仿此。)是故物质之性,顺承生命心灵之主导,而不得与刚性之物同类也。(刚性之物,此物字虚用之,以指生命心灵,切切误作物质的物字解释。又凡言物质,即摄能力在内。后仿此。质和能,不可分故。)同有柔顺、迷暗等性故,同称为坤。柔顺二字之含义有胜劣之分。若顺承刚健中正之乾,则柔顺是胜义;若柔顺而不能自举,无承乾之义,则为劣义。物质无照明性,故云迷暗。迷暗之动,就人生体会,如临财则苟且贪得,临难则苟且避害,皆为小己之躯壳而计较利害得失。(为,读卫。)如此,即是躯壳作主,易言之,即是物质的东西站在主动的地位,便见其无往而不迷暗。(躯壳即是物质的东西。)

乾阳坤阴者,此言生命、心灵,有刚健、照明等性,是谓阳性。阳之为言,略有二义:一、阳刚。刚健之性,曰阳性。二、阳明。照明之性,曰阳性。物质、能力有柔退、迷暗等性,是谓阴性。质和能之发动甚刚猛。见《乾卦·文言》。今云柔退者,是以质和能之性言也。质和能必待人之心力,裁成变化,而不能以自力裁成自己、变化自己。是其柔退之性也。生命、心灵之力,一方能裁成天地,变化万物;一方能裁成自己,变化自己。如自植物至高级动物,上极乎人类,生命、心灵常以自力裁成自己,常以自力变化自己。如形体则屡经改造,而未尝守一成不易之型。生活,则由外部生活之敷荣,(植物唯有外部生活。低级动物艳其羽毛,犹未远于植物。南中有火鸡,其羽红色可观,见人则大展其羽,周转于人之前,欲人之睹其羽也。)进而为内部生活之充养。(常使其生活内容,纯净而无杂染,深远而不摇荡,扩大而离狭隘。极乎天地万物为一体之德量,庶几宇宙之自由人乎。)生命之性,绝不同乎物质,固不待深论矣。此中言生命,即摄心灵。言物质,即摄能力。人之生也,禀乾生命、心灵。以成其性,性者,言乎生之真实而非虚幻也。禀坤质与能。

以成其形。形，谓身体。阴阳性异，此中性字，犹俗云性质之性。乾为阳性，坤为阴性，说见前。而乾坤非两物。性异者，以其本是一元实体内部含载之复杂性故。非两物者，乾坤之实体是一故。譬如众沤之自身，同是一大海水故。吾人七尺之形，虽若独立体，若字，注意。实则与太空无量数诸天体乃至一切物，皆互相维系，互相流通，为一完整体。人之躯体如是，任何物之形体无不如是。一微尘与三千大千世界，通为一体，况物之钜者乎？三千大千云云，借用佛典语，极言世界之多耳。非可言定数也。

　　乾为生命、为心灵，坤为质、为能，伪经尚存圣文可证。圣文谓孔子《周易》之文。当于后方引释。引释二字，说在前。

　　孔子之内圣学，今犹可考之《乾》《坤》二卦。《易大传》曰"《乾》《坤》其《易》之缊耶"云云，马注云："缊，藏也。"王注云："缊，渊奥也。"言其含藏宏富，无有穷尽，极渊深幽奥。乃孔子《周易》一经无量义旨之所缊藏也。又曰"《乾》《坤》其《易》之门耶"云云。按《论语》称孔子曰："谁能出不由户，何莫由斯道也"云云。按由，犹履也。如人行路，步步履地，不轻浮故，曰由。此言《乾》《坤》是《易》之门，乃学者所当由之于行动实践，以体现《易》之道，（道，犹理也。）而必不可或离者也。今据二卦谓《乾》《坤》。推明其旨，约举四种根本原理，总括孔子《周易》纲要。纲要，释见前。四种者：第一曰，宇宙实体是复杂性，非单纯性。单纯者，单谓单独，纯者纯一。欲明第一原理本须先明体用不二义。两明字，皆说明之谓。宇宙实体，简称体。实体变动，成为宇宙万有，是乃实体的功用。（功用，简称用。）体既成用，即用以外无有独在的体。譬如大海水既成众沤，即众沤以外无有独在的大海水。故说体用不二。然实体的性质是单纯，抑是复杂？此乃根本问题，应先解决。故说在前。

155

欲究明实体的性质，究者，研究。明者，明了。由研究而得明了，曰究明。惟有总观宇宙万有发展不已的全体，方得明了实体的性质是复杂而不单纯。宇宙万有一词，即是功用之别称。宇宙万有从无始时来，由物质层进至生命层、心灵层，元是发展不已的全体，无可割裂。吾人从全体观察，便见得宇宙万有之实体是具有复杂性，决不是单纯性。性质，简称性，他处仿此。如果是单纯性，即实体内部本无矛盾，如何得起变动、成功用？变动与功用二词，在言语上似乎分作两层，而事实上实体的变动即名功用。譬如大海水的变动，就叫作众沤。犹复当知，宇宙万有动而愈出，宇宙万有，见前注。变动，简称动。愈出，层出不穷之谓。如物质、生命、心灵，层层出现，无有穷尽。此其层出不穷之故，亦不得不推原于宇宙实体内部本含载复杂性。吾且举一譬喻，如谷种子的性质不单纯故，遂有生芽、生根干、生枝、生叶、开花与结成粒子的种种可能。若种子本无多样性，则只能生芽而已，那得有根干枝叶以及花和粒子等发展乎？世人有说种子生了芽，种子便消灭。芽既生，而有根干、有枝叶、有花和粒子等，则皆是芽的发展而已。余谓此说甚误。种子生了芽，种子的形状才消灭，而芽的形状已新生。即此新芽的形状，便是继续过去的种子而以新形出现。种子含藏的多样性，亦隐与新芽相依俱存，故种子不曾消灭也。新芽既生以后，根干和枝叶以及花与粒子先后纷然俱起，亦都是种子本来含有多样性之开发也。谷物既从种子而生，即种子不在谷物自身以外。谷物之类不绝，其种性决不会消灭。但谷物因生存的需要，有随时、地等缘，而改造其种性之可能。由此譬喻，可悟宇宙实体本来含载复杂性，理不容疑。

第二分　广　义

余在清季,乍闻西洋唯心、唯物诸论,便起惊疑。唯心论者认为实体只是精神性,唯物论者认为实体只是物质性。两宗持论虽互相异,要皆以实体为单纯性,则异而不无其同也。唯心论无可说明物质所由有,唯物论亦难说明心灵所由有。两方之诤论,长久而难息。余以为哲学家如只争心物问题,终不是根本解决之道。须知心物二宗之争,其骨子里都是坚执宇宙实体为单纯性,而不生疑问。唯心宗执定实体是单纯的精神性,所以把精神或心灵拔出于万物之上去,俾成为变形的天帝。中国道家便与西洋唯心论同犯此错误。老子以"谷神为天地根"。其谷神谓心,是即以心为天地之根源也。庄子言天地精神,又曰"若有真宰"云云。若有二字乃故作疑词,而实为肯定之辞。禅宗与老、庄有相近处。此不及谈。唯物宗破斥唯心论把精神看作变形的上帝,此乃明睿的正见。然而唯物宗把物质看作是一元的实体,易言之,即以宇宙实体为单纯的物质性。此种主张,余不得无疑。如果坚持实体是单纯的物质性,则问及精神由何而有? 必将以为精神从物质而生。然试再问物质与精神本截然不同性,如何可说物质能生精神? 譬如桃花荷花不同性,而说桃种可生荷,衡以因果律,此说决定不可通。余在《体用论》早已说过,兹不赘。如谓物质是第一性,精神是第二性,则仍不能不问第二性之所由来。而其作答,必又以第二性所由来,归源到第一性即物质。是于因果律说不通,还复如故。唯物宗所自视为强有力之证据,即在生物未出现以前唯有物质,而生命、心灵出现在后,因此遂建立物质为一元。其实唯物宗信任这个证据,正由于纯用剖析的方法,才找上此种证据。所以者何? 彼唯物宗。以剖析之术来求解决宇宙人生根本问题,遂乃将宇宙万有发展不已、浑沦无间的全体，剖成分段来看。浑沦，不可分之貌。无间，无有间隔也。于是以为宇宙肇开，唯有物质，本无生命心灵，以此为一元唯物之铁证。殊不知哲学穷究宇宙根源，此言宇宙，即已包含人生。人类是宇宙万有发展之最高级。不当纯用剖析术，却须总观宇宙万有发展不已、浑沦无间的全体，而作深彻的体会。深者，深入。彻者，彻底的了解。孔子作《大易》，其说明宇宙，确由于总观万有发展的全体，而不至陷于戏论。略言其故，从全体着眼则可明了者二事：一事，无不能生有，宇宙万有定有根源。何以故？明见万有不是如幻，故知有根源。世间有作幻术者，幻现某物，而实无有其物，是名为幻。但根源即是万有之实体，不是超脱万有而独存。譬如无有大海水，即无有众沤，可见大海水是众沤的根源。但大海水即是众沤的本身，故大海水不是超脱众沤而独在。宇宙万有和他的实体虽不无分别，而确不是两物。故唯大海水与众沤之譬喻才易晓。大海水以喻体，众沤以喻用。

实体含藏无数的可能，故不可以单纯的性质去猜拟他，他字，指实体。下他字，仿此。只可说他具有复杂性。惟其有复杂性故，其字，指实体。下其字，仿此。则其变动而成为宇宙万有，较然不一样。宇宙万有，即功用之别称。较然，犹明明也。言万有明明不一样也。或默运而无形，谓精神或生命之流，无形无象。或"太素"而成碍。太素者：素，谓物质；太，犹大也。遍布太空之诸天体或一切物质世界，皆其所成，故大之也。此词见《易纬》。碍者，闭塞义。太素成物，物成而其形体固结闭塞。默运者，《易经》则谓之乾。太素，《易经》则谓之坤也。默运者推荡乎太素之中而不能无阻，则以太素成物，物成固闭，生命力未易急遽改造物质故。无机物世界先成，生机体出现在后，此乃自然之理、必然之势,事实如此也。至精之运、生命之流,无定在而无所不在,毕竟一步一步破物质之锢闭而有生机体出现。自植物而低等动物,以至高等动物,上极乎聪明睿智之人类。伟哉宇宙,赫然贞观贞明。《易大传》所以赞扬至精之运与生命之流者,庶几尽其蕴矣。《易大传》曰:"天地之道,贞观者也。日月之道,贞明者也"云云。按贞,犹正也。正观、正明,盖言精神或生命之流,斡运乎无量物质世界,(斡者,主领义。运者,运行义。)清净、澄明,无迷暗性也。乾为生命和精神,精神,亦称心灵。坤为物质和能力,宇宙万有只是此两方面,何可否认。乾之发展,由潜而见,见,读出现之现。由隐而显,《乾卦》明示此义。俟后文详说。圣人固已预知来世,将有疑宇宙泰初惟有坤而无乾、惟有阴而无阳、惟有物质而无生命心灵,故取譬于潜龙初隐、驯至乎见与跃、以极乎飞也。其神解、睿识,可得而称哉! 圣人二字,至此为长句。圣人,谓孔子。圣人惟总观宇宙发展不已的全体,不误用剖析术,故洞见宇宙根源,自不至于执现象之一方,以为本始。唯心宗不悟宇宙万有是完整的全体,竟用剖析法将宇宙分裂开来,而执定精神现象一方面以为万物之本始。(本始二字,作复词,为实体或根源之代词。)唯物宗反对唯心,而执定物质现象一方面为万物本始。其用剖析术则与唯心宗不异。两宗与《大易》不同术,未可无辨。剖析法,将宇宙发展不已的全体裂成片段,故说生物未出现以前本来无心。殊不知物质既是一元,心灵从何而生? 此一大问题,毕竟无可解答也。上来说一事已竟。

二事,变不孤起,物理、人事,随在可征。宇宙开辟,必由于实体内部隐含矛盾,即有两相反的性质蕴伏动机,遂成变化。周子《太极图说》,陆梭山、象山兄弟俱不取之,疑其非周子之作。

朱子力攻二陆,而尊《图说》。余谓二陆先生之所见,甚卓。朱子攻之,正是朱子之短耳。《图说》是否为周子作,可不论。而其说之不足取,余则以二陆之言为定案。但太极图与《图说》,不可并为一谈。余以为太极图必传自古昔,图中表示太极本是无对的全体,而内含阴阳二性,正是《乾》《坤》二卦义。然周子传此图,则于太极图之上加一圆圈。空洞,无所有,盖表示虚无。《图说》所云无极是也。此杂老氏之迷妄,宜削。太极图下,复加五行及两圆圈,此甚可笑。五行首见《洪范》。古代生产大计,特重开发金、木、水、火、土,即五行。诚哉伟大。其后术士假托五行,诚当驳斥。唯太极图,昭示实体内含阴阳,不是单纯性,深得乾坤之旨。何可轻断其非出孔门乎?至于《图说》则不论作者是否为周子,实无可取。朱子为《图说》作注,尊之如《六经》,甚矣其愚也。为,读卫。

客有难曰:"公说乾坤,即是宇宙万有之两大类名。依宇宙万有之性质,而分为两大类。一类名为乾,一类名为坤。故乾坤皆类之名。诚如此,则公纵引经文而释明乾坤,亦只是释明宇宙现象。云何可说现象的性质即是实体的性质?"云何二字,一气贯下。答曰:《大易》决定体用不二,是其根本原理,不可摇夺。实体非固定性,元是变动不居。即从其变动不居,名之为功用。现象者,功用之别一称。别一称,犹云别名。不是由实体变动了,又别造出一种世界,名为现象也。故说现象是功用之别一称。譬如大海水是腾跃不已的,即从其腾跃说为众沤,而众沤的本身元是大海水。岂是离于大海水而别为一世界乎?余尝言,现象与实体不是两重世界,此是大源头处,须彻底了解,方能断一切疑。吾尝与人谈体用不二,闻者辄自以为

160

此理亦易了耳。及细叩之，则触处滞碍。甚至有模糊过去，以不了为了，并不自悟其有滞碍在者。古今学人在宇宙论中之见地，鲜不以为现象非凭空突起，必别有不可知之物超脱现象而独在，是乃现象之根源。如佛氏建立不生不灭之法界，众生未成佛，不得证知。诚怪说也。此中物字，非谓物质，乃以意想之所构者，谓之物耳。为字，读若卫。此等观测，有符合事实，有不符事实。其符合事实者，谓现象定有根源，非凭空突起，此说不为虚妄。其不符事实者，不可知之物超脱现象而独在，此物便与现象隔绝。彼一世界，此一世界，互不相通。如何可说彼世界竟是此世界之根源乎？此其说，盖出于空想或幻想。而反对此说者，则又厌谈本体。譬如因噎废食，得无过乎？学术不穷万化之原，知识散殊而无所会归，诚未知其可也。穷理而达于万化之原，便是一切知识会通处，亦是人生归宿处。余笃信现象定有根源。但根源不是超脱现象而独在，别为不可知之物，根源不是别一世界。余肯定根源即是现象的实体，易言之，根源即是现象的自身。学者每将实体与现象析成两界。亦有知道不应如此破析，而其为说终难免自相矛盾，只是所见未彻底耳。实体一词，古今哲学家通用之。但其说到实体，则只是无对；说到现象，又只是相对。而两方的说法，却不曾作融会。如此，则实体毕竟被推出于现象以外去，如何可说是现象的实体。余将实体直说为现象的自身，譬如大海水是众沤的自身，便扫除障碍。须知实体者，本是现象之真实的自身，何可推出现象以外去。

实体，是以其全体统行变动，而成现象，所以说实体不是超脱现象而独在。——现象都以实体为其自身，所以说现象以外没有实体。余试问今之难我者,如不肯信现象的性质即是实体的性质,汝能寻求得超脱现象而独在之实体已否? 否字上,有一已字,是助词。汝若不能,便无须难我。大凡学人于体用不二义了解未能彻底,随处可生滞碍。难我者虽闻即体即用之说,两即字,明示不二。而其发难,仍将体用截作两界,故于吾说弗释然耳。

有人问:"哲学家说实体是无对,现象是有对。公便讥他破析体用为二片。今者,公亦说实体无对,岂不自攻歟?"答曰:否,否。我说实体变动,成功用,譬如大海水变动,成了众沤。故无对即是相对。功用以实体为其自身,譬如众沤以大海水为其自身。故相对即是无对。由此应知,本无有离开相对而脱然独存的无对。我所说义,未尝自相违反,何用狐疑! 可参看《体用论》。

上来释难已讫。释难者,解释人之诘难也。近有笃守旧学者,复来难云:"乾为天,为阳气;坤为地,为阴气。是乃乾坤之本义,《大易》之宗主在是也。乾为天。天者,天帝也。坤为地,地神曰祇。地道配天,而合成化育。古占卜之《易》以此为骨髓也。乾为阳气,坤为阴气,二气者,天地之造化。气有两性不同,故以阳气称乾,阴气称坤。古代术数家之《易》其纲要如此。今先生之论,直将汉、宋群儒古今一致传授之《易》说,根本推翻,恐难令人起信歟?"余答之曰:伪经《乾》《坤》两《彖传》犹保存孔子《周易》之真象,余既言之在前矣。今将两《彖传》开端之辞作一总释,而后分别称引两《彖传》全文,各附以注,详正其义,申明余之所据。且先总释如下:

《乾卦·彖传》曰:彖,犹断也。断定一卦之义也。"大哉乾元,万物资始。"《坤卦·彖传》曰:"至哉坤元,万物资生。"此两《彖传》开端之辞也。今先略述汉《易》之释,以见古术数家《易》说之真面目。而后乃本余所体会于两《象传》之正义,断定其为孔子《周易》纲要之仅存而未遽泯者。其字,指两《象传》。分释两《象》,且俟后方。今先述汉释。汉《易》之解释,简称汉释。

"大哉乾元",汉《易》释曰:"乾者纯阳,众卦所从生,天之象也。"此《九家易》之解释。案彼以《乾卦》六爻皆阳,是为纯阳。彼字,指《九家易》。下彼字皆仿此。天者,天帝。上古之民,仰首望苍然,中高、大圜,即呼为天帝,《诗经》云"彼苍者天"是也。中高二字,余释在《原儒》。天之象者,即以纯阳为天帝之象也。众卦所从生者,《乾卦》居首。众卦从《乾》而生,以此表示万物自天帝而生也。元者,气之始也。此亦《九家易》之释。气者,二气之总称。后仿此。又曰:"元者,气也。天地之始。"见何休伪《公羊春秋》注。上所称引,辞虽简而实祖述古术数家《易》说。天帝之信念与阴阳二气之模糊思想,本是古术数家《易》说之根柢。中国之神道思想甚怪。上古先民并不是把天帝看作超脱形气而独在,却是仰望穹窿大圜,(即将无数的天体都包括在大圜以内。)而承认其为天、为神、为帝。(天、神、帝三名,其实是一。)若谓其同于拜物教,似亦不妥。兹不及论。自六国遗民田何以古术数之《易》传授汉人,至于近世古《易》之天帝信念及以气为元之说,始终不可摇动,古《易》谓上世术数家之《易》。可谓奇矣。有人言:"九家说'元者,气之始',与何休说'元者,气也'似有不同。"余答之曰:无甚不同。始者,言气之始生而隐微也。汉《易》家同以气为元。至于问气所由生,则汉《易》家皆推原于天帝。气者,阴阳二气之总称。析言之,便说阴气和阳气。实则气者,只是一种气体的物。气体与液体、固体同是物,本无奇特,而初民独把气神化起来。何休说气是天地之始,正是根据初民的思想。天帝与气两件魔物,在中国哲学思想界混乱几千年。

"万物资始",汉《易》释曰:"谓分为六十四卦、万一千五百二十册,皆受始于《乾》也。册,取始于《乾》,犹万物之生本于天。"此荀爽释也。又曰:"资,取也。《系》上曰:《乾》之册,二百一十有六;《坤》之册,百四十有四。二篇之册,万有一千五百二十,当万物之数,按此言二篇之册数,与万物之数相当。而皆受始于《乾》之一阳。按谓皆始于《乾》初爻之一阳也。故云册取始于《乾》,犹万物之生本于天。"此见郑玄《易》注。荀爽以二篇之册取始于《乾》,犹万物之生本于天。此其持论,纯是无理胡说。凡持说之不根事实、不循理则者,人必詈为胡说。胡说,吾乡古谚也。郑玄宗之,足以征其浅识。然荀云万物之生本于天,天者,天帝。此是上古先民宗教信仰,不可摇动之基石。汉《易》一致坚守,不独荀爽、郑玄崇信在是也。宋儒程颢、程颐兄弟之法言曰:理学家皆自信其言可为后世效法,故从彼而称以法言。佛氏本心,言佛氏以心为万物万事万理之本也。吾儒本天。天者,天帝。程氏以为吾儒之学,则以天为万物万事万理之本也。程颐《易传·乾卦篇》,首发斯旨。朱熹载入《近思录》首篇,垂训后世。余按本天之教,兴于上古,盛行于汉以来之小儒。孔子之《周易》,根本不容天帝存在。程氏泛称"吾儒本天",似将孔子亦隐含于其言之中。自理学兴起,诸低能之徒诵法程、朱,诬圣侮圣而不自知,顾乃傲然不许非程、朱。

"至哉坤元,万物资生",汉《易》释曰:"谓乾气至坤,万物资受而以生也。坤者纯阴,六爻皆阴,故称纯阴。配乾生物,亦善之始,地之象也。故又叹言至矣。"此见《九家易》。"独阳不生,故必乾气至坤,然后万物资受以生也。独阴不生,故坤必以纯阴配于乾

之纯阳，然后能化生万物。所以亦为善之始，而象乎地也。"此李
道平融会汉《易》众家之说。其云亦为善之始者，《乾卦》称乾元为善之始。今
以坤配乾而生物，故亦为善之始。"元气初分，浊阴为地，万物所陈列
也。"此《说文》之言。按此云元气，即指阴阳二气浑沦未分之际。元气初分，
浊阴为地，则谓地是阴气所生也。"地者，元气所生，万物之祖。"此《白虎
通》之说。按此说与《说文》有异。《说文》言"元气初分，浊阴为
地"，则隐示初分之顷，一方是清刚之阳气聚合为天，一方是浊阴
之气凝结为地。而《白虎通》直谓地是元气所生，稍欠分别。但
两说均以气为元，皆粗陋，无理趣，可勿深论。

　　汉《易》释乾元、坤元，盖一致主张坤之元即是乾之元。骤闻
其说，似无谬误。若详究其说，则若辈实欲以坤元归纳于乾元之
中，而成立唯乾一元之论。汉《易》家均有此意图，但不甚分明。
至虞翻《易注》，则此种意思较显豁。然唯乾一元之主张，实与孔
子《周易》主旨根本相反。汉《易》家终莫能自悟其谬也。汉《易》
祖述古代术数，本未由乎哲学思想之途径。由，犹通行也。《乾·象
传》措辞简约，而其义缊极广大、极深远。汉人不可得而闻也。
六国时小儒改变孔子之《周易》，以成伪《周易》，而于《乾》《坤》两
《象传》犹留存原经真象。原经，指孔子之《周易》。或不忍完全湮绝
先师之学，先师，指孔子，后仿此。或自知伪经本象数辞典，绝无学
术价值。惧不足以行远，象者，卜卦时所取之象。郑玄《易》注保存古代
相传之象颇多。及王弼之《易说》盛行，郑《易》残废，古象多亡。术者，术数。
曾见第一分中。姑存先师《乾》《坤》两《象传》，而以古术数遗说曲
解圣文。圣文，谓孔子之《乾》《坤》两《象传》。曲解者，谓其解释圣文，不依先
师本旨，而多弯曲以成说。传授其门人或后学，期不失自宗之所守。

16

自宗,设为小儒之自谓。古代术数之业,是小儒所宗也。田何以亡齐遗民,入汉授《易》。其所承受六国老辈关于伪《周易经》之讲说,必熟习能详。入汉所授于来学者,自是其平生所熟习于老辈之说。汉人重家法,必不失师传。故唯乾一元之意,盖隐存神道。汉《易》之说,大概以为六十二卦皆《乾》《坤》之变化也。而《坤》又以《乾》为首,故《坤》之元即是《乾》之元。《乾》之元为何? 太极是也。云何为太极? 虞翻《易注》引马氏云:"易有太极,谓北辰也。"马氏即马融。又郑玄注《乾凿度》云:"太一者,北辰之神名也。居其所,曰太一。"郑又引《星经》曰:"太一,主气之神。"虞翻曰:"斗,寂然不动,感而遂通。"按虞云斗者,谓北辰。北辰亦称斗也。据马、郑、虞诸人所称述,太极即是北辰,一名太一,所谓主气之神,守寂不动,有感斯通,是为神也。李道平曰:"太一即乾元也,在天为北辰,在《易》为神。"云云。见《周易集解纂疏》。然则唯乾一元之论,实乃唯神一元论耳。程颐《易传》,遂开宋《易》一派。明儒治《易》者,大多数宗程《传》,亦属于宋《易》系。程《传》称乾为天、为帝,见《乾》卦篇。实继汉《易》之统。清世学人厌程氏空疏,不究古象,乃屏诸汉学以外。

小儒倡唯神一元论,大叛孔子《周易》,而欲扶古术数之坠绪。程氏兄弟以孔子为号召,而实效法汉人,祖述古术数以灭绝孔子之道。其病在孤陋寡闻。

晚明王船山作《周易》内、外传,倡乾坤并建之说,颇近于二元论。船山时有精思,而未识孔子之旨,则无可为之讳也。

如上所说,汉《易》释《乾》《坤》两《象传》,皆宗古术数,以侮圣人之言。圣人,指孔子。余断定伪《周易》中,惟《乾》《坤》两《象传》确是保留孔子《周易》之文。汉、宋诸小儒皆以术数之神道,曲解两《象辞》,今不得不责其侮圣言也。余自中年以来,对于两《象传》开端"乾元""坤元"云云,探索良久。探者,探究。索者,玩索。此非可只在文字中探索。圣人之学,从其平生仰观俯察,远取诸物,近取诸身,而后彻悟斯理。吾侪欲识圣意,当先明了圣人平生致力处。方好自找下手处,自尽己力。久之便有会于圣意。而后真知真信两《象传》是圣经之文,幸得留存而未遭毁弃者。圣经,指孔子之《周易》。今当略释圣文。

将释圣文,须先说三事:

一事,《乾》《坤》虽是二卦,而确不是两物。《乾》卦中有坤象,《坤》卦中有乾象,于此可发见乾坤互含之例。譬如人身,五官四肢、五脏百体,都是互相含受,成为一体。假若眼耳各各独立,不相含受,则视听何由相通相济;手足各各独立,不相含受,则行持亦不相通济。手之持、足之行,得相通济者,以其互相含受故也。举一二例,不独人体各方面无不互相含,而万物皆互相含,亦不待深论也。乾坤互含之例,无所不包通。学者于此有深悟,则二元之论不容成。而古术数家迷想唯神之一元,其作雾自迷,更非破除不可矣。迷妄之想,曰迷想。

二事,张横渠曰:"《大易》言幽明,不言有无。言有无,诸子之陋也。"云云。王船山极赞此论,吾殊不尽然之。然,犹许可也。夫隐藏之谓幽,显著之谓明。马迁称述孔门之遗言曰:"《易》本隐之显,《春秋》推显至隐。二经之术,似相暌而实相通也。"《易》六十四卦、三百八十四爻,始于《乾卦》初爻潜龙隐藏之象。古代以龙之为物,能潜能飞。其始潜隐,中乃见田。见,读出现之现。田者,地面。谓龙初潜于地下,今出现于地面,故云在田。又复或跃在渊。

或者,上下不定也。或欲跃而上天,又或退而在渊。而终于飞跃在天,以成其升进不复退也。圣人察于隐藏,而知其必至显著。故于《乾卦》取譬于龙之能潜能飞,以明乾道即生命、心灵从潜隐中出现,卒乃发展极乎至盛。推之万物万事,鲜有不由从潜至著之例。维《乾》与《坤》以及其他诸卦诸爻,万变不穷之几,发展无尽之势,极繁赜、极奇谲、极盛大、极显著,要皆始乎隐藏,如《乾卦》初爻之所示。故圣人曰:"其初难知。"伪经《易大传》曰"其初难知"云云。初,谓《乾卦》初爻也。难知者,隐藏而未著见,故难知也。《易大传》原本,当是孔门狂简之徒(即大道派)记录孔子之说。但经小儒改窜后,则原本之文所存不甚多。而"其初难知"一语,必出于孔子无疑。夫知初,无他巧妙,要在极深研几而已。极深研几,见《易大传》。此必孔子之言,小儒存而未削耳。极之为言,入其底之谓。譬如潜艇入海,直达海底,方为深入。深者,深远。勿谓深远不可测,肯极探以入其底,则不可测者将可测矣。几者,动之微。微则未易察也。研者,体察之谓。凡事物之初发生,所谓端倪是也。(端倪,复词耳。倪,亦端也。)事物之端,只是微动而已,故谓之几。惟能体察乎事物之端者,则将透过表层而直达其底里,历览枝叶而洞彻其根源。如此,方是极深研几,方可识得知初之意。横渠言幽明,未免泛说而未深惟其义。惟,犹思也。《易》本隐之显,本隐二字须着重。隐与显,不是两重世界。隐者,显之端也。隐,从其出现以至发展不已,便是显,亦说为明。明者,明著,即显之谓。人皆观显,而莫知其隐。圣人犹曰"其初难知",况肤学之流乎?初,谓隐也。隐藏之义,有特殊、有宽泛。宽泛者,任何事物当其将发生而尚未形时,此形字,即俗说发现出来之谓。则其生动之机方在隐藏中。如植物种子将生芽而芽犹未发露时,正是其隐藏以蓄养生机之时也。又如山崩之事,世间有

168

时见之。而其崩非骤溃，当由地体内部有变动，此山溃势早在潜藏中进行，山未崩时人莫觉耳。若以人事论，则革命势力在潜藏中息息长大。一旦出潜而显，消灭旧制与其积毒，创造新制与新生命，一切力量皆自隐藏时培养得来也。以上皆是宽泛义。特殊者，如《乾卦》以乾道 即生命、心灵。始于隐藏，终于飞跃。《坤卦》以坤道 即物质与能力。由流动性而开始微凝，取象于微霜。终乃发展为固结与粗大的物质世界，犹如微霜驯至坚冰之象。乾道无形，其斡运乎物质中诚是隐藏。质和能当其未成固结、粗大的实物时，不必是隐藏，而其势甚隐微，遂以微霜为譬，固其宜也。是故隐有二义：曰隐藏，《乾》初以之。以，犹用也。《乾》之初爻宜用其隐藏。先藏后显，积健之德也。曰隐微，《坤》初以之。《坤》之初爻宜用其隐微。由微至著，自然之理也。此乾道、坤道之辨也。《乾》初、《坤》初之隐，皆是特殊义，学易者不可不知。

有问："乾，为生命、心灵，始隐藏而终显著。《大易》虽可成其理论，而生物未出现时，毕竟无生命、心灵可说。将奈何？"答曰：甚矣，汝之固也。固，顽钝也。僻执不可解也。生物既出现，即有生命心灵可说，汝无可否认也。试问：生物出现，岂是偶然之事？试问：于坚凝、闭塞、沉坠之物质世界，而创启生机洋溢、大明遍烛之生机体世界，岂可曰物质得为生命之因欤？中国先哲皆说物质有沉坠之性。沉者，下沉。坠者，下坠。物质无向上创进之性。大明遍烛，就人之高级心灵作用而言。明者，明睿。大者，赞词也。见《乾卦·象传》。遍烛者，言大明之观察、思维等作用，遍通乎万物也。本书中凡言物质，即摄能力在内。凡言生命，即摄心灵在内。如许可物质得作生命之因，则物质与生命本来互不相似。而谓其有因果关系，是毁因果律也。哲学上唯心一元之论，固决不可持；唯物一元之论，又如何说得通乎？夫斡运乎物质、斡者，主领之谓。运者，运行。了别乎物质、了别，犹认识也。分析物质、改造物质、裁成物质、中文裁成一词，含义最宽。盖兼有制造、变化、操纵及使之扩大等义。主导物质，要皆倚仗于生命力之充实不可以已，与心灵作用之自由创造无竭。要皆二字，一气贯下。今乃偏其反而，立物质为一元。以主导物质之生命、心灵，降为物质之副产物，而无视于其主导物质之种种事实，岂非大怪事哉！总之，生命和心灵、质和能，同是宇宙实体内部含载之复杂性。有先隐微，而后凝固、粗大；谓质和能。有先隐藏，而后随缘出现，如生命斡运乎物质中，必待有适宜于生物发育之条件一切备足，生物才得生长，生命才得活跃。是谓随缘出现。改造闭塞：沉坠之物质宇宙，为生命力充沛活跃、光焰腾腾、生机洋溢、进进不已的宇宙。谓生命和心灵。是故圣人废除古术数家"乾是阳气、坤是阴气"之迷谈，迷惑之谈，曰迷谈。而直说乾为生命和心灵，坤为质和能。人生与大自然浑然为一完整体，不可分割。易言之，人与大自然同禀受一大生命以生。譬如众沤同禀受一大海水以生。众沤，以譬人与大自然。一大海水，以譬一大生命。此云一大生命者，即是吾人与大自然各各自有的生命，不可误会以为吾人与大自然各各自有的生命以外，别有超然独存于外界之一大生命也。（不可误会四字，一气贯下。）譬如大海水即是众沤的自身，不是超脱众沤而独存。吾人从实用方面，惯习于以大自然为外在之物理世界，而忘其与吾人同一生命。是大谬也。

横渠云："《大易》言幽明。"彼所谓幽，是否有神道的意义，殊未可知。横渠曰："由太虚，有天之名。"又曰："太虚惟清，清故无碍，无碍故神。"又曰："成吾身者，天之神也。"云云。以上均见《正蒙·太和篇》。按横渠之学,本于老子,而所窥于老子者殊少。老子言神、言气,气即阴阳二气。皆以太虚为本。横渠粗识于老子者只此耳。老氏曾学古《易》,伏羲八卦。当读过孔子之《周易》,而不了解孔子。老氏于阴阳家别有解悟,其体察天行自然之妙,天行者,自然之演变耳。与自然合用为复词。虽是片面而有深会。非究阴阳之变者,莫能臻斯诣也。其于人群险阻,照之明而忿之甚,讽刺圣智"以百姓为刍狗"。窥见隐曲。隐曲,谓机智。圣智胸有阴阳,此中阴阳,就机智言也。而善伺群机以控御之,要归于遂其私耳。老氏能照圣智之阴阳是其长;然照圣智之阴阳而规避之,不敢为天下先。庶民无领导,长为刍狗耳。此老氏所以不能学孔子也。司马谈《论六家要旨》,其于阴阳家只言其以天文而杂术数,恐于其书籍所阅太少。阴阳家方面颇多,不止天文也。余在第一分中曾略言之。横渠学《易》而不识孔子之《易》,宗老子之《易》而又不深究老子。其学甚粗而极狭,王船山推崇太过。

三事,孔子《周易》,本诸自得自创。然其卦辞、爻辞之取象,颇托于古术数之《易》,而改变其义。此不必否认也。伏羲八卦为上古术数家所利用,其惑世也久矣。骤与之争,不若托之以潜移其思想。后来诸子著书,亦托古以为重,皆有所不获已也。但孔子《周易》不纯用古象,古象,谓古术数家之象。而多有自取之象。自者,设为孔子之自谓。余在前文已说过。如乾称大、称正、称仁等等象,皆《周易》新增之象也。惟大与正与仁等象,则是直表乾之德,不可说为譬喻。《易》之象,不可执一定之义以相衡,宜通其宏旨。学者于伪经中求孔子之《易》,伪经,指伪《周易》。仍不可不注意于象。不通象而能解其辞,未之有也。不解其辞而能得圣人之意,更无此理。王弼非不通象者。程颐于象全不理会,其于古术数之《易》说,莫能辨其迷;于圣文之未毁尽者,更不知择。其书难免空虚迂陋之讥。

已说三事,今当总释《乾》《坤》二《象》开端之辞。《乾》之《象》曰:"大哉乾元! 万物资始。"《坤》之《象》曰:"至哉坤元! 万物资生。"此二《象》之主旨,主旨者,言其为无量众义之所从出也。亦圣经之弘纲也。圣经,指孔子之《周易》。大纲设而万千条目互相贯通。始万物者,德莫高于乾元,故称大。承乾生物者,德莫厚于坤元,故称至。至,犹极也。顺以承乾,其德笃厚已极。元者,原也,宇宙实体之称。宇宙者,万殊的现象之总名。(万殊的现象,亦称万有。)原,犹云本原。盖以实体可说为现象之本原也。譬如大海水,可说为众沤之本原。俗云根源,与本原一词之义亦相通。乾,为生命和心灵诸现象。坤,为质和能诸现象。已说在前。"乾元"一词,当释以三义:一、乾不即是元。譬如众沤各各有自相,(相,读相貌之相。)不即是大海水。二、乾必有元。不可说乾是从空无中幻现故。空者,无所有之谓,空即是无。故以空无二字合用为复词。譬如众沤不是凭空幻现,必有大海水为其本原。三、元者,乾之所由成。元成为乾,即为乾之实体。不可说乾以外,有超然独存于外界之元。譬如大海水完全变成众沤,故大海水即是众沤的自身。不可说众沤以外,有超然独存的大海水。夫惟乾以外,无有独存的元,故于乾而知其即是元。所以说乾元。

"坤元"一词,亦具三义:一、坤不即是元。二、坤必有元。不可说坤是从空无中幻现故。三、元者,坤之所由成。元成为坤,即为坤之实体。不可说坤以外,有超然独存于外界之元。既知坤以外无有独存的元,故于坤而谓其即是元。所以有坤元之名。

复次，复次者，承前文而别有应说之要义也。略仿中译佛书之例。乾元、坤元，唯是一元，不可误作二元。王船山《易传》便有二元之过。克就乾而明示其元，则曰乾元；克就坤而明示其元，则曰坤元。实则元，一而已。岂可曰乾坤各有本原乎？譬如佛氏首说五识：一眼识、二耳识、三鼻识、四舌识、五身识。实则识只是一。唯就眼根，依于一识之作用而能视色，则立眼识之名；就耳根，依于一识之作用而能听声，则立耳识之名；乃至就身根，依于一识之作用而有一切触觉，则立身识之名。实则识唯是一。岂可破析作五片乎？后来，大乘唯识师竟有因名词而生误解，遂将五识增至八识，而说八识是各各独立的东西。唐玄奘所介绍之唯识论，即作此主张者。自唐至于近世之高僧、名居士，皆尊此派唯识之论为圣典，莫有怀疑。余颇骇怪，极破其谬。宜黄大师斥责甚严，余终弗舍余之所见。夫乾为生命和心灵诸现象，坤为质和能诸现象。现象诚不得不分殊，现象有对，难泯分化。现象有矛盾，本来殊异。而其元则一耳。唯就乾以言元，则称乾元；就坤以言元，则称坤元。亦犹眼等五根，所依之识本一。而就眼根以言识，则曰眼识；乃至就身根以言识，则曰身识。从言异路，义无舛错。智者达其冲旨，何至悖于圣言。船山《易传》在汉、宋群儒中独有精采。虽有二元之嫌，其犹白日有时而蚀，终无损于大明之光也。若乃汉《易》家皆说坤之元即是乾之元，实欲成其唯神一元之谬论，此为古术数之遗毒。余既破之在前，兹可不赘。夫惟了悟乾坤一元者，则说坤之元即是乾之元，亦应说乾之元即是坤之元。互言之，则无病耳。

　　圣人于乾元,言"万物资始";于坤元,言"万物资生"。其义有别耶? 无别耶? 余以为,"始"与"生"二义有别。始之为言,盖推原宇宙太初、洪荒未启时,_{洪荒,犹大荒也,空洞无物之貌。}万物将由未形而始有形。其形之始也,盖乾道变化,_{俟下文疏释。}自然而有形耳。但此所谓形,并未成为有实质之物,只是无量数小粒子之微凝者而已。此种小粒子亦无显著之形可睹,只如大海无数沤群之动而已。《易》每卦六爻,本以表示事物;但不承认事物有固定性,而以变动不居来说明事物。变动必有分化,分化即成无数小粒子。《中庸》说有莫破之"小"。_{莫破者,言其极小而不可再破析也。《中庸》被小儒改窜,可惜。而其中犹偶存圣言。}惠施亦说"小一"。_{每一个小,为一单位,故云"小一"。}小之动也,犹如大海沤群之象。孔子好观海,盖以其多所感发故也。宇宙开辟,由无量数之小群,渐合成大物,所谓物质宇宙。_{大物,谓太空诸天体。}生物出现,必在物质宇宙形成之后,此乃自然之理也。物质最初形成,是由乾道变化,自然而开始耳。生物最初出现,转化闭塞之物质,为生机体。亦是由乾道变化,自然必至之势耳。_{最初之生物,哪有父母? 不得不归本于自然。}总之,始也者,纯是乾道变化之事。此义深远至极,难言之也。

　　于坤元言"万物资生"者:坤化成物。_{此见《大传》。乃孔子《周易》之文,未遭小儒削去者。}物既成,便有自力,而以形相生。_{生物皆有极强烈的传种欲。植物滋生种子之力甚强,不谓之有欲不得也。但此欲极深细,彼亦行乎不自觉耳。动物于其子之方幼,未能自谋生活时,则爱护养育,无所不至。人道亲其亲,(上亲字,犹爱敬也。下亲字,指父母。)推而至于老天下之老;(上老字,谓使其得安也。)慈其子女,推而至于幼天下之幼,(上幼字,爱}

育之也。)则广大极矣。生物皆欲蕃其类,本乎天然之性也。盖自乾道变化,坤乃承乾而成物,于是有万物以形相生之事。而乾道始物之功,毕竟默运于万物以形相生之中,未尝停其生生之几,未尝舍其刚健照明升进诸德性而不以赋予于万物也。予,犹给之也。否则万物徒具坚凝、闭塞之形体,将无生命可言矣。故乾道变化以始万物者,是为先物之功。万物未形以前,曰先物。坤承乾而既成物,万物乃以形相生。至此,则乾元潜在于万物中而主导之,决不可求乾元于万物以外。是故万物资乎乾元而大始以后,遂以形相生,无已止。乾元亦遍在于万物,无时而不为万物之始也。遍在云云,注意。始与生二义,虽不无别,而实一贯。

附注: 以上说"始"与"生"二义。所谓始者,盖推想太初洪荒时,万物未形。唯由乾道变化,而万物自此开始,以渐形成。此际元来未有物,故物之始也,纯是乾道变化之所为。及至坤承乾而成物,此义后谈。物既成,则物以形相生。如植物遗留种子,动物有卵生、胎生,令其后嗣不绝,皆是以形相生。易言之,物各用其自力,以生生不已也。至此,似无待于乾道变化之功。其实不然,乾道变化而始物,毕竟默运于万物以形相生之中。乾道变化,恒久而不绝也。如其或绝,即万物亦同归于尽矣。尽者,灭尽。

万物"资始"、"资生",此两"资"字,皆训为取。解释字义,曰训。取之义,大矣哉!《乾》之《彖》辞,说万物"资取于乾元,而成其大始"。大始之大,叹美其始之盛也。此其修辞之法式,即明示万物直

175

将一元实体完全资取得来，以成就自己。一元实体四字作复词用。自己，设为万物之自谓。下言自己者，仿此。易言之，万物各各皆资取于一元，以立定自己大始之基，将发展无已。《坤》之《象》辞，说万物资取于坤元，而承乾以成物。于是万物得尽自力，盛弘化育，以形相生，备有乾坤"大生"、"广生"之德于自己，岂不盛哉！乾称"大生"，主导乎坤。坤称"广生"，承乾而生也。见《易大传》。万物备有乾坤之德，所以盛大。自己，设为万物之自谓。下同。综观两《象》辞，可见《大易》立义，直捷肯定万物，直捷以万物为主。此言万物，即大自太空诸天，细至一微尘，以及灵异之人类，皆万物一词之所含摄。上下文未注者，均仿此。一元实体，万物既资取之，即为自己所本有之自根自源，一元本是万物之真实自体。万物以外，无有超然独存之一元。真实自体，简称实体。自体，犹云自身。犹如大海水是众沤之自身，众沤以外无有独存之大海水。万物自身，本有生活源泉。有源之水，曰源泉。《中庸》云"渊泉"是也。万物各各资取一元以生，一元即是万物各有之源泉。譬如每一沤皆资取大海水以生，则是每一沤皆以大海水为其自有之源泉。其源深远，其流无竭。无竭，谓无有匮乏，无有灭绝也。云何不自明，云何不自主，而可求源于外乎？古代宗教皆求源于万物自身以外，妄想有超脱万物而独存之天或多神。作雾自迷。哲学建立本体者，大概用推论之术，不向万物自身体会其本有自根自源，却要从万物自身以外推求一种真实的物，说为万物之本体。真实的物，不可误会为物质的物。此物字，是虚用之，以指哲学家所谓本体。余不知其所谓真实的物，究与万物作何关系？当与天帝无甚异耳！

昔者余初研佛法，觉其宇宙论分别法相、法性。法字，与中文物字相近。相字，读相状之相。法相，就万物之相状而言，犹今云现象也。法

第二分　广义

性之性字,中译作体字解释。法性,犹云万物之实体。法相,佛氏说为生灭法。生灭一词,读佛书者或难得正解。其实,生灭二字是省词,应以"生灭灭生"四字说明之,方不误。问:"何谓生灭灭生?"答:任何物都不守其故。故,犹旧也。如窗外古木历年久远,人皆以为此木坚劲常住。殊不知,此木自其萌芽至于今日,虽历百年,而经过生灭灭生不知多少次,实无停住之一瞬。盖自其出现以来,尝于每一瞬间,灭故生新。未曾有一瞬之顷,得以保留其旧形旧质而不改者。此木百年间,经无量数之瞬,恒是生灭灭生,不可以数计。虽复一瞬灭故生新,而新者亦即于此瞬才生即灭,不容暂住。此一古木如是,万物无不如是。故佛氏观一切法相,犹云观万物。终归于灭。虽灭故不无新生,而新者不得暂住,法相亦如幻耳。以上释法相。法性,佛氏说为不生不灭法,所谓真如。真者,真实。如者,恒常。其性恒清净,无改变故。据佛氏说,法相现象。与法性实体。截然破作两重世界,互不相通。重,读若虫。如何可说不生不灭法是生灭法之实体? 绳以逻辑,实不可通。况复法相如幻,法性寂灭。是其为道,反人生,毁宇宙,不可以为训。余始于怀疑,终乃坚决反对。久之,放弃一切旧闻。荡然仰观俯察,远取诸物,近取诸身。渐悟体用不可离而为二。实体、现象不可离而为二。法性、法相不可离而为二。维时见解犹粗,未得六通四辟、无复滞碍。忽然回忆伪《五经》中之《周易》,温习《乾》《坤》二卦,遂于两《象传》领会独深,坚信其为孔子之言。此外,甚多窜乱。余自是归宗孔子,潜心玩《易》,翻沙砾以寻金屑,金之碎片曰屑。披荆棘而采珍品。得圣人片言,犹当受用不尽,而况不止片言乎! 余年三十左右,倾向出世法之意颇盛。此中法字,指佛氏学说。四十岁后，舍佛而学《易》。平生思想变迁，以此番为最重大。姑记其大略于此。

宗教家迷信天帝生万物，创世界，即以万物为天帝随便造作之玩具。万物自身无生命，莫能自主，不获自在。庄子所谓以我为鼠肝，以我为虫臂，则亦任天帝之所为而已。哲学家运用推论，成立实体，以说明万物所由生。其结果自然不得不抬高实体，降低万物。如庄子之天地精神，黑格尔之绝对精神，即唯心一元论者之实体也。此与天帝有何甚大不同乎？余以为哲学任务，在解决宇宙人生诸大问题。而实体之穷究，自不得不视为急务。此意如详论，便须考察许多方面，甚不简单，非别为专著讨论固不可。余已衰矣，实无此气力。世人以为谈实体者，皆好弄虚玄。此浅薄之见耳。平生深究中国哲学思想，颇怪庄生称墨子才士，天下之好也。孟子称墨氏摩顶放踵，以利天下，亦乐为之。摩顶云云，谓摩碎其身，上自头脑，下至足之踵，碎为细粉。此言墨子愿受粉身碎骨之惨，以利天下。然春秋季世，承三代衰敝之后，天子、诸侯、大夫三层统治之乱制，势临崩溃。孔子早已见得分明。周流列邦，与民同患。晚而著《六经》，以呼号革命，为万世开太平之大道。为，读卫。墨子顾梦然非儒，高谈兼爱、兼利，终不与庶民同忧患。此其故安在乎？盖墨子之学不究本原，本原，谓宇宙实体。故莫能以明确之人生观与世界观启导人群，明者，明觉，无迷妄也。确者，正确，无谬误也。遂为宗教所迷，而有《天志》与《明鬼》之论。欲人之敬天而畏鬼，不敢捍然为恶，当勉为兼爱、兼利之善行也。此实墨子之误也。墨子以天鬼自迷而迷人，其阶级思想甚强。拥护统治而反对庶民革命，是其为学不究本原，故不能扫除宗教之毒也。道家盛于六国时，其徒以老子与黄帝并称。老子盖道家之祖也。老子以谓，人者含灵禀气而生。灵，谓神也。维神与气，皆生于虚。虚者，太虚之省称。故虚无者，人之本也。太虚无形无象，荡然无系，故说为无。人之本者，克就人而言之耳。若通万有而言，当云万有之本。老子盖以虚无当作宇宙实体，其主张去知、去欲，以返于无。故于人间世，不相关；深藏避世网；以弱为用，静以伺天下之动。曰："不出户，知天下。"而先几以远害。老曰："我有三宝：一曰慈，二曰俭，三曰不敢为天下先。"俭则有之。慈者，仅不削于人而已。庄子《天下篇》称老氏不削于人。而不与庶民同患，可谓慈乎？不敢为天下先，视群众之疾苦，无动于心；不肯犯难、导率群众以除天下之大患。一切自私自利之恶，皆出于此。以是为宝而无惭，二千数百年来知识分子无不中老氏之毒。族类之衰，有由来矣。老子于实体确无正知见，遂至以虚无为本。根本处错误，自无往而不错。吾写至此，气若不续，气衰也。不欲多言。佛法来华，此法字，谓佛之学说。其言实体，是不生不灭法，是寂灭性。言真如实体之性，恒是寂灭也。寂者，寂静。灭者，言真如寂然，无一切杂染。又真如本无生、无为，亦灭之谓也。此中以真如实体四字，作复词用。佛氏以实体名之为真如，故可合用为复词。学者趣求此种实体，必至于反人生、离世间。其影响大坏，尤过于道家矣。

　　学人厌闻实体之谈，此是大谬。宇宙无根源，人生无根源，断无此理。宇宙、人生，根源一也。人者，宇宙发展之最高级，故特别提出而言之。孔子作《周易》，肯定有实体。然以实体是万物之真实自体，自体犹云自身。不可逞空想或幻想，以为实体是在万物各各的自体以外。不可二字，一气贯下为句。故孔子直捷肯定万物为主，不

179

说实体为万物之第一因，却应说万物都将实体完全资取得来，成其自己。自己，设为万物之自谓。每一物都是完全取得实体以成其自己，非于实体中取一分也，实体不可剖分故。譬如每一沤都是完全取得大海水以成其自己，大海水不可破析故。易言之，实体是万物各各所本有的内在根源。假若说实体为万物之第一因，便是向万物头上安头，即使万物丧失自主，并令人对于现实世界，发生很坏的观想。观想一词，借用中译佛典。如老子说万物为刍狗，佛氏观万法皆如幻如化，此中法字，宜作物字解释。犹云万物。人生无有刚健、大生与富有、日新之乐趣。刚健至日新，皆见《易大传》。富有，谓生活内容丰富。而圣人倡导裁成天地、辅相万物之伟论，亦难振导迷惑、委靡之群矣。圣人，谓孔子。相字，读相状之相。辅相者，扶助之谓。裁成天地，即改造宇宙之谓。裁成二字，含有多义，说见前。辅相万物，通自然及人事而言。变化自然物的性质和功能而扩大之，固是予以扶助；改良动植物的品种，亦是扶助。创造人类共同生活制度，使其日趋完善；满足大众物质与文化各方之需要；提高人群的道德与知能，达到人类真正平等自由与太和之幸福。凡此，皆有待于人类之互相扶助而后可能。圣人不以己见制驭万物，而是随顺万物之大情、众智、公意，与万物互相扶助，故曰辅相万物。大情者，是人人共有之公情，非一人之私情，故名为大。然则圣人以万物为主，而以实体为万物之内在根源。不以实体为主，避免降低万物，将于万物发生坏的观想。避免二字，一气贯下为句。圣人，皆指孔子。大哉圣学，其至矣乎！

附注：伪《周易》中，《易大传》曰："是故《易》有太极，是生两仪。两仪者，天仪、地仪。天为阳之象，地为阴之象。两仪生四象，汉宋诸儒关于四象之解释，纷纷不一其说，徒乱人意。而以四时释四

第二分 广 义

象者较多。四象生八卦，八卦定吉凶，吉凶生大业。"云云。清人焦循解释此段颇费力，而实无所取义。汉《易》虽多亡失，而太极即北辰，为主气之神，则马迁、郑玄、虞翻诸名家，其说皆一致。余已考辨在前，可不赘。太极为主气之神，故尊之曰"是生两仪"。其结论曰："八卦定吉凶，吉凶生大业。"据此，可见伏羲八卦，在上古之世早为术数家所利用。余断定，现存于伪《周易》中之《大传》，俗本称为《系辞传》。盖六国时小儒采古术数家《易》说以集成之耳。孔子原文，保存甚少。八卦定吉凶、生大业，马迁所以称赞田氏篡夺齐国，早定于周太史之卦也。马迁二字至此为句。此事，已见第一分中。先民邪说，马迁受其迷；汉宋以来群儒，又为马迁所迷。岂不怪哉！

《乾》《坤》两《象传》开端之辞，已总释如前。今当分别称引两《象传》全文，而各释之如后。且先引《乾·彖传》文。

《乾·彖传》文：《彖》曰："大哉乾元！万物资始，乃统天。云行雨施，品物流行。大明终始，六位时成，时乘六龙以御天。乾道变化，各正性命。保合太和，乃利贞。首出庶物，万国咸宁。"

《彖》曰"大哉乾元！万物资始"，已释在前，兹不赘。"乃统天"者，《九家易》曰："乾之为德，乃统继天道与天合化也。"云云。案乾之一名，须随文取义。如乾为天，此乾字即指天帝而称之也。此处，九家注曰：乾之为德，统继天道。此乾字则指天之阳气而称之也。九家本以气为元。曾见前。汉《易》家皆如此，不独

181

九家也。"统"字，九家训为继。言阳气能继承天道，发育万物，以其是天帝之发用故也。郑康成训统为本。李道平疑郑氏谓乾为天之本，此李氏误解。郑氏盖以乾为阳气，阳气本于天帝耳。余谓郑氏与九家同宗古之术数，遂曲解此句，曲者，邪曲。决不可从。证以下文，"时乘六龙以御天"句，则统字当作统御解。统字，有主领及制驭两义。御字，亦有此两义。如人御车马，即以人力主领之与制驭之，使不纷乱也。故统字是统御义，不容妄诂。此中天字，即与《诗经》"彼苍者天"云云之天字全同。上世之民，仰首睹苍然之天，而认为此即是上帝。苍然，有形气之貌。中国先民以为上帝不是超脱形气而独在，故于苍然形气之天而认为是上帝的形体，亦云天帝，亦可单称天，或单称帝。清季皇帝犹祭天，初民遗俗未泯也。晚世学人对于古书天字之训释，只以为是太空中之大物，所谓诸天体是也。而不考先民有神道意义存乎其间，是岂能得古书天字之正解乎？如荀子《天论》云："大天而事之，何若制天而用之。"云云。后生不知天字古义，则于"大天而事之"一语，终无确解。《乾卦》统天之天字，本是苍然形气之天，而先民迷信为天帝也。九家与郑氏将统字曲解为继、为本，完全恢复上古神道思想，而将孔子统御之义，消灭于无形中。此一字之训诂改易，即使孔子之《易经》变为上古术数之神教，岂不惜哉！

今释孔子统天之旨。统者，统御之谓。九家训为继、郑玄训为本，皆为古宗教思想所迷，不可从。宜覆阅前文。天者，苍然大圜中无量诸天体，是物质凝成之大物也。大圜者，仰望太空高远，苍然如圜形也。而先民则于此，认为上帝的形体。孔子破术数家之迷，所以说统天之义。问："云何统天？"答：孔子反对古术数家以乾为天之阳气,以坤为天之阴气。反对二字,一气贯下。而说乾为心灵,坤为物质。本书凡言心灵,即摄生命在内。凡言物质,即摄能力在内。故孔子言乾统天者,即是心灵统御物质。云何心统物?姑从两方略言之。心灵,省称心。物质,省称物。统御,省言统。两方者:一、从宇宙发展言。二、从心主动以开物之事实言。且先言其一。有人难曰:"宇宙太初,洪荒而已。万物未形,何有心灵可说?孔子《周易》以《乾》《坤》二卦为其他众卦之首,今先生释乾为心灵、坤为物质,有经文可证,吾何间然。间然者,不赞同之谓。难者自言吾何间然者,谓于余之解释经义,无不赞同也。顾宇宙太初本无心灵,此种推论当不谬误。孔子以乾元为万物始,意者未免误于空想欤?"答曰:贤者来难,滞于近,而不究其深也。孔子以乾为心灵者,通终始而言也。举心灵,即含摄生命在内。《乾》之六爻,始于初爻"潜龙"隐藏之象,以譬生命和心灵隐潜而未发现也。中于二爻见龙在田之象,解见前。以譬生物初出现时,即是生命力之冲动,能转化固闭之物质而造成生机体,心灵即从此渐发露也。终于五爻飞龙在天之象,以譬生物发展至人类,即是生命和心灵发展达最高级,如白日丽天,赫然大明也。赫然者,言其光焰盛大也。吾子之论,似乎只见到人类最高级心灵作用,至少亦必就低等动物之知觉等作用而言。如此,则宇宙太初本无心灵,不独吾子可以推知,而信其然。依据已有之经验,以推求其所不及亲历者,而可作合理的决定。是为推知。余亦何曾见不及此,而况圣人乎?圣人,谓孔子。吾子妄说孔子误于空想,悍然无忌惮矣。吾子之病,只是不从发展去看宇宙。昔人每有将宇宙当作固定的物事来看。如小儒以天地定位,说《易》之乾坤。定位便是作固定来看。乾坤岂是固定的东西,稍有头脑者当能体会此理。太空无形无象,洞然空空,无有上下东西等方所可分,天地在太空中那有上下的定位。小儒尊守古帝王分别上下阶层之教条以压制庶民,使之安分,遂有天地定位之邪说。小儒之伪《周易》明明不是孔子之《周易》,而从来无有辨之者。惜哉! 吾子亦夹杂固定的谬想以猜度宇宙。度,读若托。推求之谓。所以将宇宙剖成分段来看,遂谓生物未出现以前本无心灵,惟物质先在,于是以物质为一元。后来生物出现,始有心灵著见,见,读发现之现。著者,显著。便谓心灵以物质为因,方乃得生。此唯物一元之论所由成立也。殊不知,宇宙从无始至今,疾趋未来,疾,迅速也。元是发展不已的全体,中间无有空隙,向前永无停止。此中前字,谓向未来而前进也。如何可用剖割之术,将宇宙划成分段? 既划成分段,则必以显著在先之现象,如物质。认为一元。其出现在后之现象,如生命和心灵。自当说为从物质一元而产生。此其持论,不得不如是也。其字,指唯物论宗。然余于物质产生心灵之说,有不敢苟同者,其故有三:

三故者,一、就现象言,物质产生非物质的东西,将毁坏因果律。此余不能苟同之故,一也。余在前文,曾申此义,今不复赘。二、就现象言,难我者,谓宇宙太初本无心灵。彼自信其说为不误。彼字,指难我者。下同。实则,彼之于心灵,尚无真了解。古今言心灵作用者,都是分为知、情、意三方面。孔子尝曰:"视思明,听思聪。"又曰:"吾尝终日不食,终夜不寝,以思。"可见孔子极重思惟。思惟者,心灵作用之"知"的方面也。《论语》载孔子"依于仁,游于艺"。依字,吃紧。如人必有居宅为所依,一日失其居,便无可安生。仁者,生生之德也。以生生之德修己,则胸无残忍;以生生之德容物,则万物欣畅。故依仁者,所以含养真情也。艺者,艺术。游艺者,如歌咏、绘

184

画,皆通其情,以与大自然相娱相得,而有物我无间之乐也。(无间者,无隔也。)

孔子依仁、游艺,可见其注重于心灵作用之"情"的方面。孔子有曰:"三军可夺帅也,匹夫不可夺其志也。"云云。言敌人有三军之众,其力强大矣。而可与之奋斗,以夺其帅。帅者,三军之主也。夺者,我军虏其帅来,即彼军失其主,故曰夺。志者,意志。匹夫,谓一个小百姓,至微弱也。而有坚强的意志。虽有极大威权势力者,欲挫折其志而使之屈服,终不可能。如宋、明之亡,小百姓死于国难者不少。野史犹可考。孔子此言,特别重视心灵作用之"意志"方面。其强力猛势,莫可测量。余因孔子之言,尝深切体会意志力之强猛,而悟心灵与生命元为一物之两方面,实不可离而为二。此中物字,指生命和心灵而言也。切勿误解为物质的物。以其本来不二,故形容之曰一物耳。《易大传》称乾曰"大生"云云,明示乾是生生不已的强盛势力,故称为大。称坤曰"广生"云云,言其生育众多也。然孔子《周易》之例,乾主动以导坤,坤则承乾而与之同功,以成广生之化。坤赖乾为主导,此亦乾之所以称"大生"也。坤承乾之例,本是孔子之义。古术数家之《易》,只是占卜辞典。至于辨物而析众义,会通以成大例,则非术数家所有也。汉《易》宗术数,阴废孔子《周易》,而代之以术数之伪《周易》,顾又窃取孔子之例,以文其陋。此研汉《易》者所宜知也。余于此处,发汉《易》之覆,他处不再注。复者,谓汉《易》家窃取孔义,而掩覆其阴私,不令后人知也。《大传》说乾是大生之强盛势力,此乃《易大传》原本记载孔子之说,而小儒伪《传》幸保存未削也。原本,是孔门大道学派所辑成。小儒改变原本而为伪《传》。(伪《传》仍称《易大传》,又称《系辞传》。)其于原本所载孔子义偶有保存。详究孔子此说,明明以乾为生命和心灵。生命是大生的强盛势力,心灵之意志力亦即是生命力,不可以生命、心灵析为二物也。是故乾称

185

"大生"，已见上文。亦称"大明"。大明，谓心灵。后文当详之。圣文足征，非余臆说。难我者，只以人类之高级心灵作用如思维等。或低等动物之知觉等作用，认为心灵。故说太初万物未形时，本无心灵；乃至物质宇宙凝成以后，生物未出现，犹未有心灵。难我者，自信其说为不误。我则深惜其于心灵无真解。其字，指难我者。云何说彼于心灵无真解？彼字，指难我者。如我所知，心灵亦是大生的强盛势力。此中亦字，对生命而言也。生命是大生的强盛势力，而心灵并非异于此势力别为一物，故言亦也。生命心灵非两物，已说在前。从"大生"的强盛势力，有刚健、升进、照明等性而言，生命、心灵本来是一。《易》之所谓乾，就是大生的强盛势力。这个势力，叫作生命，又叫作心灵，所以说生命、心灵本来是一。此强盛势力其性质特殊，从其生生不已而言，故谓其有刚健性；从其勇于创造及不下坠而言，故谓其有升进性；从其能发展为一切知识以及最高智慧与道德而言，故谓其有照明性。从照明性之显露，其始为最低等动物之知觉等作用，犹甚暧昧。又进进而为人类高级心灵作用，如思维等。是为焰明性之特殊发展。进进，连言之者，自最低等动物进至人类，未可骤至。必进进不已也。因此，遂于生命一名而外又别立心灵一名，是故应说生命、心灵为一物之两方面。难我者，如真正了解心灵：（一）应当体会知、情、意三方面，究以坚强的意志力为基本作用。最低等动物之知觉等作用，乃至人类高级心灵作用，莫不依赖于向外追求的强烈意志力鼓动于中。同时，知觉乃至思维等等高级心灵作用，亦为意志力所倚仗之慧炬，而不至流于盲目追求。故知、情、意三方，亦互相影响。今此不及深论也。（二）心灵和生命非两物，并不是妄持空论来作主张。如果体会到意志力之健而又健，便可信得心灵和生命根本不是两物。圣人明明说乾为"大生",为"大明",即是以生命、心灵二名,同为乾之别称。"大明"者,言乾含有照明之性,大者,赞美之也。将来能发展为知觉与高级心灵作用也。《乾卦》初爻,潜龙隐藏之象,即表示此义。余在前文,云圣人通始终而言者,亦此意耳。难我者,仅着眼于乾之照明性已经发展为高级心灵,故只在此处认定心灵,所以不承认宇宙太初有心灵。虽物质宇宙已凝成,而生物未出现以前,还是无心灵。此难我者之本意也。其实,宇宙太初万物未形,而乾道、坤道,从无始时早已存在。乾道、坤道两词,并见《乾》《坤》二卦。两"道"字,究作何解?从来读《易》者,大概含胡过去。我尝作两解:一曰,道,犹理也。乾有乾之理,曰乾道;坤有坤之理,曰坤道。《易》之辩证法,于对立之中,必有一方为主,一方为从,方成太和而归合一。乾主动以开坤,是乾之理当然也,故云乾道。坤承乾以成化,是坤之理当然也,故云坤道。二曰,道,谓乾坤同禀之一元也(禀者,禀受。)乾坤都不是从空无中忽然幻现。故就乾言之,乾必有元。万物乃"资取乎乾,以成其始"。坤必有元,万物乃"资取乎坤,以广其生"。若乾坤无元,即如空华之幻耳,万物何得资取之以始以生乎?惟其有元,(其字,指乾和坤。)譬犹有源之水,禾苗乃得资取此水遂其长育耳。然《乾卦》中说乾元,明乾之有元;《坤卦》中说坤元,明坤之有元。其实,乾坤同禀一元,以成为乾、为坤耳,(譬如众沤同禀一大海水,以成为众沤。)无二元也。此义,已说在前文。如上两解,都根据经义,非余臆说。自当并存。有乾道,即是有生命和心灵。即者,明示乾道与生命、心灵不是两事。譬如说孔丘即是孔仲尼,非两人也。下即字,仿此。有坤道,即是有质和能。此乃孔子创明之义。追惟伏羲作八卦,因而重之为六十四卦,以《乾》《坤》居首。其余六十二卦,则皆《乾》《坤》之变化也。然伏羲虽定乾坤之名,其义云何?究不可知。古时术数家利用伏羲之八卦,八卦,即六十四卦之简称。已说在第一分。则以乾为阳气,坤为阴气。自田何授《易》于汉初,传至于今,未有改也。但不可谓术数家之说,即是伏羲之说。余始从伪经考辨孔子《周易》本义之仅存者,多在《乾》《坤》二卦中,伪经,指伪《周易》。伪《大传》亦幸存数条。如乾为生命和心灵,坤为质和能,皆孔子《周易》创发之义,不必与伏羲有关也。余深信,宇宙太初万物未形时,已含缊无量发展的可能。无量者,形容其多模多样耳,亦不可说多到无穷。如果作无穷的多来想,殊不合理。譬如胎儿在胎盘中,其心身两方面将来无量发展的可能,实已于在胎盘时期,一切含缊齐备。宇宙发展之多模多样,层出不穷。层出者,言万有不齐之物,不是于一时期,一齐发现出来,而是先先后后,一层又一层,各各以次出现,故云层出。不穷者,形容其永不乏绝耳,非谓物之数量多到无穷。虽复各方面之现象其出现有先后不同,要不可说先者是后者所由生起之因,后者是先者所亲生之果。要不二字,一气贯下为句。而诸现象之出现所以有先后不同者,直由其所待以出现之条件,有具备与不具备之异耳。某种现象所需要之条件较易具备,则其出现在最先自不容疑。某种现象所需要之条件具备良难,则其出现当最后,甚至条件终不备,竟无出现之期。浩浩太空无量数诸天体,其绝无生物者当居最大多数。欲求其有如吾侪地球具备生物出生,以及发展为最高级的人类生活之一切优良条件者,诚不可多得。此生命和心灵所以难于显发也。然若以其难于显发,便谓宇宙太初本无心灵,则拘于近视而不深穷之过也。须知心灵者,通其始终而授以此名。授,犹给予也。给予以心灵之名也。从其发展已盛,谓之终。从其为"大生"的强盛势力,无始本有,是谓之始。无始,犹云太始。不直言太始,而变文曰无始者,以不可知其开始之最初时期故,遂称无始。生命、心灵即是大生的强盛势力。孔子《周易》所云乾道是也。此乃本来天然而有，非先本无而后起故，遂云本有。云何心灵之名是通其始终而立此称？称，犹名也。孔子于《乾卦》说乾为"大明"、见《象传》。为"知"。见《易大传》。知与大明，皆心灵作用之盛显也，是就心灵发展已盛而说，易言之，即就心灵发展之终而说。然乾道"大生"的强盛势力是无始本有，此在理论上无可破毁。若非本有乾道，万物将何所资取以成其始乎？惟乾道是本有，所以生生不已。晚周诸儒谈及大化流行，辄云不已。如《大戴礼》亦见此文。盖绍述孔子之遗言，而未免失其冲旨。容当别论。不已者，正是意志之猛力直前，无停滞，无灭绝。盖以"大生"之力，动而健，说为意志。此意志力有照明性与自由性，不可屈也；不同于坤阴之迷暗，而动也刚。释迦氏窥见宇宙开辟，本乎盲动之威势，名曰无明。威势，犹云势力。无明者，言此势力是迷暗性也。无明，亦名为黑，言其是黑暗的势力也。其说颇近于《大易》所谓坤道。《大易》，指孔子之《周易》。坤为物质，是乃阴性。阴者，迷暗，本无知也。释迦有窥于坤道，而不悟乾道，遂堕边见。边，犹偏也。堕，犹陷也。陷于偏见。卒至反人生，毁宇宙，求趣不生不灭的寂灭法界。趣，犹投入也。法，谓万物。界字，中释佛书有时用为体字之代词。此中法界，犹云万物实体。此大误也。

宇宙大变，肇始万物。试究大变所由成，决不是独力或一性之所为。独力者，谓孤独的一种势力。一性者，谓单一的性质。如唯心一元论者，其一元唯是精神性；唯物一元论者，其一元唯是物质性，是皆一性之论也。夫一，则无相反也；独，则无有对也。谁与推动而成变乎？其必实体内部含藏互相反之两性，交相推动，以成变化，乾坤形焉。形者，将由隐藏而至乎显著也。隐藏于实体内部者，元是乾坤二者之性质，所谓阴性阳性之互异也。及其显著,便为乾坤两方面,即心灵现象与物质现象是也。此中言心灵,即摄生命。言物质,即摄能力。下同。此乃两性之相反故动,而卒成乎合一也。注意。乾阳心灵斡运乎坤阴物质,乾阳心灵,作复词。坤阴物质,亦复词也。斡者,主导之谓。运者,运行。坤阴物质含载乎乾阳心灵。心物本来非两体,譬犹百骸五脏之为一身耳。万物资取于乾道以为性命,资取于坤道以成形骸。应知宇宙太初万物未形,而乾坤本有。否则万物其可从空无中偶然幻现得来乎?物质宇宙凝成而后,生物未得遽然出现,遽然者,急速之貌。则以生物所必需之条件未具备耳。而乾道即生命和心灵默运乎物质中,何曾有俄顷熄其力乎?默,犹潜也。生命心灵潜伏以运行乎物质中,无形可睹,故曰默也。俄顷者,谓时之极短、极速,犹佛典所云一刹那顷也。熄,犹灭也。生命心灵之力,永无灭绝时也。鸟非双翼,无可飞行;车不两轮,讵堪运动。验诸小物,犹复如斯。宇宙大变,岂是一性所致。一性,见前。综前所说,下从生物出现以后,高级心灵发展既盛之际;上穷生物未出现以前,极乎无始,有"大生"力,缊照明之性,藏前进之几,是为心灵元胎。元,犹始也。是故通其终始,而立心灵之名。《易》之称乾为"大明"、为"知",即此旨也。岂可划定生物出现以后,始有心灵,而曰太初无有是乎?是字,指心灵。总之,宇宙是从无始到今,以趋于无尽的未来,而为发展不已的全体,决不可剖成分段。若乃物质与生命心灵之出现有先后,自当以条件之易于具备与否,阐明其故。此意已说在前。兹复举一譬喻。如桃树有种子为其内在的根源,遂有生芽、生根干、生繁枝、生众叶以及生蕃然之群花、生累然之硕果,成一联串的发展,是为全体。世人以为桃种子生了芽和根干以及开花结果,其种子早消灭,此大错误。桃种生芽、生根，种性即在芽和根中。乃至开花、结果，种性即在花和果中。桃树从芽到果，一联串的发展，种性始终为其内在根源，未曾消灭也。园夫综其大全而观，则芽生虽在最先，园夫决不会轻断根干从芽生，不从种子生。园夫二字，一气贯下为句。至于繁枝众叶，出现于根干之后，园夫亦决不会轻断枝叶从根干生，不从种子生。花出现于枝叶之后，园夫亦不会轻断花从枝叶生，不从种子生。硕果出现于群花之后，园夫更不会轻断硕果从群花生，不从种子生。园夫综观桃树为发展不已之全体，故无谬误见。见者，见解。芽对于根干之生，得为助缘，而非正因，正因则种子也。乃至花对于硕果之生，亦得作助缘，而非正因，正因定是种子。种子之性，自生芽以后层层发展，最后出生硕果，与种子本性甚相似。好像生芽以后之发展不已，殆为会集其精英于最终之结果者。岂不妙哉！由此可悟，宇宙万物发展，至人类为最高级。其犹硕果乎！世有浅夫，不能于桃树作发展之全体观，乃划成分段。芽为最先之一分段，根干从芽生，无关于种子。彼以为芽生，而种子已灭。其实种子变成新芽，而种子之性质更创新而复杂，潜存于新芽中，为继新芽而起之物作根源。(此中物字，指根干。)向后步步发展，种性之创新与复杂，皆可类推。种性岂有灭乎？而浅夫不悟耳。乃至硕果从群花生，无关于种子。乃至者，中间略而不举故。如此大谬大误，实由不了桃树为发展之全体，而妄划分段，竟至铸九州铁，成此大错。园夫闻之，且大笑不止也。可不戒哉！哲学家必欲将宇宙划定生物未出现以前，别为一大分段。而谓尔时本无心灵，以此建立唯物一元之论。余宁守固陋，未知其可也。

　　上来已说二故，今略谈第三。第三，就实体言，实体非超脱乎万物而独在，乃是万物内在的根源。宇宙万物是发展不已的全体,此不容疑。宇宙万物四字,作复词。可见实体本来是随时创新与复杂,决不可说实体从无始来,早已固定于一性。如唯心一元论者,其实体在太始已固定于唯一的精神性。反之,唯物一元论者,其实体在太始已固定于唯一的物质性。此一性固定之实体论或宇宙论,未免太死板。孔子《周易》创明体用不二,消灭宗教家所迷执之天帝及哲学家所建立真实、无对的实体。哲学家皆以现象是有对,实体是无对,现象是变异,实体是唯一真实、是第一因、是超越现象而先在。如此,则现象与实体明明剖作两重世界。(重,读若虫。)自体用不二之论出,而后此种实体,遂与天帝同消灭也。孔子本非破除实体,只是破除哲学家空想的实体无可与现象融合为一。只是破除四字,一气贯下为句。余详玩伪经《乾》《坤》二卦,伪经,谓小儒之伪《周易》,非孔子原本。辨其伪,寻其真。寻,犹求也。真者,谓《乾》《坤》二卦,犹多存孔子本义。窃窥孔子盖从现象而透彻其实体,故肯定现象有元。元,一而已。无二元,无多元。但孔子不许离开现象而驰空想,以推测一元为何等模样。如唯心一元论者说一元之性质唯是精神的,即其所谓一元已拟定了一种模样。唯物一元论者说一元之性质唯是物质的,即其所谓一元又别拟一种模样。如上两宗,皆将一元固定于一性。孔子于《乾》《坤》二卦,说乾元、坤元。汉《易》家不悟圣意,妄说坤元即是乾元,欲成唯乾之论,实持唯神论也。余已说在前文。王船山屏弃汉《易》之唯乾,而主张乾坤并建,又不免二元之失。《易》之道,湮绝久矣。其实,孔子以体用不二立宗。一元者,即是宇宙万象之真实自体,譬如大海水,即是众沤之自身。宇宙万象,乃现象之别名。亦可说为万物各各通有的内在根源。故欲了解实体者,惟当综观现象发展之完形,而洞彻其底里。云何完形? 完者,完全。形者,形貌。谓现象发展至于完成,即有完全的形貌可观察也。庶几不至于曲解现象,方乃于现象之真实自体有正确的了解矣。真实自体,即实体一名之变文耳。圣人综观宇宙发展,约以三层:自无始,洪荒肇启,肇,始也。启,开也。言宇宙开辟之始也。物质宇宙凝成,谓太空无量诸天体凝成。是物质层出现最先。其后,有生物出生。由植物而进至低等动物乃至高等动物,上极乎人类,于是有生命出现。刚健如诸天运转,光明如太阳。含藏万有如大海,活泼泼地如鸢飞鱼跃。伟哉!生命层成就。宇宙无复闭塞、重浊之象,而"大生""广生"之几,周遍乎太空矣。生命层既成就,同时即有心灵发现。但植物时期,心灵乍露,犹甚隐微。乍露者,植物颇有知觉。如怕痒草及葵花向日之类,皆其征也。惟自高等动物以往,进至于人,则心灵焕发,如日之升,赫然大明。德用至盛,莫得而称矣。心灵与生命元非两物,但以其为生命力之特殊发展,亦须别论。心灵层成就,宇宙之发展庶乎近于完成。至此可以综观宇宙发展之完形。孔子既主张体用不二,即是以实体为现象之真实自体,现象以外,决定无有超越现象而独存的实体。譬如大海水,是众沤之自身。(众沤,以比喻现象。大海水,以比喻实体。)故众沤以外,无有独存的大海水。此理,孔子见之明,持之定。故其作《周易》一经阐明实体,盖先有两原则存于其胸中,而后下笔。 一、肯定现象真实。余在前文,解释乾元,万物资始;坤元,万物资生,发明孔子肯定万物之旨。即此中第一原则之所本也。问:"哲学家皆说本体真实,现象则是变异。"答:孔子洞见体用不二,即实体不是离开现象而独在。余在本书随处重复说明此意,重字,读若虫。盖恐人于此理不易见得彻底也。若真见实体不是离开现象而独在者,便不可偏向实体上说真实,偏向现象上说变异,因其将实体现象剖作两重世界故也。便不可三字，一气贯下为句。学者真正了解实体不是离开现象而独在，当然要肯定现象真实。易言之，即是肯定万物真实。肯定现象真实，即是以现象为主，实体元是现象的自体，所以现象真实不虚。反之，如偏向实体上说真实，偏向现象上说变异，则不独有体用剖作二界之大过，而且以实体为主更有佛家摄用归体、摄相归性、摄俗归真之巨迷。摄用至摄俗三句，其实是重复之词。佛书中在宇宙论之观点上谈用，则此用字，即法相之别一名称。性，犹体也。已说见前。就名词而言，其与吾之体用二名并无异，但就解说而论，则吾书与佛说绝无相似处。譬如中国哲学上，性之一名，孟子与荀子等同承认人皆有性。但孟言人性是善，荀言人性是恶，两家对于性之解说大不同也。又如哲学上一元这个名词，是唯物、唯心二宗所同的。而二宗对于一元之解说则互不相同，更互不相容。此等例子不可胜举。佛家所谓实体之体字，只是对于用作一种依托而已。可参考余之《体用论》。我说实体变动成了现象，即此现象是实体的功用。亦可说实体的变动即名之为功用，即此功用叫作现象。譬如大海水腾跃，此亦可说为大海水之功用。而此腾跃的功用，乃即是众沤。非离开大海水腾跃的功用以外别有众沤，所以说大海水成了众沤的自身。由此譬喻，可悟实体变动即叫作功用，亦叫作现象。所以说实体成了现象的自体。切不可将实体、功用、现象，误作三重世界。(重，读若虫。)余玩孔子之《易》，是肯定现象真实，即以现象为主，可以说是摄体归用。(摄字，约有二义：一、收入义。二、包含义。此处所引佛说之摄字，应是收入义。即以用，收归于体，是佛之义也。)佛氏以用收归于体，即把用消除了，而只承认不生不灭的实体。佛氏毕竟是出世的宗教。孔子摄体归用，此在学术思想界确是根本重要的创见。摄体归用，元是反对哲学家妄想有超越现象而独存的实体。于是正确阐明实体是现象的真实自体，易言之实体是万物各各的内在根源。万物所由始、所由生及所由发展不已者，此非有外力为其因，(外力，谓天帝或超越现象而独存的实体。)而万物各各通有内在根源,则其所由始、所由生与所由发展之故也。(故,犹因也。万物各有的内在根源,实则是万物共一根源。譬如众沤各各取大海水以为其自身。就甲沤言之,甲沤以大海水为其自身;自乙沤言之,乙沤亦以大海水为其自身。乃至无量数的沤,莫不如是。由此譬喻,可悟实体是万物各有的自体,亦是万物共有而为一全体。万物无孤立,不容涣散故。足征实体是一。)摄用归体者,如佛氏之归于寂灭,老氏之返于虚无,有种种恶影响。摄体归用,则万物皆有内在根源。既是真实不虚,自然变异日新,万物所以不倦于创造也。(悟到实体是万物的自体,即万物皆真实。万物真实,故变异日新。不真不实,即是空虚幻妄,那得有变异。变异者,生生无竭,不守其故也。非真实至极,何能如此。)摄体归用,即是将实体收归万物,方知万物真实。哲学家往往将万物的真实自体,推出于万物以外去,(真实自体,乃实体之变文。曾见前。去字,助词。)遂成大颠倒。印度佛家观万物皆如幻如化,欲导众生以投入不生不灭之实体。(参看余之《明心篇》。)可谓怪极。庄子以万物皆任造者之所为,一切不由自力作主。以我"为鼠肝"、以我"为虫臂",听之而已。(见《庄子·大宗师》篇。有问:"《庄子》书中有造物与真宰等词,似是信有天帝。"余答之曰:庄子确未脱离宗教思想。若说他信天帝,又似与他本旨不合。他确是把天帝变了一下,而说为天地精神。他的实体论,颇似神和气二元,其思想甚淆杂。庄子之学亦是摄用归体,其影响极坏。)摄体归用,则现象真实,万物真实,人生真实,世界真实。人生一切皆得自主自在,一切皆得自创自造。孔子倡导裁成天地、辅相万物诸弘论,实从其摄体归用之根本原理而出也。摄相归性,(相,读相状之相,犹言万物或现象。性字,中译佛书用为实体之代词。)摄俗归真,(真,谓实体。俗,指世间而言。佛说众生颠倒,迷执世间或一切事物,不能舍故。)此二句,并与第一句摄用归体之义相通。兹可不赘。东方先哲深穷万有之原,大概多以现象摄归实体。宋以来小康之儒每有纳万殊于一本之意,亦受佛教影响也。(万殊,谓现象。一本,谓实体。)有问:"尊论似以万物名之为用,何耶?"答:万物与现象二名,其实则一,现象即是万物之通称故。余在前文已云,实体变动即是其功用。(其字,指实体。功用,简称用。变动,即是实体的功用。假若实体是不变动的,便是僵死的东西,即无用。)万物或现象只是克就实体变动的功用,而给予以万物或现象的名字。不是离开实体变动的功用以外,又别生起实在的事物或另一世界,可说为万物或现象也。(不是二字,一气贯下为句。)譬如大海水翻腾活跃是其功用,而此功用乃即是众沤。由此譬喻,可悟万物只是功用之别一名字。又尝想及,《中庸》说"小","莫能破"(言其物微小至极,不可再破析也。若可破析,即不名为小。)殆与科学所发明之元子电子一类小物颇相近欤!上考《易大传》,说万物皆变动不居。据此公律而言,则莫能破之小物,拟诸粒子固无不可。但此粒子决不是固定的东西,说为动波,较为得实。余以为实体变动,就叫作功用。即此功用,又叫作万物或现象。如此说来,实体确是将他的自身全变成了万物或现象,万物以外没有独存的实体。譬如大海水,确是将他的自身全变成了众沤,众沤以外没有独存的大海水。哲学毕竟是穷源之学,体和用是宇宙人生根本问题,未可忽视而不究。万物无根源,断无此理。但古今谈本体者,总不免将万物的真实自体,推出去说为无对,而不悟无对即是有对。此种见地正是消除了万物,只承认无对的实体,是谓摄用归体。佛家更悍然消除实体的功用,留下一个不生不灭的死体。故摄用归体之主张,至佛氏而已极矣。惟孔子《周易》摄体归用,即将实体收入于万物与吾人身上来。万物、人生才是真实,不空虚,不幻妄。人生更无可自甘降低而作雾自迷,妄兴皈仰。(人生二字,一气贯下为句。摄用归体之论,将实体从万物、吾人身中推出去,说为无对,而兴皈仰。非作雾自迷而何?)

已说第一原则,肯定现象真实,万物真实,此二语,只是重复言之耳。方不至陷于迷妄,将实体从万物自身中推出于外界去。方不二字,至此为句。今略说第二原则:万物是从过去到现在以趋于未来,发展不已的全体。惟综观其大全,方可了解,物之出现虽有先后,如物质出现在先,生命心灵出现在后。而后出之物与先出之物,性质既不同,且后物、先物彼此所率由之轨则亦互异。古诗曰"有物有则"云云。则者,法则,亦称轨则。凡物之成,未有不由乎轨则者。生命心灵与物质比较,则各有特殊的轨则,不可混同。至于两方性质不同,更甚显著,此弗及论。是故综观万物发展之完形,完形,解见前。便可悟到物无先后,其出生都不偶然。万物同资取乎一元实体,以成其始,以弘其生。已说在前文。一元实体,作复词用。曾见前。譬如桃树,自萌芽开始,层层生新,形性莫同,谓根干枝叶乃至于花,其形各异,其性亦各别也。终乃硕果出现,发展完成。故综桃树发展之完形而观之,则其始乎芽,中经多数异形,终乃至乎果。如此复杂之发展,要皆桃树自身本有种子含藏复杂性故也。桃树之芽先生,固由于其种子含有生芽之可能性。种子含有生芽之可能性,以后简称种性。他处未注者仿此。根干继芽而生,亦由于有种性故生,实非芽能生根干也。芽于根干,只能为助缘。而生根干之正因,乃是种性。枝叶等可类推。千枝万叶继根干而生,复由于有种性故生,实非根干能生千枝万叶也。曰千曰万,乃形容多数之词耳。群华怒放于千枝万叶之后,又由于有种性故生,实非枝叶能生群华也。硕果继群华而生,更由于其资取种性之精英故生,此中其字,指硕果。实非群华能生硕果也。尤复应知,美终之果,定与其种性有相似。美终者,硕果为桃树发展之终,亦即是其种性显发之终。美者,赞美其终之盛也。而果起时,随所遇之缘,往往有所变于其种性,不尽肖之。肖,犹似也。然亦不会丧失种性,以至全无相似处。故上文云,定与种性有相似。且果之储能,往往视其种性更加增大,此所以美其终也。余举此譬喻,盖以桃树本有种子含藏复杂性。故自萌芽最先出生以后,历根干等等以至硕果,不论其出生先后,盖未有不具种性而能从他物出生者。事实如此，何可否认。他物者，如就根干，对先出之芽而言，自当以芽为他物。就枝，对先出之根干而言，自当以根干为他物。叶以下皆可类推。假设有人焉，以萌芽出生最先，遂说芽为一元，根干等物皆从芽而生，无有种性。以字，一气贯下为句。园夫能不哂其说之妄乎？余以桃芽等等之种性，譬喻宇宙实体是含藏复杂性。物质与生命等现象，皆由实体内部本有此类互不相同的性质，故得后先出现耳。物质出现最先，生命出现在后。（此中言生命，即摄心灵。言物质，即摄能力。后皆仿此。）亦犹桃芽出现最先，根干乃至硕果出现在后也。世有浅见者，不承认有实体；则太初之际物质宇宙最先凝成，只是忽然而起，有是理乎？印度古代外道，有说山河大地是忽然而起。佛家曾提之，但以其太粗陋，无足破斥。窥基《唯识述记》卷一亦偶言之耳。若将物质当作实体，如唯物一元之论，则此一元实体既固定于一性，如何得有变动，成功用？此可疑者一也。又物质如何产生非物质的东西？明明破坏因果律。非物质的东西，谓生命、心灵。此可疑者二也。如上二疑，确是极重要的问题。吾未及详说耳。尤复应知，生命、心灵与质和能，本同禀一元实体，禀者，禀受。一元实体，作复词用。元非两物。余在前文，已经说过。生物未出现以前，生命、心灵隐藏于物质中，斡运于物质中，非本来无是物也。斡者，言生命、心灵主领乎物质也。运者，言生命、心灵运行乎物质也。但生物出生之条件未具备，故不易从幽隐中显发出来耳。是物二字，指生命、心灵。此处物字，不是物质之物，只作为生命、心灵之代词。《乾卦》初爻"潜龙"之象发明此旨，非余以己意妄傅圣言也。傅者，犹俗云傅会。若圣人之言，本不同于吾之所解释，而吾竟以己意，加入其间，是谓傅会。且物质世界元是坚凝、闭塞、浊重的东西，及生物出现便已改造物

质为生机体,生命、心灵从此出潜而显、离隐而著。极至生机充
实,如雷雨之动满盈,睿智圆明,比日月之光增盛。雷雨之动满盈,
见《周易·震卦》,形容生命力盛大,此孔子原文之仅存者也。圆明一词,借用
中译佛典。圆者,圆满,无亏缺也。言心灵之智慧作用,光明盛大。比日月之
圆明,有其过之无不及也。此乃一元实体之内部,所含藏诸复杂性中
之最殊特、最奇异者。其显发虽在后,而既已显发,则健而又健、
进而又进,造乎极顶,穷于称赞。伟哉生命心灵! 其为主导物质
之强盛势力,决不容否认。而其所以最后出现者,殆犹桃树最后
发展之硕果,肖其种性,又益增大欤! 殆犹二字,至此为句。总之,
生命、心灵的强盛势力,明明实现其实体之殊特性,明明发展其
实体之殊特性。唯物论宗不务综观宇宙发展的全体,而用剖割
之术,将生物未出现以前,剖成一大分段,遂断定生物未有时,即
无有生命和心灵。乃成唯物一元,即宇宙实体固定于物质一性
之论。反之,如唯心一元,又以宇宙实体固定于精神一性。两宗
之主张,虽若甚异,而其不务综观宇宙发展的全体,纵任己意,以
取舍现象。纵,犹放肆也。任,犹用也。放纵而任用己之意见以持说,不能
慎思以求事理之真,故云纵任己意。取舍者,唯心家取精神而舍物质,虽亦无
可否认物质现象,而以物质为精神一元之副产物,则以己意舍去天然本有之物
质性矣。唯物家取物质而舍精神,虽亦无可否认精神现象,而以精神为物质一
元之副产物,则以己意舍去天然本有之精神性矣。故云任意取舍现象。更可
惜者,两宗皆不悟,谈实体者应以现象为主,肯定现象真实。一
元实体复词。是由万物各各皆资取之,以成就自己;自己,设为万物
之自谓。皆禀受之,以为其内在根源,不可将实体推出于万物以
外也。两宗皆逞臆,建立一性为实体,万物从之而生。一性者,或

199

唯一的精神性,一元唯心是也。或唯一的物质性,一元唯物是也。从之者,之字,指上实体。唯心家如庄子、黑格尔等,有天地精神或绝对精神之称,直以精神为天帝矣。唯物论虽有消灭宗教之绩,而其建物质为一元,毕竟欠妥。核实而谈,物质只是构成实物的材料。譬如一束之薪,举火燃之,薪便解散离析,若消失无所有。其实薪的材料并不消灭。若当燃烧时,将其炭块与浮扬之灰,设法保存不令有毫厘耗散,则以炭和灰之重量合计必与原薪之重量相等。可能有不全合,然当无甚大差别也。差别者,不一致之谓。实物所由生成之材料,即是物质。然复当知,如上所说实物,若薪或炭或灰,只是物质的状态有变易耳。物质本是现象之一方面,如何可说为万有之一元?以物质对生命、心灵而言,只是一方面。有问:"现象一词不是就物质的状态上说乎?"答:世俗因实用的习惯,便将一件一件的实物执为实有。殊不知,每一件实物都是物质的状态。你须玩味状态两字的意义。状者,形状。态者,形态。试取譬于尔的肉体,皮肤骨肉血气等等是乃一团物质。若此一团物质的长短、肥瘦、轻重、黑白等等,黑白,就皮肤言。则是其状态也。其字,指一团物质。状态,若离了物质便无所有。状态之可说为实有者,还是以状态随属于物质而说耳。此中举一个肉体之皮肤骨肉血气等等,以譬喻一切物质。举一个肉体之长短等等状态,以譬喻各种实物千状万态。如气体、液体、固体诸物,或植物的形体、动物的躯体、人的肉体,若此之类都是物质的状态。物质时变易其状态,而物质自身不灭。如人死亡,只是物质的状态消失,而皮肤骨肉血气等等物质,则分散而还归于太空物质之流中,还可化成其他物类。物质元是流动的。故现象一名,从物的方面说来,是直指物质而名之也。物质,是实体变成现象之一方面,所谓坤是也。另一方面,则是健而又健,斡运乎物质中之精,所谓乾是也。《易》称乾曰精,盖以物质为粗,而乾至精粹也。物质凝成实物,必承乾力,非可独化也。

假定物质的现象为实有,而绝不问物质之有元或无元,在科学的领域而说应该如此。在哲学之领域内,虽宽泛至极,而上穷万有之元,要是哲学之最大任务。学不究其源,科学上各部门的知识虽极精确,而无所归宗。孔子穷源之学,发明万物皆有内在根源,为人生开发生活源泉为,读卫。及导引人类于共同生活之正轨,此是《大易》《春秋》《周官》《礼运》诸经要旨。虽被小儒改易变乱,而其本义犹有可寻。并启迪其裁成天地、辅相万物之愿望与毅力。裁辅,见《易大传》。曾释在前文。此等真理,直是万古常新。岂可视为过去,不足留意乎!

余在前文曾言,孔子作《易》阐明实体,盖先有两原则,藏于其胸中而后下笔。肯定现象真实、万物真实,以万物或现象为主。此是第一原则。肯定宇宙是从过去到今以疾趋未来,为发展不已的全体,学者当综观其大全,不宜割裂现象妄有取舍。如将生物未出现以前,划成一大分段。断定其时无有生命、心灵的现象,是割裂也。唯心、唯物二宗,一取心而舍物,一取物而舍心。已说在前。此是第二原则。两原则既说在前,此后略申《乾》《坤》两《彖传》,"乾元"、"坤元"之旨。当不须多费辞说。而余全身骨质松散,左膝头倾侧,不良于行。病象殊剧,亦欲草草作结束也。申者,承前文而加以说明也。

《乾·彖》曰:"大哉乾元,万物资始。"《坤·彖》曰:"至哉坤元，万物资生。"曾引释在前，可复看。此孔子弘阐一元实体之文也。一元实体，复词也。弘，大也。阐，犹发明也。实体义缊深广，惟孔子大发明之也。辞简至极，而义海无穷。从来治《易》者，鲜不误解。迷谬最甚者，莫如汉《易》唯神之论。见前。晚明王传，失在二元。王船山有《周易内传》及《外传》，主乾坤并建，未免二元。其他汉宋群儒著书说《易》者甚众，而实鲜可观览。清人焦循治汉《易》，不肯困守古术数家之迷涂，思就经文，别有创解。然其用心处，要不外贯穿六十四卦、三百八十四爻，而以旁通、相错、时行及比例，以说明之。焦氏《易图略·叙目》云："余学《易》，所悟得者有三：一曰旁通，二曰相错，三曰时行。时行者，言其变通也。"云云。焦氏甚重比例之术。其《易图略》曰："读至此卦此爻，知其与彼卦彼爻相比例，遂检彼以审之。由此及彼，又由彼及彼，千脉万络，一气流通。前后互推，端委悉见。可悟《易》辞之参伍错综。后人学《易》，无不当如此。非如此，不足以知《易》也。"云云。余按焦氏以比例求卦爻，以参伍错综、触类引申求《易》之辞。盖谓《易》之辞，皆文在于此而意通乎彼。如人之络与经连贯，互相纠结，针一穴而腑脏皆灵，其一生之用心于《易》者尽乎此。焦氏虽不守汉《易》之术数，而其方法则承汉人之卦之说，但异其运用。本荀、虞旁通与升降之意，而兼用比例之法以观其会通。焦氏犹是汉《易》之支流耳。就经生之业而论，依文解义，钻研贯穿于文辞之间，是为经生之业。其用心精细，两汉以来罕有其人也。若言学术，焦氏之于《易》，其犹汉人钻小圈子之遗习，未闻圣人之大道也欤！吾尝与友人书云：圣人作《易》，仰观于天，俯察于地，远取诸物，近取诸身，明明有宇宙人生诸大问题，勤求解决。久之，而后发

第二分　广　义

表其真知实见于《周易》一经。后人学《易》，宜寻求圣人当年如何发生问题及如何解决问题之经历，凡言圣人，皆指孔子。当年，指孔子之时代而言。庶几可为自己格物穷理与鉴古通今之辅助。鉴古者，以古为鉴，明人事之得失也。通今者，革故，取新。变通，故可久也。后之学者，最下，溺心尘俗；上者，爱知，可贵。而超悟之才难观。爱知者，喜爱知识，不乐无知也。此亦可贵。超悟者，颖悟创发，不由积渐而至。故云。宇宙茫茫，人生梦梦。圆颅方趾之伦，能深省者无几。孔子《易》学湮绝，不亦宜乎。

乾元、坤元，余少年时初读《易》，未得其解。少时尊重船山，急取其《易传》读之。又嫌其近于二元论，莫敢苟同。平生甚不喜汉《易》。宋人说《易》之书空虚、迂陋，弥觉可厌。自度不复从事于《易》学矣。其后，反对佛氏将法性、法相剖作生灭与不生不灭两界之论，又莫能印可西洋唯心唯物二宗之异执。印，犹契合也。可者，许可。二宗各执着一边，曰异执。余乃放舍旧闻，旷然流观万物，流观，本陶诗。观物而无所滞碍，故云流。忽有体用不二之悟。自是复取伪经，小儒改窜之伪《周易》。抉择其中偶尔保留圣言之处。以意逆志，逆，迎合也。志，谓心之所存。此言以我之意，迎合于圣心之所存。即不以主观妄解圣言也。考验吾平生所经历，而深信孔子《周易》一经为真理之藏、大道之府也。乾元者，乾之元。非谓乾即是元。但若认清乾之元不是离乾而独存，则乾与其元实非二物。坤元者，坤之元。非谓坤即是元。但若认清坤之元不是离坤而独存，则坤与其元亦非二物。圣人肯定万物真实，以万物为主，故不可同于古代宗教之建立天帝，奉为创造世界、发育万物之真主。故不可三字，一气贯下为句。而哲学家建立本体，以说明万物所由生成者，亦未能脱去宗

203

教之遗习。此亦孔子远见预防，是乃研究孔子之实体论，不可不慎重注意者也。孔子以万物为主，已如前说。但在哲学上，对于万物的存在颇有问题。说到此，须将万物这个名称先审核一下。中文物字本是至大之公名，随处可应用。而其含义，则于其应用的处所，随上下文以判别其义。如《易·乾·象传》云："首出庶物，万国咸宁。"此物字，即指天下大多数庶民或庶人而言。又如《中庸》云："其为物不贰，则其生物不测。"见朱注本，第二十六章。此物字，即指天地间有至诚无息之理而言也。略举二例以见其概。今于此中说万物，则不止含摄物质的物，而凡一切有的东西，无质可触、无形可睹者，如生命和心灵亦皆万物一名之所含摄。此如梵文"生灭法"一词，即包含心物两方。其定名之例，不无相通也。中译佛书有时用万法一词，犹云万物，其包括心物两方不待言。此中万物一名之含义，既已核定。他处用万物一名者，皆可准此而知。今当承前，略说万物的存在哲学上不无问题，惟孔子乾坤之义，独发正解。今当二字，至此为句。此一大事，而中外古今哲学家言，从来莫有能接近孔子之见地者，岂不怪哉！问曰："云何说，万物的存在哲学上颇有问题？"答曰：自哲学思想初兴以来，便有此问题。吾子读古今哲学书，习闻日久，视若寻常事耳。西洋哲学开源，毕竟是唯心、唯物两宗。两宗对于万物，取舍不同。唯心家特取精神以建为一元，则物质断其源头矣，断者，断灭。读若旦。尚可曰物质存在乎？既断其源，虽无法否认物质现象，而物质究被唯心家看做是精神的副产物，又何可曰物质存在乎？唯物家特取物质以建为一元，则精神断其源头矣，尚可曰精神存在乎？既断其源，虽无法否认心灵作用，而精神究被唯物家看做是物质的副产物，又何可曰心灵存在乎？精神与心灵，名虽为二，其实一也。至于唯物家以剖割之术，将生物未出现以前剖成一大分段，以成立其万物元始，本无心灵之论。殊不知，孔子于《乾卦》阐明生命和心灵，本隐之显。之，犹进也，至也。言其始本隐藏，卒乃进而又进以至乎显著盛大也。故《乾卦》通取能潜、能飞之龙，以譬喻生命、心灵之始乎隐藏而终于大显也。初爻，"潜龙"，以譬喻生命、心灵潜藏于物质中，隐而未现也。五爻，飞龙在天，以譬喻生命、心灵之斡运乎物质中，卒化除闭塞而转为生机体。遂大显其刚健、升进、照明等等殊特性，扬无上之光辉，如飞龙在天之象。《乾卦》六爻，初爻为"潜龙"，以喻生命、心灵，太初隐而不见，见，读现。下同。后来发展之基立于此矣。二爻为"见龙"，以龙之出潜而见于地面，譬喻生物始生，即生命、心灵初出现也。三爻"乾乾"，乾者，健也。健而又健，曰乾乾。以喻生命、心灵健而进进，无已止也。四爻言龙将跃而上天，或又退而在渊，则以发展达于较高之境，犹恐退坠。五爻"飞龙在天"，以喻生物进化至于人类，即生命心灵之发展登峰造极。如人中圣智，既臻极上，定不下坠也。《易》，六爻之例，从初爻进至五，便抵于极盛之地。六为上爻，无以复加乎五，故诸卦上爻，往往别明他事。注意。如《乾卦》上爻，"亢龙"之象，即以譬喻君道已穷，统治阶层必消灭，庶民首出而共主万国之事。其与前五爻谈生命、心灵之发展者，不复相关。上爻别明他事，《乾卦》首著其例矣。学《易》者不可不知例。汉《易》于孔子之例，犹偶有存者。此意见前。宋人不阅汉《易》，绝不通例。要之，《乾卦》由初至五，发明生命、心灵从无始隐藏，以至无尽之未来，为发展不已之完形。何可断其源头，而曰本无生命、心灵乎？是犹以桃树盛美之硕果，无有种性，只从芽等生。持此说者，非妄则愚耳。哲学家对于心与物，有取有舍，亦由于误用剖割之术，将心与物剖成两物，遂生取一舍一之计耳。其实心与物同禀一元，何可析作两物？禀者，禀受。又物质凝成为一一实物，其势较易。大自诸天体，细至一微尘，皆实物也。此云实物，本指无机物而言。生物之发生，必具备种种适于生活之条件，而后可能，此生物所以难有发生之缘也。无机物便无生活机能，其所待以凝成之条件当然简单，故曰其势较易。生物发育之条件甚难得，故生命、心灵出现在后。发育者，发，谓发生；育，谓长育。倘执定生物未出现以前，本无生命、心灵。则试问，生物既出现，而其生命力之乾乾无息、进进不已，造乎极顶，有如飞龙在天之象。此中言生命力即摄心灵在内。乾乾，犹云健而又健。此岂无中生有，偶然而起乎？设若谓其从物质产生，其字，指生命心灵。则余已破斥在前，可不赘。总之，万物同禀受一元，以为其内在根源。断不可割裂精和质为两体。乾，称精。此姚信等述汉《易》之言，盖孔子遗说之仅存者。质者，物质之简称。然一言乎质，即包含能在内；一言乎精，即是生命和心灵之总称。精字，有精英与精微二义。精微者，言其深远隐微至极。精英者，言其物之性质殊特。蓄刚健与生生之活几，藏照明与升进之善根，譬如草木之有英华畅发，此其所以为乾道也。万物本复杂，是乃从无始以至乎无尽之未来，长为万有更新发展不已的全体。万有更新者：更，犹改换也。万有恒于每一瞬间，舍去其旧而改换为新。案上砚池，视之若旧，实则瞬瞬更新，非旧物也。内观自心，念念迁流。是故从全体言，不应妄执片面，妄兴取舍。取心舍物，是执片面也；取物舍心，亦执片面也。从发展言，物之至精者，本隐之显。精者，生命、心灵之通称。已见上。不可以其隐而未见，遂轻断为本来无有。夫威势最大者，莫如隐藏之力。藏之愈深，隐之愈久，则其发动也，便如"雷雨之动，满盈"。《易》云："雷雨之动满盈。"盖以生命力之盛大，而取此譬也。万物之发展，恒始乎简单，终乎繁赜；始乎微小，终乎盛大。世俗以为，终乎繁赜者，乃简单之积渐而然也；终乎盛大者，亦微小之积渐所致也。持此说者，乃徒见其表，不察其里耳。凡物莫不有本，本，谓因也。凡事莫不有母。母，亦犹因也。一事一物之成，有正因，有旁因。旁因，一名助缘。因之杂多，决非偶然。今不及论。微小或简单之事物出现于初际，初际，谓始也。决不是无中生有，自有因缘。因，谓正因。缘者，助缘，即旁因也。后仿此。继初际微小之事物而起者，渐至乎盛大。而此盛大之物事亦必各自有因缘，决非初际微小事物延持到最后终局，转成盛大也。继初际简单之事物而起者，渐至乎繁赜。而此繁赜之物事又必各自有因缘，决非初际简单事物延持到最后终局，转成繁赜也。最初微小或简单之因，既生果已。已，犹了也。如云既生果了。此果虽复对后为因，但此因，决不能对于后起之繁赜物事或盛大物事而普遍为其因。此因，所生起之后期事物，只能对于异因而同时并起之诸事物，互为助缘而已。学人每有妄想，因既生果，果复为因，能生后果。常如此转化下去，则是太初一性之因，层层转化，遂生万有。殊不知，一性独因，不含异性，谁与推动得生果乎？独因者，一性之因，故是独也。此等因果观，可以说是神化论，古代宗教信有独一的上帝，能起变化，造成万物。一性独因的思想，由此而来。故谓之神化论。亦可说是机械论，因生果，果复为因，而生后果。后果又复为因，层层转去，成为固定的东西，不谓之机械不得。亦可说是循环论。余在清季，始闻西学一元唯心，即以为实体是一性，所谓精神。一元唯物，亦以为实体是一性，所谓物质。余即联想到因果问题。根据宇宙第一因，谓一元实体的一性。（一元实体，作复词用。）以推论万物万事之因果，必将以谓一物或一事之成，莫不起于独因。又必以为因既生果，果复为因，如此则陷于上文所举种种迷谬，不待言已。迷者，迷乱。谬者，错误。余按西学所以迷谬而终不悟者，根本由于偏用分析法，遂致将万物浑沦的全体，妄行剖割。浑沦者，不可分之貌。既已剖割，则随其意之所乐，执取一片，舍弃一片，此乃必至之势。而唯心、唯物之争，相持不下，终无可合一矣。两唯之论，各有取舍。两唯者，一方唯心，一方唯物故也。故万物存在的问题，从两唯各别看去，万物总有一方被剥落而失其存在。从唯心看万物，则物质被剥落。从唯物看万物，则生命、心灵被剥落。合两唯而总核之，则两方交攻，万物被剥落殆尽。唯心，剥落了物质；唯物，剥落了心灵。万物全不存在。两唯之论，其于万物各作片面观，又各本其片面观而戏论实体。戏论一词，本中译佛典。学人持说，不根据实事实理，皆戏论也。于是有说实体唯独一性，所谓精神；复有说实体唯独一性，所谓物质。两论对立，同不悟一元实体之内部，含藏复杂性，其为戏论则一也。余平生对于西洋哲人之宇宙论，不敢苟同。昔在清季乍闻其说，即已怀疑。后来玩《大易》乾坤之义，益坚余之自信，由是归宗孔子。

《乾》《坤》两《象传》，首言乾元、坤元，何耶？今略说二义：一曰，万物之实体，其内部含藏复杂性。其字，为实体之代词。二曰，实体是万物之内在根源，不可妄计实体在万物以外。是谓体用不二。万物通名为用，说在前文，可复看。计者，猜想之谓。有问："《乾·象传》只有'大哉乾元！万物资始'，共八个字。《坤·象传》亦只有'至哉坤元，万物资生'，共八个字。两共十六字。其辞简略如此。先生所说二义，诚有睿见。然吾详究两《象传》之旨，终悟不到十六字中何以有先生所说之二义？愿明以教我。"

答曰：汝疑吾说乎？吾且告汝。乾坤，即万物也。万物各各禀乾以成性命，各各禀坤以成形体。离乾坤，即无万物；离万物，亦无乾坤。故曰乾坤即万物也。问："乾为生命、心灵，坤为质和能。生物皆禀乾坤可无疑。无机物之形体成于坤，谓其禀坤是也。无机物即无生命、心灵，不可谓其禀乾。"答：生命与物质，本不异体。(此体字，即实体之省词。)孔子《周易》有乾坤互含之例，明乾坤同本乎一元实体，故不可将乾坤剖作两物也。此例后文再详。生命力斡运乎一切物之中，无所不在。但无机物之形体闭塞、粗笨，生命力不易显发于其间耳。乾坤与万物二名，语其实，不可离之为二；析其义，不得不有二名。汝未问及此，自是昏迷耳。而此处甚重要，姑为汝言之。至于我所说二义，汝求之于两《象传》十六字中而终悟不到，此亦昏迷太甚耳。吾今告汝。先将乾坤、万物二名，了解清楚。次，须体会乾元、坤元，求得着落。注意。又次，须体会万物资始与资生之资字，务求真解。又次，须体会圣人何故于乾而说资始？何故于坤而说资生？汝于吾所举各要点，若能一一深切体会分明，则于老夫所说二义，自然冰消冻解，无有疑障为患矣。汝以为十六字太简略，其实十六字中含藏无量义，真是义海也。

云何乾元、坤元？余在前文曾说，乾元者，乾之元，非谓乾即是元。但若悟到乾之元不是离乾而独存，则一言乎乾而其元即在是，不妨说乾即是元也。其字，乃乾之代词。在是之是字，亦乾之代词。乾之元，不是离乾而独存，譬如大海水不是离众沤而独存。一言乎乾而其元即在是，譬如一言乎众沤，而大海水即遍在众沤，不妨说众沤即是大海水也。

此中以大海水比乾元,以众沤比乾。坤元者,坤之元,非谓坤即是元。但若悟到坤之元不是离坤而独存,则一言乎坤而其元即在是,不妨说坤即是元也。上文用众沤与大海水之喻,亦适用于坤与坤元。因既见前,故不复赘。

问曰:"何故说乾坤皆不即是元?"答曰:乾为生命和心灵,万物各各禀之以成性命。坤为质和能,万物各各禀之以成形体。故坤不即是元,乾亦不即是元也。

问:"万物禀乾以成性,性命,简称性。禀坤以成形。形体,简称形。既已说明万物所由成,何故又说乾坤皆有元乎?"答曰:汝之来问,犹是将万物与乾坤离之为二,故有此问耳。殊不知,汝既悟万物禀坤成形,则离坤无形可知已。既悟万物禀乾成性,则离乾无性可知已。余在前文已言,离乾坤即无万物,离万物亦无乾坤。故曰乾坤即万物也。万物之形与性,岂是无根无源,从空无中幻现得来乎?万物有形,人皆共睹。万物有性,人皆有之,而能自识其性者,盖亦罕矣。孔子作《周易》,创发乾坤首六十四卦之奥义,始揭示一元。奥义者:奥,犹幽深也。深者,深远,穷理到至极处,无穷无尽故。幽者,幽隐,至极之理,非推论可与相应。身实践之,而后可喻。元,犹俗云根源也。元字,或释为本原。然本,犹根也。原,犹源也。姑从俗。盖以乾坤或万物不是从空无中忽然幻现,定有根源故。问:"《乾》《坤》两《象传》都无一元之辞,《乾·象》曰乾元,《坤·象》曰坤元,经文流传久远,向来无改易。今先生忽说一元,何耶?"答:元,一而已。焉得有二?晚周以来小儒拘守术数,莫悟此理。余据经义,始定为一元。汝不求解,乃相怪异。孔子《大易》一经,文式辞例,极奇、极妙。文式者,言其成文,有特异之法式也。辞例者,言其修辞,有特异之则例也。宗教典籍,首称天帝造成世界,即以万物依帝力而生。于是万物无有自主威权,无有自由创作的势用,唯以万物归依真主而已。哲学家多有建立实体以说明万物所由成,往往杂染神道思想而不自悟其非。更有厌闻实体论者,逞其浅薄之见,遂至芒然不承认有实体。芒然,迷暗之貌。如此,则宇宙无真源,人生无根蒂。昔人言,宇宙万象非空非幻,当然有真实的源头。此说甚是。但有须注意者,假若以为真源是超脱乎万物而独在,便成大邪见。作雾自迷,不可救药矣。孔子《周易》之实体论,确然肯定有一元,一元,即是万物之实体。余尝以一元实体四字,合用为复词。但又坚决主张一元是万物各各自有的内在根源,同时亦是万物彼此共有的根源。问:"一元既是万物各有的内在根源,如何又是万物共有的根源?"答:万物各有的内在根源,即是万物共有之一元。万物共有之一元,即是万物各有的内在根源。万物本来是互相联系、互相贯穿、互相含入、互相流通,不可分割、不可隔绝之全体。故就全体来说,万物是共一根源。根源,即元之别名。就每一物来说,每一物是各有内在根源。其实,根源一而已矣。析义成说,则有万物"共有"、"各有"之异其辞耳。有问:"元之义曰根源,如何又别称实体?"答曰:以其为万物所由之而始生,则曰根源。以其为万物的真实自体,不是超脱于万物以外而独在,则曰实体。(自体一词,含共有及各有二义。)二名本不相违。譬如众沤,由有大海水故,乃得起,应说大海水是众沤之根源。然众沤的自身即是大海水,又应说大海水是众沤的自体。故二名之义,互相发明。

问曰:"已闻元义。今欲问乾元、坤元,其义云何?"答曰:此中义旨深广,今略说。圣人不曰一元生乾、生坤,而曰乾元、坤元,此其根本不同乎宗教之天帝与哲学家之一性论者也。唯心、唯物两宗,皆主张实体只具有一性。屡见前文。宗教以天帝为主,故说万物皆依帝力而生。哲学建元以统万物,其思想犹杂于神道也。《大易》肯定万物有元,此称《大易》,指孔子原本。顾独以元摄归万物,此中摄者,犹收也。盖言元,不是超脱乎万物而独在也。即是万物为主。而元,乃为万物各有之元,亦是万物共有之元。如此,则万物统元,非元统万物也。

问曰:"《乾·彖》称乾元者,犹云乾之元也。《坤·彖》称坤元者,犹云坤之元也。不总称万物之元,而曰乾元、坤元,其义云何?"答曰:余以二义释乾元、坤元。释者,解释。二义者:一、实体内部含藏复杂性,决非一性。二曰实体是万物的内在根源,不可妄猜实体在万物以外。汝闻吾说而疑,乃谓两《彖传》十六字中,寻不出余所说二义。可复看前文。汝自造疑障,余亦莫如之何耳。余所说二义,本是一义,须从两方来说耳。孔子惟不肯建元,以统万物,故必说实体是万物之内在根源,万物以外,无有独存之实体,遂成体用不二之论。此义本不应列第二,而以首明实体内部含藏复杂性故,首明之明,即阐明之谓。故以此义次之。体用不二,即是实体不在万物以外。实体不在万物以外,譬如大海水不在众沤以外。实体不在万物以外,则欲明了实体之性质者,必不可离开万物而逞臆妄说。孔子综观万物从太始以趋未来、发展无已之全体,孔子综观四字,一气贯下为句。不偏尚分析术以剖裂万物,亦不于万物妄行取舍,致陷于片面。惟依万物发展之完整体,察其性质之不一,而判以乾坤两大类。则由万物之不一性,可知实体内部本来含藏复杂性故也。《乾·彖》于乾,则称乾之元。明乾性不成于偶然,定有其根源也。余以根源,为元之别名。下同。《坤·

彖》于坤,则称坤之元。明坤性不成于偶然,亦定有其根源也。
但此根源不在万物以外。后文再说。有问:"乾坤二名,只以表
诠健顺二种性质,并未表诠乾坤为何物。而尊论肯定乾为生命
和心灵,坤为质和能。果有确证否?"名之用,在表诠。表者,表示。如
茶杯一名,即表示吾日用之茶杯这一物也。诠者,诠释。如茶杯一名既定,即
已解释此物是盛茶汤之用具,不是盛饭之碗也。(盛,读若成。以茶汤注入杯
中,曰盛。)健顺俟下文疏释。性质一词,乃世间通常习用之语。如说火的性质
是炎热上扬,水的性质是湿润流下。此等例不胜举。凡物莫不各有性质也。
吾书中说及实体之性质云云。吾总觉性质一词不甚妥,又不便创作新名词,只
好用世间通行语。学者当知实体当然自有性质,但此云性质,切不可效古代哲
人的空想来猜拟。吾侪用思时,须好自谨慎。如佛家谈到实体,专向空寂或寂
灭处,深深体会,此际正是他的思,所谓禅定是也。禅定是译音,其义为静虑。
(静定心中的思虑,绝不同于凡夫散乱心中的思想,故曰静虑。)我相信,孔子和
佛氏的心,大概都是静定的心。但有大不同者,孔子是阅历万变万动万物万事
而含养得静定。故其思虑是周遍流通于万变万动万物万事之中,而未尝观空,
亦未尝不寂。《大学》云:"知止而后能静,静而后能定,定而后能安,(自知止至
此,通是静定。只工夫有浅深,成就有高下耳。)安而后能虑,虑而后能得。"(得
字,含义深远。虑而至于得,则其平生之虑,必不是驰于空想,幻想。亦不是滞
于逐物之知,而不能观大通、履大变者。亦不二字,至此为句。)余虽学孔未能
至,而向往之殷,到老不能已也。佛氏之静定,毕竟与孔子分途。中国人一向
崇佛,余不知其读佛书究作何解。凡夫的心,当然是散乱的。然能专用其五官
与心思之力于某一部门之学,却可有成。但智慧境地,则难言耳。哲学上关于
宇宙人生诸大问题,自有真知正见足以解决。而古今名家著书成理论,实无关
大道者不得眩惑之,此非真智慧莫可能也。关于群变万端,大道犹隐而未张,
群魔方迷而交竞。独有前识、远见,不失正向,此亦非智慧莫可能也。智慧不
是号为有专科知识之徒皆可得有。直须阅历万变而能含养静定之心;又必知

周乎万物，且常反己体会内部生活源泉，扩充本有的真实力量，不为小己之私欲私意所障蔽，始有发生智慧之机耳。余此言当招笑骂。平生无求于流俗之誉，更无畏于流俗之毁，吾言所欲言可耳。此段话，本于正文无关。而忽然牵引及此，不妨存于此段注中。答曰：余释乾为生命、心灵，坤为质和能。此义决定，远在五十岁以前，正以其有孔子遗文可证耳。小儒之伪《周易》，唯《乾》《坤》二卦保留孔子原本之文义较多，是在善于抉择耳。吾已说在前。余原欲于第一分中，破斥阴阳二气之说以后，即揭出余之新释，详引经文为证。新释者，破乾为阳气之旧说，而谓乾为生命、心灵；破坤为阴气之旧说，而谓坤为质和能。此自晚周六国以来，小儒既改易与变乱圣经，历年近三千，莫有于伪经中寻求孔子遗文之幸存者。世人以余之说为新释，而莫肯信。适逢气候恶劣，余既连年衰悴，酷暑用脑，竟不能支。忽尔小便长流，莫可收摄，几死矣。急购药注射，幸而得止。休息良久，未尝再发，复续前稿，结束第一分。而从前原有许多意思，病后不忘失者无几。人到衰年，精力已亏。作文常苦贯注不到，时有夙怀不少之要义，及写作疲困，遂至忘失，莫由追忆。此苦，非他人所可喻也。贤者诘难及此，余当于本分即第二分。补写一节文字，将伪经即小儒之伪《周易》经。偶尔幸存圣人之遗文，不论多少，有一句便择取一句。余当附释，以明确证。

复次、孔子主张体用不二，则万物以外无有独存之实体。然则实体非空寂性，性质，简称性，下同。非不生不灭性。圣人以乾健、坤顺，两性相反相成，阐明大生广生之盛。《易大传》称乾曰"大生"，称坤曰"广生"。曾见前。健顺者，本为万物实体内部所含藏之两性。故于乾健之性而称其有元，是曰乾之元；于坤顺之性亦称其有元，是曰坤之元。乾坤异性而皆称其有元，明其为一元之所含藏也。

凡名之所由立,其例不一。而依主立名,是诸例中之一则,而有深意存乎其间也。两《象传》之乾元、坤元二名,正是以乾坤为主词,而元之名乃依从于两主词而立。乾为主词故,则以其所有之元称为乾之元。故乾元一名,是以元依从于乾,乾为主词故也。坤为主词故,则以其所有之元称为坤之元。故坤元一名,是以元依从于坤,坤为主词故也。两《象传》,乾元、坤元二名之立,用依主之例,即以乾与坤并为主词,而以一元依从于两主词。即乾与坤。圣人之意,深远至极。盖《大易》一经全部之弘纲要旨,实寄于斯。圣人本有定万物有元,但不许以元为超脱万物而独存。故其修辞,不曰由一元生乾与坤,是不许以一元统万物也。乾坤即是万物,说在前文。《乾·象》曰乾元,则元是乾所有之元。譬如每一沤,皆以大海水为其所有之源。下坤元云云,亦适用此譬。《坤·象》曰坤元,则元亦是坤所有之元。圣人以一元依从于乾坤,即是不以一元统万物,任万物之同于大通。万物,从个体言则一元为其所各有,从全体言则一元毕竟是万物所共有。故卒同于大通也。是故就内圣学言,根本反对宗教之天帝及哲学之杂于神道思想者,要归于克治小己之私、宏其天地万物一体之量。此即万物同于大通之实义。若建一元于万物之上,将为大通之障也。就外王学言,根本消灭统治。"首出庶物",以裁成天地、辅相万物为大业。以"群龙无首",为人道"皇极"。首出庶物,后当详之。裁成、辅相,曾说在前。宜复看。群龙者,全人类之道德、智慧以至知识、才能,皆发展到极盛,是谓群龙。古代以龙为至灵至贵之物,全人类皆圣明,故取譬于群龙也。是时人类皆平等,无有领导与被领导者之分别,故云无首。无首者,无有首长也。皇极,见古书《洪范》。皇,大

215

也。极,至也。人道之真、善、美,达到至极处,曰皇极。此亦万物同于大通之鸿轨。大哉圣人之《易》也！以万物之一元,归藏于万物自身。不离开万物而独建一元,以万物为其所统。自然之广大,人事之繁赜,无所不包通矣。包者,包含。通者,贯通。自然,指宇宙万有而言。

《彖传》修辞极精妙、极谨严。乾元、坤元二名,以一元依从于乾坤,隐寓不许以一元统万物之密意,深远细密之意,曰密意。千古莫得解人。《大易》一经,贯穿名、数、性、灵、质、力,而成兹伟典。名,谓逻辑。数者,数学。性,犹生也,(唐李贤语。)谓生命。灵者,心灵。质者,物质。力者,能力。中国有此大宝物,而毁弃于小儒。汉宋说《易》诸名家,皆承迷继谬,莫能披荆而采宝,拨雾以窥天。莫能二字,一气贯下为句。岂不痛哉！小儒之伪经犹荆棘也,犹云雾也。但其中颇有偶存圣言,有慧眼者自当精择。凡哲学大典,其修辞之例,必与名理无相悖。《大易》一书理论之结构,本乎名数。学者若不通《易》之名理,明儒译逻辑为名理。即难通其辞例。将何从悟入《易》之弘纲要旨乎？汉《易》不识乾元、坤元二名之义例而迷从神道,义例者,名无妄立,必由于义。依义以著例,故曰义例。王船山不识乾元、坤元二名之义例而谬主二元。圣学湮绝久矣！船山《易传》主张乾坤并建,成二元之论。余回忆清末,亡友同县何自新读船山《易内传》至《系辞传》"一阴一阳之谓道"云云,自新谓其辞艰深、难解,余即与自新共细玩之。乃叹曰:船山只是二元论。其难解处,盖不无逞空想去猜拟耳。自新亦云然。余少年时,读船山《易外传》,虽不尽契,而觉其有睿思、特识,汉宋诸名儒未有能及之者也。

《乾·彖》称万物资始,《坤·彖》称万物资生。郑玄注曰:"资,取也。"郑氏释字义不误,独惜其未闻《易》道耳。道,犹理也。言其未闻《易》之至理。(理之深广至极者,曰至理。)郑之迷谬,已说在前,兹不赘。两《彖传》"资"字关系重大，与上文乾元、坤元二名之义例适相应合。云何应合？承上，而设问也。此下，即答。余详玩《大易》之宇宙论，以万物之一元归藏于万物自身。不离开万物而独建一元，以万物为其所统。不离开三字，一气贯至此。此在上文，已经说过。余以为穷理至于实体，确是宇宙人生根本问题。千古哲人每于此处，多方推度。多方者，谓设为种种理论，层复一层，其实皆空洞无据之论也。度，读若托，亦推求之谓。卒至推度愈深，眩惑滋甚。哲学界戏论纷纭，所以莫餍人意。孔子对此重大问题，独解决得极正确、极分明，可谓空前绝后之奇绩。孔子不许建元以统万物，并非不承认万物有元，但当以一元归藏于万物自身。此其真知正见所决定也。夫惟一元归藏于万物，故克就乾而言，则一元为乾之元，是曰乾元。克就坤而言，则一元为坤之元，是曰坤元。如此则不是一元得为主以统乾坤，恰好是乾坤各为主，以各有一元。譬如众沤各为主，以各有大海水，并非大海水可为主以统众沤。大海水已化成众沤，本未有离开众沤而独存之大海水故。故乾元、坤元二名，均是以乾、坤为主词，而一元乃依从于主词，以受乾元、坤元之称。称，犹名也。此其所以然者，孔子之宇宙论，其根本原理惟以一元归藏于万物。易言之，即是乾坤万象同以一元为其自有之元也。万物不是离乾坤而得有，乾坤亦不是离万物而别为独立的东西，故乾坤即万物也。前文可复看。综前所说，可见乾元、坤元二名之立，适符合于其根本原理。根本原理，即是以一元归藏于万物。余在前文，曾以伪经《系辞传》所说"《易》有太极，是生两仪"云云，是小儒采入古术数家之说，格以孔子之《易》，其为邪说无疑也。《系辞传》，古称《易大传》，不知何人改其称。据《史记·孔子世家》，《系辞》是卦辞、爻辞，非《易大传》也。小儒此段文，开始便提出"太极生两仪"云云。古训极为中，其义是屋之栋。栋者，屋之中高处也。汉人说太极为主气之神，亦名太一。神必在中高处，所以取象于栋，名之为极。两仪，阴阳也。阳仪为天，阴仪为地。据此，首以主气之神生阴生阳，即生天生地。是立一大神以统阴阳或万物，明明是古代宗教之说。孔子作《周易》创明体用不二之论，不许立一元以超脱于万物之上而独在以主统万物，不许二字，至此为句。正是攻破宗教。小儒"太极生两仪"之辞，恰与教典符合。其对于孔子《乾》《坤》两《象传》之辞例，则完全违反。朱子尊濂溪《太极图说》，其陋若是。不考汉《易》之过也。有问："先生反对《太极图说》，而有取于太极图，何耶？"答：此图表示一元实体之内部含藏乾阳、坤阴两性，即性灵与质能等复杂性皆缊于其中，此中性灵之性字，谓生命。灵，谓心灵。质能见前，可不赘。全是《乾》《坤》两《象传》之旨。其名为"太极图"，当是六国时术数家改易之名，其原名今不可考。余断之以义，今当正名乾坤一元图。

余在前文，举乾元"万物资始"，坤元"万物资生"。而谓两"资"字，同训为取。资取之义，恰与乾元、坤元二名之辞例相应合。其故，何耶？资取一辞，即表诠万物非无共有之一元。但不可臆度一元是超越万物而独在，臆度者，徒逞意想，妄猜度故。度，读若托。不可妄说一元能生万物，一元非作者故。作者，犹云造物主。此者字，正指造物主，非助词。先民迷信有天帝，能造作万物，故名作者。此名，本于中译佛典。唯心论的哲学家说一元，杂染宗教神道思想，其言一元便与作者的意义相近。孔子完全扫除宗教，其云一元，是就万物本身自有真实源头而说，万物非空非幻故。小儒有"是生两仪"之太极，便是古代迷信天帝之遗教。汉《易》诸家一致遵守，宋人自周濂溪作《太极图说》，二程表面上不守师说，而实阴用其术。二程文集颇有根据《图说》而作之文，此不及引。《伊川易传·乾卦》注，首提出天帝。明道有吾儒本天之说。本天者，言儒学以天帝为其大本也。小儒确如是。以此诬孔子，则愚陋而不自知其过也。朱子尊信《图说》殆与《六经》同类。宋儒颇欲自别于汉世小儒，其实乃汉人之支流耳。余平生于宋学无甚好感，非敢薄前人，顾此等障碍不指出，孔子之道难明。两宋以来理学之徒，尊程朱以继孔，而孔学真绝矣。学《易》者不当为宋人所迷。吾说至此，虽未免枝蔓，而实有所不容已也。宋人迂陋、空虚，而以继孔自居。后之人倘有志乎儒学者，不可不切戒也。今当回顾上文，略发前所未竟之意。未竟者，前所欲说而未及说故。圣人言万物资取于乾元，以成其始；言万物资取于坤元，以有其生。余谓资取一字与上二名应合者。经文，只一"资"字。但资字训为取，余即以资取合用之，实则仍是一资字也。上二名者，谓乾元坤元二名也，下仿此。前文已言，孔子惟以一元归藏于万物，即是乾坤万象同以一元为其自有之元也云云。可见孔子《周易》不许有超脱乎万物而独在之一元，不许妄说有独立于万物以外之一元能生万物。孔子确乎肯定万物为主，尊重万物之自力，尊重万物之威权，故肯定万物共有一元，不空、不幻。但一元不是离开万物而独立，譬如大海水不是离开众沤而独存。大海水，以譬喻一元。众沤，以譬喻乾坤或万物。是故应说，一元是万物自身本有之内在根源；应说万物是资取于自身本有之内在根源，以成其始、以有其生。此乃通乾元与坤元而总言之。譬如众沤各各皆以大海水为其源，而实则每一沤之自身皆是大海水。如甲沤，是以浑沦不可分的大海水为其自身；乙沤，亦是以浑沦不可分的大海水为其自身。

乃至无量的沤，皆然。是则众沤之源，明明不在其自身以外。由此
譬喻，可悟万物之一元，断无离开万物的自身，脱然独存之理。
是故圣人说万物资取于乾元以成其始，资取于坤元以有其生。
乾元、坤元，皆就一元之为万物所自有，而立此二名也。

夫惟一元遍在于万物，遍者，普遍。言一元无定在，而实无所不在
也。譬如大海水，遍在于众沤。故万物各各皆备有一元。每一物皆以一元的
全体为其所自有，非于其全体中仅有其一分也。故曰万物各各皆备有一元。
譬如众沤各各皆备有大海水。易言之，每一沤皆于大海水有其全，非于全中仅
有其一分也。圣人以一元归藏于万物，非有意作此想，盖明察事实
如此也。惟一元不在万物自身以外，故说万物各得资取之，以成
其始、以有其生。若一元本在万物以外，则万物何从资取得来
乎？譬如桃树，自其萌芽以至开华、结果，无量发展，要皆资取于
自身本有种子，含藏复杂性。故其发展愈繁愈盛，成始成终耳。
若桃树种子是离开桃芽与根干乃至华、果以外而别为独立之一
物，则桃芽乃至华、果将从何处得有资取，可成其始、可有其生
乎？世俗或以为芽生，而种子不存。此乃大谬。芽之始生也，资取于种子，以
成其始。当此际也，种子变为新芽，只改换其旧形耳，非种子消灭不存也。种
子含藏之复杂性，亦随新生之芽，及新生之根干，乃至新生之果，相与俱转。不
可以为芽生，而其种子与种子含藏之复杂性都消灭也。（不可二字，一气贯下为
句。）昔人有言，小物可以喻大，广大的道理，可取小物为譬喻，而发悟也。
近事可以见远。此言由浅近之事，而推见深远之义也。吾侪睹桃树种
子含藏萌芽、根干乃至华、果等等复杂性，由此取譬，可悟一元实
体之内部含藏复杂性，非唯一性。万物之乾坤二性，皆由一元实
体内部含缊其端。端，犹始也，亦犹因也。以其为未来发展之母而言，则曰

因。以其为太初已有，将于未来世有著现与发展之可能而言，则曰始。故就万物之乾阳性，而说乾有元；就万物之坤阴性，而说坤有元。圣人以万物为主，尊重万物之自力，尊重万物之威权，不许有离开万物而独存之一元。惟以一元归藏于万物，又以万物本有乾阳坤阴二性，不许剖割万物发展的全体，而妄行取舍。不许二字，一气贯下为句。乾性，为性命、为心灵；坤性，为物质、为能力。舍坤性而独取乾性固不可，舍乾性而独取坤性亦不可。万物本有如是多样性，便依据事实，不以己意妄行取舍。万物不是从空无中幻现，故肯定万物有一元，肯定万物之实体内部含藏复杂性。性者，性质之简称。下言性者，皆仿此。易言之，即万物的乾阳坤阴两性之端，乃为一元实体之内部所含缊潜藏也。端字，见上。可复看。从万物之乾性而言，则说一元为乾之元；从万物之坤性而言，则说一元为坤之元。万物资取于自己所有之一元，以始、以生。自己，设为万物之自谓。不是一元超越于万物之上，能生万物。不是二字，一气贯下为句。古术数家说"《易》有太极，是生两仪"云云，小儒采之，以造伪经，而变乱孔子之《易》。伪经，指伪《周易经》。二千数百年来莫有辨者，岂不怪哉！孔子说资取一字，正与乾元、坤元二名应合。乾坤并以一元为其所有之元，明示一元不在万物自身以外。资取之义，则以万物自为主故、自有力故、自有权故，能取诸自身本有内在之元，以成其始、以广其生。万物是大生、大有，日新不已。《易》有《大有》一卦，万物皆大有也。非空非幻，真真实实，富有不竭，故美之曰大也。下仿此。宇宙是大生、大有，日新不已。人生是大生、大有，日新不已。孰是有智而忍妄构一实，以统万有？构者，起意造想。一实者，哲学家有建立本体，谓其真实不虚，是为无对。侮万物为刍狗，老氏之世界观与人生观，只如是耳。**悲三界为火宅,**佛说三界,其中欲界即指人类生活的世界。别有二界,神话耳。**号众生为假者,**佛说众生,为人与动物之通称。但人为众生中之高级,自不待言。佛说人,非实有,故予以别号,曰假者。云何人非实有?盖以所谓人者,只是心的许多作用,以及身的五官百体等等现象,互相积聚一团,便叫做人。其实,这一团东西全不实在,比芭蕉还要虚伪得多。(此中虚伪一词,不涉及道德。佛氏盖以人的身心一团气势,本来空洞,如浮云一般,不可看作实在的东西,故说虚伪。)人的这一名字,元是安立于一团虚伪的东西之上。若把这一团东西分析来看,试问还有实在的人在何处?释迦氏之怪论如此。有人说,此论可为贪人昏子作棒喝。(为,读卫。)余曰:不然。恶人闻此论,决不会被释迦激动。好人闻此论,只有更加消极。只有教人对于宇宙、人生,求得明睿正大与精确的解悟,自有向上之几。丑诋人生,厌离世界,决无善果。山东大学教授许思园云:"专从好的方面看人生,掩蔽了人的罪恶,亦不必佳。"余曰:吾子之言颇有道理。若以发扬好的方面为主,以惩戒坏的方面为辅,不亦可乎?倘专从坏的方面看人生,徒见大宇是凶猘之场,人间是罪恶之薮,而自心亦因接触所及,多不幸之感,将流于狭碍、冷酷而不自觉。甚可痛也。昔者,余亦尝从坏处看人生,衰年而后自悟其非也。**种种倒见,余未知其可。**见解失其正,曰倒。万物皆有内在根源,人生自有天然实性。**何可尚僻见,逞异论,以非道为道乎!**

资取义趣,已释如上。趣,犹旨也。今当略说"资始""资生"。圣人于乾道说万物"资始"者何? 始,有二义:

一、乾道,主动以导坤。故乾称大生,坤曰广生。坤之广生,乾为其导也。万物资取于乾道,坤与乾合德,万物始生。此为第一义。

二、太初鸿荒,万物未形,自无万物以形相生之事。生物既出现而后,物各传种,才有以形相生。况复太空洞然,诸天体犹未凝成之日,生物当然不能有。然则万物之始,其必以凝成物质宇宙为大始欤! 大者,赞词。坤为物质,此处物质一词,即指坤而言,与上云物质宇宙之物质一词,实有分别。坤虽是物质,而其自体是流动的,并未凝成个别的实物。物质宇宙,(即个别的实物。大自太空诸天体,细至一微尘,无量实物通称物质宇宙。人和动物的肉体,亦是物质宇宙之一部分。)则是物质凝成的。易言之,即是坤凝成的。《大传》云"坤化成物",(坤有实质,犹云物质也。但此云质者,并不是坚固的东西。下物字,指个别的实物。综合一切实物而言之,则称物质宇宙。)经有明文也。化成万物者,固是坤之所为。此中万物,专指有实质的一切物,即上云个别的实物是也。然据孔子《周易》之例,坤不独化,必待乾之力主动起变以开导坤,坤乃承乾而化与乾同功,乃得凝成万物。乾,是大生、大明、健而又健、进而又进之力,大明,见《乾卦》。大生,见《大传》。健健、进进,皆乾之义也。此其所以能主导乎坤,遂成万物也。一元唯心论者唯乾无坤,则是主张独变,无异于宗教家信仰天帝之神力耳。一元唯物论者唯坤无乾,则是主张独化,虽复破除天帝,而博观物理人事,未有单独一方可以起化者。孔子创明一元实体之内部含藏复杂性,即乾坤以异性而相反相成。非洞彻变化之渊海者,可与之谈斯义欤! 变化之义,深广至极,故以海喻之。渊者,言海之深也。物质宇宙既凝成,未几有生物出现。由坚凝闭塞的物质,变易而为生机体。此非乾主变而坤与之俱化,何得有此奇绩乎? 生物之始,当然由乾坤变化之所为。万物既成,则是万物已将一元与其所含藏之乾坤两性资取得来,成就了自己。自己,设为万物之自谓。凡言万物,即摄人在内。他处未注者,仿此。故无有离开万物而独存之乾坤。前云乾坤即是万物者,此其故也。万物如能不为小己之形体所拘缚,而能含养

223

与发展其本有之元,即扩大其主动导坤之乾,所谓大生、大明、健健、进进,不坠于小体,不离其大体。小体,谓小己。大体,谓宇宙万物通为一体。自私自利便是坠于小体,与万物共休戚便是不离于大体。万物始达到其最高之祈向,所谓至善境地欤!

善哉!《易大传》之辞曰:"乾以知来,坤以藏往。"云云。乾知之知,不可作全知全能解,乾不是上帝故。亦不可作知识解,乾不是人故。然《大传》则于乾而言知,何耶?盖以乾有照明之性,本有发展为人的良知或智慧的可能。如不承认乾性有此可能,则后来生物进化至于人,高级心灵出现,得有格物的知识,岂是偶然从无中生有乎?衡之以理,必不然也。盖所谓乾知者,只谓乾有照明之性,不可以为如人之有知识一般。《乾卦》称乾曰"大明"。(见《象传》。)余谓乾有照明之性,即依据圣言,非以己意妄说也。汉宋群儒治《易》者,其于此处,或置之不问,或未通而胡说。此处有错误字,从来无发见者。余谓上句"神以知来",神字当是乾字,而误为神。然神者精神,非上帝,尚无大失。下句"知以藏往",知字当是坤字,而误为知。虞翻注此处云:"乾神知来,坤知藏往。来,谓先心。往,谓藏密也。"李道平疏曰:"圣人取七、八、九、六之数,知来而藏往。未来者以此知之,故来谓先心。已往者以此藏之,故往谓藏密。盖《易》例,以未来者属乾,已往者属坤。"云云。按虞、李皆就占卜解释,是乃大谬。又坤性迷暗,而虞云坤知,李亦莫正其误。但李举《易》例,以未来者属乾,已往者属坤。此宜注意。汉《易》,时存孔子《周易》之例,甚可贵。道平每寻求《易》例,是其长。独惜其考例,而不必能通其深广之义,犹困于小儒迷雾中也。道平云,未来者属乾,已往者属坤。措辞欠妥。经云"乾以知来,坤以藏往"。辞极简,而含义宏大深远。余尝思之：综观宇宙，从无始至今趋于无尽之未来，本是变动不居的全体。无始，见前。其变动也，或如佛氏所谓一团迷暗势力，乱冲乱动欤？抑隐存有目的，而以刚健大力，奔赴无尽之前途浩然直往，永不退坠以非无鹄，故不厌倦欤？鹄者，古代射者必于相当的远处设鹄，目注于其间，发矢必正投于鹄。世遂以鹄为目的之譬。佛氏迷暗之论，余平生随处体会，终未敢苟同。随处体会四字，其中所包含的一切经过，如详写出，甚有义味。佛氏持此说决不偶然，后人轻于信从，罕能了解他的经验，盲从而已。轻于反对，而自家对于宇宙人生诸大问题，未曾用过苦功，一方仰观、俯察，远取诸物，一方近取诸身。（未曾用三字，一气贯通至此。）此等功力，不苦作一番，自家两手空空，没有握住明灯，何能了解佛氏经验。反对他，只是自堕迷坑，如何干犯他得上？（他字，指佛氏。）宇宙是否从一团迷暗势力开发？人生是否凭他一团迷暗势力冲动？圆颅方趾之类，如自信是有智慧的灵物，何忍不切实钻入此一大问题中求得明确解决。中国从来学佛人，其发心痛切，专在轮回一事上。明明是一个自私自利的心，还怕死后没有小己存在，要为他求福果。（为，读卫。）哀哉！宇宙万物毕竟是大生、大有、日新不已，人生毕竟是大生、大有、日新不已。人如真正做到不坠于小己，不离其大体，便无小己之死亡可顾念。余始而研究佛，中间怀疑佛，终乃因一隙微明，自信有符乎《大易》。自是而随处玩《易》，仰观俯察，远取诸物，（自然与人事，皆物也。）莫不玩《易》，而考核于当前活物的经验。近取诸身，莫不玩《易》，而返观内部生活，是否有如洪流澎湃，上下与天地同流，（洪流云云，以譬乾阳大生之力。澎，读彭。湃，读若派。水流声。上与天同流，下与地同流，即充塞乎全宇宙也。充塞，见《孟子》，犹云充满也。）充实不可以已。（孟子养浩然之气，确于自身中体会到生命之流，是遍在乎小己与天地万物通为一体的。"不可以已"四字，含义深远。充实故，自然不可已止。此大生之流，虽资取之于天然，而含养与扩大，毕竟须尽自己之力。孟子误于小儒之学，余甚不满之。但于其立本工夫,不敢不服膺。)"如鸢飞鱼跃,活泼何间于物我!(何间者言其同一活泼,无有万物和我之间隔也。)如窗前绿草,生意与自家意思一般。"(此周濂溪语,古今玩弄哲学理论者,恐未易有此境界。)余于《大易·观卦》,"观我生"之冲旨,盖不忍不自振于衰年。(《大易》"观我生"三字,学人不堪忽视。)《大易》创明生命是全体性。(每一物或每一人各有的生命,即是天地万物共有的生命,所以说为全体。此义,已说在前。)王阳明以人类之有同情,乃本乎一体之流露。其云一体,即全体之别称也。(阳明说天地万物是一体,见《大学问》。此乃示门人之笔语,或不过百字。一者,非算数之一,盖以生命不可分故,谓之一。即明示生命是全体性也。)阳明就人之同情,征明物我本来一体,自然痛痒相关。(鸟兽亦有同情,阳明只就人说耳。)阳明以天地万物一体之论,揭示道德与事业之根柢。既不忍脱离群众忽视事功,更不忍学人之空谈道德而疏于实践,于是倡导知行合一。将道德、事业融成一贯。阳明以身作则,继述孔子《大易》之道也。独惜其杂染禅法,(法字指佛家禅宗之义旨。)丧失孔子提倡格物之宏大规模,王学终无好影响。此阳明之巨谬也。佛氏出世法,(法字,谓佛家教理。)以一大迷暗势力,为宇宙人生所由始,是其根本错误。其为道也,毕竟欲导众生皆投合于不生不灭之法界大我,安住寂灭,以此自别于空见外道。实则众生如果可以同归寂灭,则已灭绝生命矣。不谓之空见,可乎? 佛氏之大谬,盖以迷暗势力当作生命,故欲灭绝之耳。然其迷暗之说,亦有由来。余欲续成《明心篇》下,再详论之。余在前文,不以轻于反对佛说为然者,正欲人之返观内部生活,有无迷暗势力潜伏耳。此是人生不可自欺处。佛氏返己,照察迷暗,其用功甚严密。独惜其于源头处,无真认识;(源头处,指孔子所发见之一元实体。)于迷暗之所来,亦未求其故,遂有消灭生命之幻想而成为出世的宗教耳。此段注,太长。余随感触之所及,随便写出。亦未及整理也。**佛氏迷暗之说,虽亦有由来,而根本错误,无可赞同。他日当别有辨正。目的之论,有大不可通者,略说以二。乾主变以开坤,坤承乾而起化。此为一元实体内部之异性交推,遂成变化耳。**交相推动,曰交推。两性相反，曰异。异故，相推动也。目的缘于有意。譬如人有所行动，必其意想中有目的，故动。意中起想，曰意想。未有无的而动者也。目的，简称的，下仿此。譬如射者，决不无的而放矢。射者所设之鹄，即其的也。世人妄动，亦非无的。如贪不义之财，本妄动也。而人为之者，其目的在得财故也。动必有的，人事诚然。今若据人事以类推乾道变化，此乃《乾卦·彖传》之辞。下文当引释。余以为不可。乾，无意想，不得谓其变化有目的。此其大不可通者一也。宇宙大变化，指乾道变化而言。故故不留，故，犹旧也。旧而又旧，曰故故。旧有之物，变而革去，即便生新。新物方生，俄顷成旧，又当变革。（俄顷，谓极短速之时，犹一瞬也。）如此，则旧物逐层变革殆尽，是为故故不留。新新而起，每一瞬间都革去旧物，即是每一瞬间都创生新物。通无量的瞬间而言，瞬瞬总是故故不留，新新而起。不由预定。设若乾道变化有目的者，即是万变万化万物万事，一切都由预定，何有变化可说乎？此其大不可通者二也。目的论与迷暗说，两家相反，要皆不应事理。不应，犹不合也。余惟《大传》，乾以"知来"、坤以"藏往"之义，甚深弘大，惟，犹思也。足以发乾坤之缊，而正两家之误矣。乾以"知来"，何耶？乾无意想，即无知识。然乾有照明性，非迷暗也，故云知。但此知字，不是知识之知，乃不迷暗之谓耳。来者，未来。乾之为用也，一元实体之变动即名功用，亦简称用。曾说在前。功用不可破析，却有两方面，曰乾、曰坤。乾的方面，则主导乎坤的方面者也。健健无息，进进不已，无有一瞬一息守其故，无有一瞬一息而不疾趋未来。注意。故乾者，不留已往，不住现在，而常作未来之前导者也。知来者何？知者，不迷暗之谓，已说如前。乾之疾趋于未来也，本无预定之目的。而以其不迷暗故，自然有随缘作主之势用，决不

227

是乱冲乱动。谛观宇宙发展之序，谛，犹审也，实也。不妨大别之为三层：曰物质层，曰生命层，曰心灵层。此三层连接之序，殆自然之理、必然之势也。物质层未凝成，生命不得出现，生物发生之条件尚未具备故。生命层未增盛，心灵层不得彰著，生命如太阳之热力，心灵如太阳之光焰故。生命心灵不可离，犹日光与热不可离也。

问："先生已说，乾有随缘作主之势用，而未及详，闻者莫解。"答：余欲人体会《乾卦》之六爻，而自得之耳。今汝问及此，只合略说。乾是大生之力。万物资取一元实体之乾性为己有，己字，设为万物之自谓。是为万物的生命。言生命，即摄心灵在内。坤有实质。万物资取一元实体之坤性为己有，己字，解见上。是为万物的形体。一切物的形体，互相依住、互相联系，是为物质宇宙。言物质，即摄能力在内。质和能本相俱，（相俱者，有质即有能，俱有而不可分，曰相俱。后仿此。）不可分离，犹如生命和心灵相俱，分离不开。有问："既有与物质相俱的能力，何须更有生命力？"答：与物质相俱的能力，自然科学所发见者已甚详明。这种力，人的心灵之力可以操纵他、可以征服他、可以改造他、可以利用他，可以变化裁成他，这种力，本与物质恒相俱，同是阴暗的性质。（与照明性相反故，谓之阴暗。）故孔子以质和能同称为坤，至于生命力，（此言生命力，即摄心灵在内。）是乃统御质和能，主导质和能之殊特力量，所谓大生、大有、大明、健健、进进、新新不已者是也。试以与物质相俱的力和生命心灵的力，作比较之研究，则二方截然不可混同，极显然易见。一颗原子弹可炸毁甚广的地域，其力之强度可以计算。一个忠义兵士在反对帝国主义与殖民主义的战场中，毅然一往直前，攻入敌阵，愿丧身于炮火之下，绝不回顾，绝无恐怖。这种力，即是生命心灵的力。我相信生命心灵的力，强大至极，威猛至极，非原子弹之力所可比拟。原子弹是无知的东西，经人的心思之力使用之，可以炸毁土地等而已矣。生命心灵之力，一方猛攻敌阵，一方要战胜顾虑自己身命的种种牵制力。（生命心灵之视其身命，本是自己所有，不同土地等外物。）并且于牺牲之后，其余力并不随身命而消失，还在同袍与广大群众间发生伟大影响。据此可见，原子弹之力比于生命心灵之力，真是千分不及一、万分不及一。（原子弹之力一千分，不及生命心灵之力一分也。下云万分者，准知。）生命心灵之力，其强度不可计算，此为其独具的特点。举此一例，望深思之。汝以为既有与物质相俱的力，便不需要生命、心灵之力，但汝已有生命、心灵，将奈何？**坤即是质和能**凝成实物，粗大、显著，人皆可见、可触。**乾即是生命心灵**虽本实有，而无质可触、无形可睹，人皆以其出现于物质层之后，于是不信其从无始以来，本与物质恒相俱。于是不信四字，一气贯下为句。孔子乃于《乾卦》六爻取龙为象，象者，像也。以龙之能潜、能飞，与卦爻之义，有相像似也。以阐明乾道发展至于极盛。虽无目的，颇有随缘作主之势用。缘者，如所遇之机势，所遭之环境，所需之条件，通称为缘。宇宙太初，乾以大生之力主动导坤，凝成物质世界。乾变、坤化，乃合德而成物。一性能成万物，无此理也。物质层虽成就，而生物发生之条件未能具备，则乾道无由自见。见者，出现之谓。故《乾卦》初爻取"潜龙勿用"之象，静隐藏于地下，故称潜龙。勿用者，无可展发其德用也。以譬喻乾道即生命、心灵。值勿用之缘，惟有斡运于物质中，斡者，主领之谓。运者，运行。隐藏以大畜而已。畜，犹蓄也。《易》有《大畜》一卦。所蓄者大，曰大畜。谓畜积其德也。此即随勿用之缘，而有以自主也。二爻"见龙"。龙出潜，而见于地面，曰见龙。以譬喻乾道斡运乎物质，卒得有发生生物之条件，物质改造为生机体。生命心灵自此一跃而出现。此亦乾道之随缘作主也。三爻"乾乾"，健而又健，曰乾乾。取象于有龙德之君子，龙之德，能屈能伸。屈而不丧其所守,伸而大展其用。君子,则备有龙德之人也。昔人皆以三爻不取龙象,只取象于人之成为君子者。此说甚误。须知,君子即是备有龙德之人。以譬喻乾道健而又健,如龙之屈伸,健德益固,终必跃进。四爻"或跃在渊",则自高等动物出现时,生命心灵已跃而将近乎天,将近者,犹未能近也。仍退而在渊。未能离乎低级,故云在渊。渊者,低处也。五爻"飞龙在天",此即人类出现时期,生命、心灵发展达于最高级。其进而又进,极乎高飞大跃,故取"飞龙"之象。龙由潜而见,由见而至乎飞跃,故称飞龙。发展抵于最高级,故云在天。是故综上各爻而观之,乾之发展每到一步,即随所值之缘,皆有进而又进之表现,未当停滞于某一阶段。极乎五爻,飞跃在天。终不升上爻者何耶?六爻,从初至五,皆表明生命心灵之发展。上爻乃别明他事。则以生命心灵之发展,毕竟无有止境。故以飞龙在天,明其极盛,而赞扬止于五爻,不至乎上。上爻,盛极而穷之地也。生命岂有穷乎?心灵之运,岂有尽乎?从来圣哲之运用其心,包通万世而无穷无尽也。生命心灵常流注于未来,不宿过去,宿,犹留也。不住现在,常为未来作开导因,为,读若卫。此言乾道(即生命心灵)对于未来,作一种开发和导引的主因。(主因者,主要的因。不同于其他辅助的众缘故。)故曰乾以知来。知来者,生命之流、心灵之运,奔赴乎无尽之未来,健健无息、进进无已、新新而不守其故。持此不失,故得随缘作主而不乱,终乃上极乎大生维亨、大明贞观,圣人是以赞乾道知来之盛也。大生之力,万物各各资取之,以为其各有之生命,实则即是万物共有之生命,已说在前。维亨者,亨,通畅也。万物通为一体,无有下坠于小体而失其大体者,故一切物皆得其生之至正,莫不通畅也。大明者,万物之生皆有天然一点明几,推动天然之明,以历练于事物,则其明睿之力用,日益扩大充盈，故曰大也。贞观，见《易大传》。贞，正也。观者，观察。观察事物之理则，悉符其实，乃至于宇宙人生根本道理，得有正悟，不以倒见，妄为推测。于是熄诸迷暗，至乐斯存，是为贞观。

"坤以藏往"者。藏，犹保留也。往，谓已往。凡已过去者，通称为往。坤为物质，圣言幸存。《大传》曰"坤化成物"，此孔子之言，而小儒偶存之耳。藏往之文，自秦汉至今，二千余年小儒或不求解，或妄解而侮圣言，诚可恨也。乾道知来，恒为未来作开导因，已见上文。恒，犹常也。为，读卫。不住现在，不留过去，此乾性之奇诡也。坤道则有独异乎乾者，云何独异？坤道之性，本与乾道相反。乾性健健，而坤有惰性。乾主进，而坤喜退。乾主创造，而坤乐因循。是故乾道虽以大生之健力开导乎坤，坤不得不顺以承乾而起化，然坤并非完全改易其惰性以从乾。此就乾之知来，坤之藏往，两方正相反处作一对照，则坤之不改其惰性，显然可见矣。

云何藏往？乾主变以导坤成物。坤承乾起化凝成万物，最先成立物质层。乾更以大生之力，开发坤之闭塞与沉浊，改造物质为生机体。自是有生命层、心灵层相继出现。后二层中，生物之机体改造，复杂至极。生机体，亦简称机体。生物种类之演变纷繁，殆难以探寻，难以数计，要皆坤承乾之主导，遂成万物也。今当正明坤道藏往之事。物质层之凝成也，最初当是鸿蒙一气，即气体也。次凝为液体，又次为固体，则太空诸天体渐成立。固体成，而液体已往，坤道犹保留液体之类型也。液体成，而气体已往，坤道犹保留气体之类型也。生机体既出现，生命、心灵二层相继成立，物质层已往矣，而坤道犹保留物质层之类型也。凡物之各别的个体，坤道不得而保留也。坤道所保留者，万物之各种类型耳。太空诸天体,虽是至大之物,余相信每一个天体,都是于每一瞬间变化密移,决不是固定的东西。诸天体终必坏灭,唯诸天体之类型不会灭绝耳。又就生机体的世界而言,低等动物出生,植物已往矣,而坤道犹保留植物的形体之类型也。植物的形体,才是坤之所凝成。此种形体之类型,才是坤之所保留。至于植物的生命,则是乾而不是坤。乃至人的肉体,亦是坤之所凝成。此种肉体之类型,才是坤之所保留。若夫生命心灵,则是乾而非坤,不待言。高等动物出生,低级动物已往矣,而坤道犹保留低级动物的躯体之类型也。人类出现,高等动物已往矣,而坤道犹保留高等动物的躯体之类型也。是故乾以大生之力,主动导坤以成物。坤,一方承乾起化,舍弃万物之各种个体,不惮于创新;另一方保留万物之各种类型,不废已往成绩,俾创生的各种个体诸新物,仍以旧类型出现。此乃坤道藏往之特性也。圣人于《乾卦》,称乾为精。精者,言其至真而无形,其动也至健而不可见其造作之迹。生命力斡运乎物质中,而破除其障碍。心灵主动以应万物之感,用客观之术以了别物,明于物之性、能而变化裁成之,造作大备矣。然造焉而不为主,作焉而不有其功,故无造作之迹也。此乾道所以有精之称也。

圣人于《坤卦》,称坤为理。中文理字,含有条理、形式、法则、规律、轨范等等义。坤有实质,而凝成万物。物之成也,非由于质之杂乱堆集,必依于理乃得成耳。物所具有之理当不一端,而凡物之成莫不有类型,则类型亦是物所由成之理也。《坤卦·文言》曰"君子黄中通理"云云。案《坤》取象于地,地色黄,故黄谓坤也。坤之象,为物又为理。君子,指庶人革命而言。谓庶人一向受统治者之侵剥,视为义之当然。今则通达物理,乃起而行革命之事。此不从虞翻注。

乾以至精而常为未来开其端,为,读若卫。端,犹始也。宇宙所以无尽。此言宇宙，即摄人生在内。无尽者，言其生生不已，无有灭绝的末日也。**坤藏往而载众理，物理世界所以不可厌离。**厌离，见佛典。佛氏观五蕴皆空，首空色蕴。色蕴即是物理世界，此可空之乎？

上文已说"万物资始"，今当略释"资生"。"资生"，就坤道而言也。万物皆资取于坤以成其形体，坤道藏往，万物各有类型相续不绝。易言之，万物皆以形相生也。清夜，开窗望太空众星，今夕之星非昨夕之星也。昨夕众星皆已往矣，今夕众星接续已逝者而新生耳。然人见为犹是旧星者，以其类型同耳。众星皆大物，然旧物才逝即引起新物接续而生，可谓以形相生。植物传种，动物有卵生以至胎生，其为以形相生，更不待言。由万物以形相生故，万物始表现自己有生生之势力，自己有创造一切之权威，自己有为主公之地位。至此，则一元实体与其内部所含藏之乾坤两性，实已被万物各各资取之，以成就其自己。而万物以外，遂无有离万物而独存之一元实体。譬如大海水，已被众沤各各资取之以成就其自己，而众沤以外遂无有离众沤而独存之大海水。汉宋诸小儒说《易》者，其于《坤卦·象传》"万物资生"一语，大概以地能生养与持载万物为言。其持说之观点，直是将地当作坤。殊不知地只是有实质的物，地在太空中并不算大物。地是坤之所凝成而犹不即是坤。《坤卦》以地为坤之象，即以地有实质故，譬喻坤之有实质。确不是将地当作坤。如《乾卦》以龙为乾之象，岂是将龙当作乾乎？地，乃万物中之一物耳，如何可把地当作坤？须知，《乾卦》言"万物资始"与《坤卦》言"资生"，本是各明一义而实不相悖也。乾是大生的健力，是时时向着无尽的未来而开发。万物皆资取乾，以为其生命、心灵。吾人须深切体会，生命心灵的真性，确不肯退回过去和停滞现在,总是要向未来开发的。惟人自有生以后,便有随顺肉体或小己的私欲私意等等染污习惯。这些习惯,形成了各种体系的势力,潜伏在吾人内部生活之深渊,隐然成了吾人的主公。(主公,借用禅宗语。)吾人遂以此主公,认为是自己的生命和心灵。这位主公,便于无形中侵蚀了吾人元来真实的生命心灵。吾人从此遂为一向染污习惯所缠缚,日益退坠、陷落,无有刚健、生生、向上、前进的意趣,自然不会向未来开发。人生到此,便无可返己认识生命心灵的真性。易言之,即莫能体会乾道。**乾是主动,导坤。坤是承乾起化,而成物。故推究万物所由始,不能不谓其资取于乾方成其始。坤有实质故,能凝而成物。万物资取于坤以有其形体,而乾道即是生命心灵。实斡运乎形体之中。坤实含载乎乾,承其开发未来之正向。坤与乾合一,遂有以形相生之创造性的成功。故曰"资始"、"资生",各明一义,实不相悖也。汉宋小儒每将天神当作乾,将地当作坤。地,本一物也。而先民之于地,不仅作物看而亦作神看,先民称地神曰祇。汉宋诸小儒能涤去神道思想者殊不多。程颐《易传》,无识者谓其反对汉《易》。实则程氏《乾卦》注,明明将天帝当作乾。其释坤也,直将地当作坤来说。昔人称伊川详于人事,实则拥护大君耳。(古以天子称大君。)杨氏《易传》,宗主程氏,直是一部史论。进忠言于皇帝,亦犹司马氏《资治通鉴》之意也。**

孔子内圣之学,要在解决宇宙人生诸大问题。其义旨悉见于《乾》《坤》二卦。而《乾》《坤》两《彖传》,辞约义备,允为大宝。玄奘译《大般若经》既成,赞为镇国之宝。余谓《般若》毕竟沦空。孔子《周易》,"观生"而张《大有》。("观生",见《易·观卦》。《大有》,《易》之一卦也。)印度佛徒,未得闻也。孔子密意,余已发之于前。密意者,精密之意。与佛典称密意者不同。今当承前而疏通《乾·彖》,次及《坤·彖》。两《彖传》全文疏释完备,则孔子之《易》,庶几未坠于地。

第二分 广 义

余在疏释《乾》《坤》两《象传》之前,反反复复费了不少的言辞。反复,犹重复也。(重,读如虫。下同。)董仲舒曰:"言之重复,其中必有不得已者焉"云云,非好学深思者,不能道此。《大般若》六百卷,乍读之几乎皆重复之辞,学者每厌倦而不获读竟。近见沪上有刘静窗苦心读毕,又加温习,谓乍读亦觉重复,深玩则每一大段文中,皆有特殊的新意。此其自得之言。余所以不惮反复其辞者,约有六义:一、体用不二,易言之,即是实体与现象不可离之为两界。两界,犹云两重世界。二、一元实体之内部含藏复杂性,非单独一性可成变动。三、肯定万物有一元,但一元即是万物自身本有之内在根源,不可将一元推出于万物以外去。宗教家之上帝超越于万物之上,而别为一世界以统万物。哲学家建立实体,以说明万物所由始者,其持论或杂于神道,则其过失亦同于宗教。孔子《周易》,摄一元以归藏于万物,摄,犹收也。于是万物皆为造化主公,万物皆有自生自育之力,皆有创造一切之威权。四、宇宙万有,从无始以趋于无尽之未来,是为发展不已的全体。哲学方法,当以综观大全为主,而分析之术可以兼用。西学唯心、唯物之分,是剖割宇宙,逞臆取舍,不应事理。五、乾坤之实体是一,譬如众沤之自体,同一大海水。而其性互异,遂判为两方面。判,犹分也。乾坤只是两方面,不是各别独立的两物,以其实体本一故。乾坤两性之异,乃其实体内部之矛盾也。乾主动开坤,坤承乾起化,卒乃化除矛盾,而归合一。宇宙大变化,固原于实体之内部有矛盾,要归于保合太和,乃利贞。贞者,正而固也。此言保合太和之道,利在持之以大正,而能坚固不渝。此人道所取则也。则,犹法也。取则,犹取法。六、孔子之外王学。王者,往也。天下为公之大道,人类之所共同向往,而必定实现者也。外者,对内而言。孔子

235

之学，包含成己成物两方面。成己，则由格物致知而上穷万有之原，反观我生之真。以其知识之所及，彻悟之所至，征验之于日用作为之际，期于道德、智慧、知识，融成一片。如是，则己不虚生，卓然树立人极，弘大人道，是谓成己，是谓内圣学。（格物者，穷究万物之理。致知者，即由格物而得有精密、正确的知识，益求推广也。万有之原即是我生之真，我生之真即是万有之原，实不可判之为二也。原，犹源也。知识必由乎客观的方法，征验事物而得。彻悟发于内部天然的明几，综观宇宙之大全，洞彻万物之源底。源者，根源。底者，底里。是乃智慧之事，非有内部生活之修养者莫由致。人极者，极字本义为屋之栋，引申之则为大中、为至高。此言圣学为人道树立大中与至高之矩则。此处为字，读卫。）外王之学在成物，明大公之正则，（详《礼运经》。）立均平之洪范，（详《周官经》。洪范，犹大法也。）建人类共同生活制度，（《礼运经》有天下一家之论，其旨在建立全世界人类共同生活制度。）以祈至乎"范围天地之化而不过，曲成万物而不遗。"（范围天地云云，《易大传》之文也。天地之化，指大自然之变化。自然之化，不能无过失。范围者，以人工裁制之，使其无过失。如水灾至巨，电亦能伤人损物。自人类之科学知识日益精进，能征服与利用水电，其利益乃至普遍。此一例耳。曲成者，随万物性、能之所短所长，而扶助之，改造之，补救之，操纵之。导其长以扩大之，违其短而勿令留存。《易大传》所谓变化裁成乎万物，一言尽之矣。如动植物之品种皆可改良，人之智愚不齐者可普及教育使之进于齐。其他不待论。曲之为言，盖随物之不齐，而成之不一其方，故曰曲也。不遗，最要。万物至繁赜，必使大宇之内无有一物不获成就者，故曰不遗。不遗者，无有一物被遗漏而不得成也。）是为成物，是谓外王学。（王之为言，以其为万物之所共同向往之道。故此王字，不是帝王之王。切勿误会。内圣，成己，对成物而假说为内。外王，成物，对内圣而假名为外。实则内外不可分，己与物本一体。孔子之《周易》哲学，本是内圣外王一贯之学。然虽一贯，却不妨说有成己、成物之两方面。因此随便说成己之功力为内圣学，成物之功力为外王学。其实内圣外王，不同学术上之分门别类，只是孔子《周易》

哲学不妨分说如是两方面而已。凡余之书，提及内圣外王两词每自为注，辄随便省简其辞。今于本书此处特留意求详，而字字皆根据先圣本义，不敢以己意妄传，庶几免于侮圣言之愆。）自孔子在世，其弟子之顽固者犹笃守古帝王之小康礼教，而反对革命，反对大道。及六国时，诸小儒扬复古之焰，秦人以西戎凶悍之习，并吞之势已成，大道之行遂绝望矣。孔子于《乾》《坤》二卦，创明废绝君主，首出庶物，庶物，犹庶民也。以"群龙无首"建皇极。《乾卦》六爻皆阳，故取"群龙"之象。此言将来全世界人类，智慧、道德、勇力，莫不平等。故譬之曰"群龙"。其时人人皆自主，又皆互相比辅。（比者，互相亲爱如一身也。辅者，一切行事互相辅助合作也。）无首者，无有首长也。皇，大也。极，中也。建立大中之矩，曰建皇极。万物各尽所能，各足所需，各畅其性，各舒其志，各抑其私，而同于大公，协于至平。是为人道之中正。领导人类者，顺众欲以同万物，（众欲，则公。私欲。即违众。）合众智以成万事。久之，万物振奋，而群龙之盛可期矣。《春秋经》与二《礼》同出于《易》。

　　如上六义，皆于疏释《乾》《坤》两《象传》之首，特揭其大略。而两《象传》开端之辞，《乾·象》曰："大哉乾元！万物资始，乃统天。"《坤·象》曰："至哉坤元！万物资生。"云云。此两《象传》开端之辞也。则并取而总释之于前方，以为发挥六义之所依据。两《象传》以极简约之辞，摄无量义。此云摄者，包含之谓。余所撮举之六义，乃无量义之根极耳。根者，根本。极者，犹云最高原则。根极先明，而后将两《象传》逐句分释。惟欲学者无随逐一一单辞，而丧其弘大深远之义旨。惟欲二字，一气贯下为句。西汉以来二千余年，圣文湮塞，是可憾也。凡余之书，时载诘难之言，余皆答辨，而不载其名氏。皆近十余年间所接触者，余不能忆其言出何人，非故略之也。此中既综举六义，以结前文。今当承前释《乾·象传》。其开端之辞,已释在前者,可不赘。其字,指《乾·象传》。后简称《乾·象》。

《乾·象》之开端,"乃统天"一语,前文略释而未终。其所以未终者,正欲先陈六义,则统天之论可不繁辞而易了耳。《乾·象》统天之天字,本谓诸天体,即太空之无量大物也。太空之天体极多,不可数计。海岸、大沙漠沙数,犹不足喻其多。故以无量言之。其云统天者,谓心灵统御诸天大物也。大物且为心灵之所统,况物之细者乎?言心灵,即含摄生命。生命斡运乎物质之中,而能转化物质为生机体故。又复应知,心灵与生命,非两物故。宇宙之发展,物质层先凝成。而后生命层、心灵层相继出现,此乃自然之理,必至之势。物质层未成,生物无有依住,无所资以长养。生物不得先出现,理如此,事势亦当如此。既非有造物主作意安排,造物主是幻想所构故。更非物质可能产生心灵与生命,因果无有少分相似处故。倘谓物质为因,能产生非物质的果,则是因果无有少分相似处。断无此理。少分,犹俗云至少的一点儿。生物既出现,生命、心灵即从隐藏中显发出来。《乾卦》初爻"潜龙",以譬生命斡运乎物质中,为隐藏之象。二爻则龙出潜而现于地面,以譬生物出现,即生命心灵显发也。自此以往,宇宙由凝固、闭塞、重浊的物质,骤变为生机洋溢,活泼泼地。古诗云:"鸢飞戾天,鱼跃于渊。"描写万物活活跃跃之象。万物本来同一大生命,充沛流行,无间无熄。无间者,无隔也。无熄者,舍故生新,无穷尽也。斡运乎无量物质世界中者,伟哉,其惟大生乎! 故曰心灵统御物质也。此中"世界"一词,须善体会。一秋毫或一粒沙子,皆可说为一世界。何以故?秋毫及沙子虽微小,而皆与无数太阳系统相关联,不可分离故。故一秋毫或一粒沙子,皆是一世界。大生,生命之别一称也。屡见前。心灵与生命不可离之为二,故生命斡运乎物质,即与心灵统御物质不异。(斡者,主领之谓。运者,运行。与统御义相通。)又人类心灵作用,已发展极盛。吾人如肯运用此心之明几,心灵,简称心。讲求客观方法,以深入乎物质,便可得到成体系的精密、正确之知识。知识即是权力,即足以裁成天地,变化、改造、操纵乎万物,而满足吾人利用厚生之需要。可见心灵主动开物,其事实无可否认。总之,统天之义,大概就心灵统御诸天体、大物而说,《易大传》"裁成天地"与"范围天地之化而不过"诸论,皆盛演《乾·彖》统天义也。实亦通指生命斡运物质而言。但尚有连带之义,亦须提及。云何连带?上古之民,一方认识诸天体是太空中大物;另一方又迷信诸天体是天神之形,如指彼苍为天帝、指北辰为太一之类。汉《易》称太一为主气之神,夏、殷至于战国,天神甚多。此不及详。中国古代多神之教盛行,盖由于古帝王以上帝为其所独有,诸侯犹不得祭,况其他乎?因此,自王朝大臣及列邦之君以至庶民,皆不敢致敬于上帝,不得不别求可以皈仰之神,而神于是乎多矣。孔子恶夫多神教,阶级甚严,欲破群俗之迷,故说心灵能统御诸天。其言固出之以戏谑,戏谑,复词。谑,亦戏也。实则欲人返求诸自心之明,不可迷信神道耳。

"乃统天"句,已释如上。此下诸句,当以次引释。引释二字,见前文。

"云行雨施,品物流形。"

虞翻曰:"已成《既济》,上坎为云,下坎为雨,故云行雨施。乾以云雨,流坤之形,万物化成,故曰品物流形。"见虞氏《易》。余引虞氏此注,以见汉《易》家之解《易》,别是一套作法。与孔子本义,实无关系。虞氏解释云雨二象,便牵引到《既济》上去。《易经》

六十四卦,《既济》第六十三卦也。《易经》本以三爻成卦,而六十四卦都是以上下两卦合成。《既济》之下卦是离卦,上卦是坎卦。以卦象言,则坎为水,离为火。水火相交所以成《既济》。《既济》之上卦是坎,故虞云"上坎为云"。《既济》之下卦本是离,而虞云"下坎为雨",此何故耶?盖因汉《易》家有互卦之说。从《既济》下卦之第二爻,以至上卦之初爻,则上下两卦交互,又成一个坎卦。虞云"下坎为雨",即此故也。问:"虞解《乾卦》,何以要牵涉到《既济》上去?"答:此一问题确是繁杂至极,如欲详说须别为专著。此不及答。汉《易》虽同祖田何,而内部复分家派。如欲详正虞氏《易》,即不得不涉及众家,此甚麻烦事也。清人治汉《易》者,自东吴惠氏、毗陵张氏以至焦循、李道平,其用功可谓勤矣。然诸君总不得抉破汉人藩篱,一放眼光。焦循自命为创作,顾其方法犹是汉人钻小圈子之一套手术,于孔子广大深远之义旨,可谓全不相涉也。况余子乎?后有学《易》者,望勿蹈其故辙,庶几上寻孔子坠绪。清季迄民国名士,无一不盛扬焦氏《易》。

上来不免蔓延,今当正释经文。"云行雨施",以譬喻乾德生生之盛也。乾是"大生""广生"之流,《易大传》有明文可证。《大传》虽以"广生"称坤,而《易》有定例,乾主动导坤,坤承乾而化。坤之"广生",犹是乾之主导也。取云雨为乾之譬,可谓取类迩而见义远矣。类者,类似,犹譬也。迩,犹近也。就所目睹之切近事取譬,而深远之义于此可见。不亦妙乎!夫义理之深远至极者,莫如生生之蕴。《易》之《观》卦曰"观我生"云云。盖返己,而自察生活内容与我生之意义,为慧日欤?为浊流欤?为与万物为一,游无穷欤?为束于小己之形,昏昏狂图,若飞蛾欤?此众人之所昧然不省,而君子之所乾乾终日者也。《观》卦又曰"观其生"云云。盖总观天地万物,而体会其生生不已之健力,是乃无弛散、无穷尽者也。

云何"品物流形"? 案《说文》:"品,众庶也。"品物,犹言众物。虞翻云:"乾以云雨,流坤之形。"其修辞似欠妥。李道平疏之曰:"云行雨施,则坤受乾气而成形。"云云。余案汉儒同以乾为阳气,坤为阴气,故曰坤受乾气而成形也。李君宗汉《易》,其疏《虞》说诚不误。然汉《易》以乾坤为阴阳二气,实承上古群俗之迷,则李君所不辨耳。余已破斥在前,兹不赘。乾是生生不已之大流,故取譬云雨以见其盛大。坤,物质也。由生生大流乾。主导以开物质,坤。遂使物质从生生大流而化成万物,是则一切品物皆由生生大流主导而成其形也。故曰品物流形。《乾凿度》曰:"阳动而进,阴动而退。"(进者,升进。阳,谓生命力,唯向上升进也。退者,下坠。阴,谓物质。物成而凝固,有重浊性,是下坠也。)生命力主导乎物,则物亦从之而俱进,乾坤由是合也。

"大明终始,六位时成,时乘六龙以御天。"

自此以下,不复引汉《易》。汉《易》元是古术数之遗说,与孔子《易经》无关。如欲破之,须别为书。今当据经文,以求孔子之义。上文"云行雨施"云云,明示乾为主导以开坤,即精神斡运乎物质,而化成品物。精神与生生大流,此二词者其名虽异,其实则同。斡者,主导之谓。品物,犹云众物。见前。化字,前文未释,后详。今言"大明终始"云云者,何? 何,设问也。他处有此类句法,准知。大者,赞美辞。明者,照明,言精神本是照明性,无迷暗性也。古代印度哲人穷究宇宙开辟,则谓有一大迷暗势力为其因缘。释迦氏十二缘生之论,无明导首,此为出世法之所由开演。数论宗,更有三德之

说。三德者：曰勇、曰尘、曰暗。暗德，与佛云无明者相同。尘
德，当是指物质而言。勇德，当是指能力而言。中译佛籍称引数
论，有三德名目。文句太简，亦无从详考也。余昔尝语诸生曰，
唯物一元之论，虽不明言宇宙始于迷暗，然其不承认精神是本
有，则质和能的性质毕竟是迷暗。然则宇宙从一团黑暗开发，唯
物论固与佛法数论不异也。此等思想，中国本来无有。惟伏曼
容说《易》之《蛊卦》曰："万事起于惑。"事，犹物也。万事，犹云万物。
非专就人事言。盖受佛氏影响，而误用之以说《易》，不可不辨。

"大明终始"者，何？万物之初生，曰始。万物发展将毕，曰
终。此言乾道照明之性，是万物生生所资之以始，亦是万物发展所资之以成其
终也。万物进化到人类出现，已达于最高度，其发展庶几完成矣。今不曰完成
而云将毕者，人类之道德、智慧、勇力与其经纬天地、改造世界之一切事业，当
进进不息，何可遽说完成乎？将之为言，近于完毕，而实无已止也。追诘宇
宙太初，乾坤浑然未形。诘，犹问也。浑然者，无形无象之貌。宇宙太初，
鸿荒而已，不独生物未有，即诸天体亦未凝成。故乾坤隐而未形。其已有乾
道照明之性，隐而未现欤？乾道，谓精神或生生大流。抑只是勇、尘、
暗三德，聚为一团黑暗力量，本无照明性欤？此一大问题，极难
解答。如将宇宙划成分段来看，当然要断定太初时期，只是一团
黑暗，别无可说。若从宇宙发展的全体而推观之，则充然大有，
层出不穷者，如自物质以至生命、心灵等现象，要皆由于宇宙实
体之内部本来含藏如是种种可能。此义已说在前，不复赘。更
有极可注意者，宇宙自鸿荒肇开，诸天体渐凝成，物质层成就。
自是以后，如生物所需要之条件得具备，便有生物随缘出现，生
命由此活跃。乾道照明之性，潜伏而未一显者，盖自植物出而已

启其机。植物学家察见植物有知觉者，非无实证。植物经历无数的嬗变，进至低等动物，生命活跃增强，心灵亦发露。低等动物又经无数嬗变，进至高等动物，更上抵乎人类，庶几登峰造极。人遂有官天地、府万物之功能与威权。官，犹主也。人能主宰乎天地也。此中万物一词，专指物质世界而言。府，犹宝藏也。此言人以丰富无尽的物质世界，为其宝藏也。原夫人之生也，资取生生大流而生。生生大流，即是动而健之精，故不别言精。精者，精神之简称。见前。既生，则生生大流即是吾人自身内在的生源。吾人与万物生生的根源，曰生源。生生大流，是无定在而无不在。从其在吾一身而言，则为吾身内在的生源。从其遍在于万物而言，则为万物各各自身内在的生源。生生大流，不是超脱于吾人与万物而独在。此须深切体会。吾人与万物，各有种类，要皆后先相继，各以己力开拓其自身内在生源。是故综观宇宙发展不已的全体，则见夫生命、心灵步步出潜而大显，从微而盛著。人之飞跃，最为奇异、特殊。其以强力发展自身内在生源，遂腾生命之热力于大宇，耀心灵之光明于苍穹。虽云有源者不竭，而亦由斯人之能自辟其源耳。总之，乾道照明之性，是实体内含的特性。实体变动而成用，则此种特性发现便为生生大流，为至精之物，所谓乾是也。至精之物，此物字，即回指至精而言，不可误解为物质或事物的物字。假若实体只有单独的物质性，即勇尘暗。而无乾性，照明而无迷暗，是为乾之性。则宇宙全是一团黑暗，而植物以至人类之生命、心灵，将何从得有乎？倘谓物质性能产生非物质的种种异性物，则破坏因果律，其说不可成。是立论者所大戒也。《乾卦》之象以大明为万物之所由成始成终，此与印度古哲宇宙人生始于迷暗之论，两相比较，其短长不难辨也。科学上精严、细密、正确的知识,哲学上会通众理、穷高极深的智慧,乃至审美的鉴赏、知善知恶的良知,岂非《大传》所谓正观于天地,贞明同日月者乎! 按《大传》言:"天地之道,贞观者也。"有解云:天地之道,非妄想所猜,唯胸无杂染,洞然正观,乃有悟耳。此解亦可采。而学者或不肯承认乾性为本有,岂不谬哉! 乾性,见上。

附识: 汉《易》专宗象数,其顽陋之极,乃至谓《易经》无一字不是象。如《乾卦》之象,说大明。此言乾为精神,是照明之性,乃《易经》之要旨,不可误解也。此处若误,则《易经》全部失其旨矣。而以象数为说者,则曰:"大明,日也。"日,即太阳。此见侯果集说。如此昏乱,可奈何! 孔子大明一词,直显乾是大明之性,非迷暗性。显,犹说明也。而宗象数者,竟说大明是太阳,岂不怪哉!

"六位时成"者,何? 六位,六爻也。《乾卦》六爻都是阳。阳者,乾之性也。何谓阳? 下文当详之。而六阳皆取龙为譬喻者,下文"六龙"云云,即因六阳皆用龙作譬喻。古代以龙为灵异之物,能潜能飞,故取龙以譬乾之由潜藏而至于飞跃也。时成者,言《乾卦》六爻表示乾道随时而成变也。乾为生生大流,至精之物,见前。所谓生命、心灵是也。宇宙自鸿荒开辟,物质层先成就,而生物出现颇晚,生命心灵等现象未见。见字,读为出现之现。浅于测宇宙大变者,必谓宇宙唯是物质一元,本来无有生命心灵。殊不知,乾有实而无形,乾即生命心灵,有实在的力用。坤有质而成物。质之未凝也,只是轻微流动的东西,亦无物可目见。两方本同一实体,不可破作二物。但坤化成物，即形成多数的个别体。而乾则浑然至一。至一者，谓是全体性，非算数之一也。乾惟以其至一，运行乎一切物中，主领乎一切物中，本非离于物质而独在，仍不失其实体的本然。实体是大全的，及其成为功用，则判为乾坤两方矣。然乾方犹保持全体，以运行与主领乎坤方个别的物。则坤亦与乾合一，仍不失其实体之本然也。此中本然一词，犹俗云本来的样子。故说乾坤不可破作二物。夫乾无形，微妙而难知；坤成物，粗显而可睹。可睹，遂坚执为有；难知，故妄疑为无。

云何《乾卦》六爻，明示乾道随时成变？设问也。生物未出现以前，乾道潜伏于物质层，即生命、心灵不获发出。故以"潜能"隐于地下为譬，此初爻之微旨也。初爻曰："潜龙勿用。"龙蛰藏于地下不起作用，故云勿用。以比喻生命、心灵都未能发出，易言之，即乾道潜隐也。《大易》六十四卦，三百八十四爻，实以《乾卦》初爻为导首。初爻"潜龙"之象，其意义极广大、极深远，《易经》全部之微旨在是。微字，有深远及细微等义。此理幽远，不易体会，故云细微。司马迁称《易经》"本隐之显"。见《史记》，本，犹始也。之，犹前进也。言宇宙万变、万物，始乎隐微，而发展不已，进至显著盛大。此《易经》之旨也。此孔门大道学派流传之要义，而司马氏犹能述之也。《大易》一经，深穷宇宙大变如何开始，不能不承认宇宙人生确有根源。又万物发展，决定率由乎相反相成之最高普遍法则，此亦无可否认。万物一词，自太空诸天体或一切物，乃至人生，皆包含无遗。如上二义，广说则无从说起。扼要而谈，根源决不是超脱宇宙人生而独在。根源，即是宇宙万物各各自身内在的生源。宇宙万物四字，作复词。宇宙亦万物之总称故。若克就吾人而言，根源即是我身内在的生源。再申言之,根源确不是有多,而只是吾人与诸天体或一切物,共同的一元。譬如众沤,同一大海水。吾人不能把根源当作一件物事去寻找,但不可妄疑为无有。任何人不能否认自身有内在的生源,不能把自身内在的生源作为多数细胞或电子等集聚而成。而且电子和细胞等小物,亦不能无生源而凭空幻现。小物一名,本于《中庸》。参看《体用论》。这个东西指根源。不可诘问其所从来,只合说为潜隐的物事。《乾卦》初爻所明示者即此物。至于相反相成的普遍法则,既无可否认,即不能不承认实体变动而成用,本有乾坤两方面。易言之,本有生命、心灵和物质两方面。此中举物质,即摄能力在内,质力无可破析为二故。倘不承认有两方,则相反相成的法则便无可成立。宇宙只是一性的东西变成万有,此论如何讲得通?一性者,谓一种性质。如唯心论,则主张独一的精神性是一元。反之,如唯物论则主张独一的物质性是一元。而且从宇宙发展的全体去观测,明明是生命、心灵,步步从隐微中大显出来,终于统御无数天体诸大物。余在前文云,腾生命之热力于大宇,耀心灵之光明于苍穹,事实不容否认。此固出于人之"成能",成能,见《易大传》。而人之所以得成其能者,以其自身有内在的生源故,以其是从生源中,资取生命、心灵等照明性而得成为灵物故。否则无从有此成能。乾道,从潜隐中显发,以至乎盛大。生命、心灵,从隐微中显发,以至乎盛大。乾道二字至此,只是重复申明耳。甚至万物万事,无不由隐而显。《乾卦》初爻,揭此广大义蕴。学者于仰观、俯察,远取诸物,近取诸身之际,随处体会此旨焉可也。二爻,"见龙在田"之象,见字,读现。则以龙由潜伏而出见于地面。田在地面。比喻生物初出现,生命即从闭塞的物质层骤然出潜而著明也。三爻,则以人之成为君子者,犹如龙有健德。故以之比喻生命、心灵,从物质层破除固闭而出,惟奋战乃可成功,是以乾乾。乾乾者,健而又健,奋战之谓也。四爻,"或跃在渊"之象,则以生命之跃进,亦不无障碍。譬如欲高跃乎天,而又退处乎渊。如自植物以往,经无数跃进而至高等动物,生命已盛矣,而犹未臻极顶,即欲跃而仍在渊之象。凡举生命即摄心灵。五爻,"飞龙在天",则以譬喻生命力之飞跃达于最高度,即在人类出现之时。人类能以自力发展其生命、心灵而扩大之,故有飞跃在天之象。六爻居上,不复言生命者,则以生命无穷尽故也。上爻是穷地。六位,指六爻而言。《乾卦》六爻,以随时变动而成其至健。六爻皆阳,故成至健。所以表示生命、心灵随时变动,进而又进,遂飞跃而抵乎最高度也。心灵发展到最高度,是以乘六位纯阳之健,始得创成统御诸天体及改造宇宙之伟大德业,故曰"时乘六龙以御天"也。孔子以龙性强健,比喻乾阳之强健,故不直言六阳而称六龙。时字,通常为时间之称。然古籍亦以时字作是字用,兹不及引。六位时成之"时",即通常所谓时间也。时乘六龙之"时",宜训为是。六位皆阳,即是纯健。

《文言》曰:《乾》《坤》二卦皆有《文言》,共二篇。刘瓛曰:"依文而言其理,故云文言。"案文者,谓孔子所作之卦辞、爻辞及《彖传》等也。大道派诸贤,依圣文而推演其义,名曰《文言》。小儒伪经犹载此二篇,而改窜太多,失其真相,(相,读相貌之相。)但圣言犹有保存,须善抉择。"先天而天弗违"云云。此亦发明统天、御天义也。"天"字之义训本不一。义者,谓每一字各有其义也。训者,解释其字义也。不一者,中文往往一字含多义,即解释各别也。如统天、御天两天字,皆指太空大物,即诸天体而言。先天弗违之天字,则有二义:第一义,与上引两天字同训,谓诸天体也。先字，是主动义，不是时间先后义。言人之心灵作用，主动以统御诸天体大物，而诸大物亦从心改造，莫能违反也。如《易大传》云："范围天地之化而不过，曲成万物而不遗。"又曰："裁成天地，辅相万物。"此等理论，存于《易大传》者颇多。自科学发展以来，多已见诸事实。先圣前识，倡明于古代。岂不奇哉！第二义，运会亦名为天。如何是运会？设问也。此下便作答。万变万动之群智、群力，互相汇集。析言之，固极复杂。总观之，即成为或好或坏的一大潮流，是谓运会。运，犹往也。人间万变、万事，与全宇宙万变、万物，同是前往，没有中间停住之一瞬，没有最后了结，归于空无之一息。会者，际会。此种意义，难简言之。如吾人现前所值之时，在大往无住之流中，却有无数的特别变动与特别情境，这便叫作际会。运会已成，殆疑为不可御、不可易，故谓之天也。运会的内容，无量复杂。复杂，由于群智、群德、群力之不一致，而可大别为好坏二途。好的分子足以抑制坏分子，则运会是向好处而直前；坏的分子足以抑制好分子，则运会是向坏处而没落。当运会之日趋于大坏，万物每陷溺其中而不自觉。此处万物，谓人类，下仿此。有前识者，导万物而觉之。注意。万物同觉，而有正向。群知、群德、群力同集于正向一途，是谓先天。注意。从此以往，运会只日趋于好，不至退转为坏，是谓天弗违。夫人有前识，能先乎天而统御天，此心灵之威权也。心毕竟是物之主。心灵，亦简称心。而学者不闻《大易》本隐之显之基本原理，遂谓心非本有。余实未知其可。孔子《大学》之教，曰："致知在格物。"心必用之于格物，方得主乎物。宋明理学家言天理，而未尝用心于格物。其为老与禅之支流明矣。《乾》《坤》二卦，本是解决心物问题。乾为心灵，坤为物质。举心，即含摄生命；举物，即含摄能力。他处仿此。圣人于乾，特著统天之弘义。弘，犹大也。深远矣哉！

　　或有问曰："闻先生说《易》，而后知汉宋群儒之说，诚是上世术数之遗。而先生果得孔子之真也。统天之广大理论，征之《易大传》，'知周乎万物'与'裁成天地'云云诸文，确有明证，非先生以己意傅会之也。然吾窃有疑者，近代人生思想，确是向外发展，无有守之于内，无有养之于中。《论语》称'君子无终食之间违仁'云云，此即内有所守也。孔子自谓'发愤忘食，乐以忘忧，不知老之将至'云云。盖圣人有以养其中也。这里确有一种学术须讲求，不是梦然做得到。向外追求过烈，未免摇荡其性命。吾怀此感，而不欲言之，惧顽愚见斥也。千岁之后，未知有与吾同感者否？今闻先生《大易》统天之解，吾欣闻所未闻。然窃有疑。孔子之人生思想，似亦偏于向外发展。先生不惜过分宏扬，何耶？"余答之曰：贤者之意趣，亦深远矣。然孔子确无偏，贤者犹未通《易》耳。《乾卦》，明示性命；《坤卦》，教人得主。此是真实源头。而伊川一字不通也。何况汝乎？大本立定，则裁成天地、改造宇宙之大业，岂是人生分外事乎？望汝深思。

　　"乾道变化，各正性命，保合太和，乃利贞。"

　　"乾道"之"道"字，有二义：一、道者，实体之名。乾坤同一实体，而就乾言之，则曰乾道，明示乾有实体而非虚幻也。佛氏便视万有，皆如幻如化。就坤言之，亦称坤道，准乾可知。《坤卦》言地道，则以坤道取地为譬喻故，不妨称地道也。若就汉《易》言，当云坤取地象故，不妨称地道。但孔子以象作譬喻解释。余故直举譬喻。伊川不通象,后人效之,则《易经》之名词不可解,尚可求其义乎？如乾之龙德,本言阳德。而就譬喻立名,则云龙德。此《易》之例也。二、道,犹理也。中译佛籍,有时以道理二字合用,曰道理。后人文集有时用理道一词,犹道理也。理道二字合用,只是一个理字的意义。理字,有条理、法则等义。道,犹路也,亦有条理等义。乾为生命,是乃生生不息而为众理之根。不同佛氏所谓迷暗势力。故乾道一名,亦兼有理道之义。清儒戴东原言性,谓其生生而条理。此为观生有得之言。《观卦》曰"观其生"。见上。综上二义,一、乾有实体,非虚幻故。二、乾是生生,而为理根,非迷暗性故。此乾道之名,所由立也。他处用乾道者,皆仿此。晚周古籍,修辞并精名理。汉人始废此事,宋学派更不知有名理。近人读古书,鲜不随便混过,是可戒也。

　　"乾道变化"云云者,此中言乾道,即伏有坤道在内。所以者何？乾坤非两物,只是两方面。说在前文。独阳不变,孤阴不化。变必有对,是常理也。理之自然有定,而不可改变者,曰常。变化一词,平常每作复词用。化,犹变也。而在《易经》中,则变化二字有分,虞翻曰"在阳称变,在阴称化"云云。此是孔子《周易》之定例。汉《易》家窃之以自文,翻亦承袭耳。汉《易》是术数的辞典。本非学术性质,无所谓例。玩《乾卦·象传》,实以乾统坤。乾主动导坤,是谓变。坤承乾而动,与乾合一,而成其功,是谓化。宇宙开辟,必率由乎相反相成之根本法则,此无可疑也。夫乾,无形而周流。无形,故隐藏而不可目睹,不可手触。乾之初爻,即表此义。周,犹遍也。周流者,谓其遍满太空,流行不熄也。不熄,犹云不灭。乾道只有时时舍故生新,决无灭熄。坤成物而闭塞。此义易知。有问："乾道无熄,坤道有

250

熄否?"答:坤为质和能,决无灭熄。**两方之性,本相反也。**然乾有刚健、中正、纯粹诸德。此乃圣人从其平生践履中实现之,而后揭以诲人耳。《文言》曰:"大哉乾乎! 刚健、中正、纯粹,精也。"云云。从来注家,多以精字与上诸德,相连而言。即以精为诸德中之一。姚信曰:"乾称精。"姚说必有据。则以乾有刚健、中正、纯粹诸德,是乃乾之所以称为精也。余以姚说为正。精字,不可与上三德相连。李道平疏此处,徒作繁琐的分析,殊不必。余谓刚健是一德,中正又是一德,纯粹又是一德。故说为三德。宇宙万有,大生、广生,无穷无尽。吾人生活内容,丰富不竭,充实不可已止,可悟生命力具有刚健之至德。乾为生命,其德以刚健为首。不刚健,何能生生不已? 即生命绝矣。又复应知,乾为心灵。言其静也,澄明专一,不容杂染;言其动也,盛德积中,一直发出。本无偏向,亦不终止,是谓中正之德。正,犹直也。中,亦是正直义。譬如室中央,其于四方都无所偏向,此便是中。而以无偏向故,即是正直。盛德积中者,谓生生之德,是为仁德。万德本乎此,故说为盛。动静本来是合一的,不可拆开。此中言心灵,即克就本心而言,本心才是乾道。私欲之动,不可说为心。兹不及详。纯粹者,言人自有生而后,私其小己,而起一切染污习气便不纯粹。今乃克治染习,而心灵本来纯粹之德,遂显发出来。如上三德,幸存诸《文言》。圣人发明乾道之德性,为下文万物"各正性命"立其本。义旨深远至极,可不究哉?(为下文之为字,读若卫。)将欲说明乾道变化,不可不先说明乾之德性。否则下文"各正性命"便无本。汉《易》家只是术数的一套作法,固不能悟及此。而程颐以性命之学为号召,其注《易》也,乃于此处绝无自悟,妄以继孔自负。**夫乾,惟有刚健、中正、纯粹诸德,故乃浩然发起大变,而不惧坤之与己相反,**己字,作为乾之自谓。**导坤以德。**坤亦承乾而化,与乾为一,克奏元功,是谓乾道变化。元,犹大也。宇宙遂开,人生资始。大哉,其盛矣乎!

"各正性命"者何?万物之生也,各各资取乾道以为其性命。性命,犹云生命。说在前。各各资取坤道,以成其形体。乾为坤之主,性为形之主,是乃乾道统坤之天则也。性命,简称性。形体,简称形。后仿此。乾主乎坤,性主乎形,此二语只是重复言之耳。天地万物与人,皆资取于乾道以成性,唯人独能显发之,弘大之。天地万物与人,皆资取于坤道以成形,唯人之形体组织完善,而生命心灵乃得凭藉之,以发展其力用,极乎盛大。乾之主导坤,生命力之斡运物质,不能无障碍。其隐藏于物质层也既久,而后得转化物质为生机体。生机体又经无数转化,而后有最精巧、最完善之最高级生机体出现,是为人类的形体,所谓身躯是也。生命力健而又健,破除物质的障碍,而后发展到人类最高级的生机体。生命既有此优良之凭藉,乃益发挥其主动力以统御小体。即身体。庶几毋溺于私,而率由乎乾道之大正。若乃与小体相关联之无量物质宇宙,亦皆统御之,俾其质量能量发展臻于完备与大美。宇宙毕竟是"大生"、"大明",不是一团尘碍。中译佛典,以物质译为尘,亦说为碍。以尘物有障碍性故。

《文言》曰:"乾元用九,乃见天则。"云云。此明乾道统坤之定则也。则者,法则。其则不可易,曰定则。六十四卦,唯《乾卦》言"用九",《坤卦》言"用六"。《乾卦》言"用九"者,用其纯阳,以统阴也。《坤卦》言"用六"者,用其纯阴,以顺承乎阳也。二卦既著其例,其余诸卦诸爻皆自《乾》《坤》出,则不复赘也。其言九与六者,盖以数分阴阳。则奇数为阳,奇,犹单也。耦数为阴。耦,犹双也。九者,阳数;六者,阴数。故用九,即是用阳;用六,即是用阴。用九与用六,自昔群儒莫得正解。余谓以阳统阴,是为用九。以阴承阳,是为用六。会合《乾》《坤》二卦,而观其大通。吾说有据,确尔不妄。"乾元用九,乃见天则。"此言乾统坤,性统形,是天则不可违也。乾统坤,即是生命心灵统物质。性统形,谓生命心灵为身躯之主。身躯即物质,亦即坤也。万物各各资取乾以成性,资取坤以成形。于是乎乾坤在万物,万物以外无有独在的乾坤,则万物各各当尽己力,遵循乾统坤、性统形之天则,扩大刚健、中正、纯粹之乾德。亦名性德。至此,则乾坤之实体,乃由万物发展充盛。物各有其内在之源。源者,谓乾坤的实体。今竭尽己力,浚其源而益畅,弘其源而无尽。万物生存之意义与价值,正在乎是。

孔子《周易》本以乾阳坤阴,相反相成,为其根本原则。但与此原则密切相关者,更有乾阳统坤阴,坤阴承乾阳之最大原则。我认为此是《周易》辩证法之最特殊而又最精密处。如果只将乾坤或阴阳看作对立,而无一方得为主者,则对立如何可归于合一,岂容更立第三方乎?试就人事取譬。如孔子主张天下为公之大道,即以大道当作乾道的一方。今之共产主义,亦是天下为公。决定消灭天下为私之毒物。即以天下为私,当作坤道的一方。今之资本主义、帝国主义、殖民制度,皆私也。公私两方阵营本相反,不妨说为对立。实则公的一方是乾道、是为主,以开导私的一方者。私的一方是坤道、是当顺承于主,而完全革去其旧恶。如此,则私方本不可与公方对立,只当去私以归公。私方去私归公,才是公道普遍盛行。昔之两方阵营,今皆合一于公道之下,创开公道发展的新局面。不是别有第三方,收拾乾坤对立之局而图合一也。乾道无消灭，无可反对，坤道惟有承乾。

综前所说，"乾道变化"一语，即含坤道。何以故？变化二字，明明将乾坤并举，已说在前。乾坤异性，而相反相成。乾起变导坤，坤承乾而化，其要在遵循乾统坤之天则。乾不可不健而又健，坤不可失其顺也。乾惟至健，故能统坤。坤惟至顺，乃得承乾。乾以健统坤，不任坤之反动。任者，放纵之谓，犹俗云听之也。不任其反动，则乾必自尽其中正纯粹诸德以开导坤。否则无以统坤也。坤以顺承乾，即与乾同功，遂有乾坤合一，保固太和之利。征诸人事，固如是。上穷造化之理，乾以刚健、中正、纯粹诸德，主导乎坤。坤承乾起化，而与乾合德，是谓太和。宇宙由物质层而转化为生命层、心灵层，则乾统坤、坤承乾，作一读，不断句。性灵统物质，物质随性灵而转，实事足征。则字，一气贯下为句。性灵者：性，谓生命。灵者，心灵。物质随性灵转者，谓物质随顺生命、心灵，而转变为生机体也。乃至人生，百体之动，一切率由乎性而莫敢违乾道之大正。百体，谓身体，即坤也。性，谓生命，即乾也。性主乎形，故百体之动，皆率由其性而不至殉没于私欲之中也。乾统坤之天则，昭然甚明。造化一词，古人以为有造物主，造作万物。后人沿用此词，亦不必同于古义。但甚含糊，无正解。余则以为，万物之实体的内部含藏乾坤相反之两性，交相推动，遂成变化。而万物以是资始、资生，是谓造化。(宜覆看前文。)今当继前，说"各正性命"。

"各正性命"一语，是《乾·象》第一义谛。谛，犹实也。是真实义，不虚妄故，曰谛。第一义者，于一切义中此为根本，故称第一。二千余年来，号为经师者，其于此处无有解悟，即置之不问。更有以不解为解，不悟为悟，逞其迷妄，敢为胡说者。如程氏《易传》解此处云:"乾道变化,生育万物。洪纤高下,各以其类,各正性命也。天所赋为命,物所受为性。保合太和,乃利贞。"云云。余少年时,初览朱子《近思录》,开始便采录程氏《易传·乾卦》篇第一段注文。朱氏尊之,同于孔子《六经》。孔子《六经》,晚周六国时小儒已尽取而改窜之。朱子本无从见《六经》,只是汉代小儒传来之伪《五经》,当作孔子《六经》而竭诚尊重耳。其于二程亦尊之犹孔子也。余于程注玩索再三,颇感一团混乱。其首曰:"乾,天也。"又曰:"以形体,谓之天。力案上古之民,仰望太空大圜苍然之貌,即以为是天帝之形体。以主宰,谓之帝。力案大圜苍然者,气耳。不可信为天帝之形体。天帝是主宰,从何取征乎? 以功用,谓之鬼神。"力案:阴阳取象于鬼神,在上古术数家用之无足怪。《中庸》言鬼神,则小儒改窜原本而增入之耳。宋人言鬼神者,二气之良能。此乃胡混语耳。二气之说,余已破斥在前。又何良能可言乎? 程氏绍述古代事天之教,乃于注释各正性命处,妄将乾道改作天帝来说,直以天帝生育万物,或洪或纤,或高或下,各以其类,是为各正性命。如程氏此说,则物之洪大者如太空无量天体,纤细者如秋毫,巨细各以其类,便是各正性命。又有物之高者如崇山,下者如江海,高下各以其类,亦是各正性命。由此说而玩之,则是天帝之变化而造物也,殆预作安排,使万物之洪纤高下各以其类,庶几万物性命各得其正。程氏此说,如可信乎,则万物惟有遵守天帝之安排,无可尽自力以致于进化,无可尽自力以致于发展,而万物皆成僵固之死物耳。程氏尊神道以黜万物,黜者,言其降低万物,不承认其有自力也。纯是上古宗教之信徒,岂不怪哉! 尤可惜者,程氏以性命之学,自居孔子嫡嗣。孔子作《乾·象》,明明指出万物皆禀受乾道,以成其性命。成字,本于《易大传》。如人,虽

255

禀受乾道以为其性命。但人须有修养之功，能将乾之刚健、中正、纯粹诸德性，在己身上实现出来。如此，则乾道方成为人的性命。倘无成性之功，则将如先哲王阳明所说："世人存诸胸际，见诸行事者，总是随顺躯壳起念。"既随顺躯壳起念，即一切专为小己之私欲私意与私利上作计，人便为躯壳或小己所束缚，如蚕造茧自锢而殉没于其中，则其所禀受之乾道早已丧亡。人便变为无生命心灵之物，是可哀也！凡人如丧失乾道之刚健性，即卑靡、怯懦、屈辱，不堪树立。丧失乾道之中正性，即迷乱、邪曲、虚伪、狡诈、残忍，一切颠倒。丧失乾道之纯粹性，即杂染污秽，自暴自弃，以无耻下贱为得计，以持守公正为可晒。帝王时代之官场，多此流。程氏于此处，竟于性命一词，不曾切究着落。乃曰："乾道变化，生育万物，洪纤高下，各以其类，各正性命也。"云云。程氏本以乾为天帝，引在上文。遂以教徒之乱调，变易圣言，迷惑来学。顾亭林、戴东原并教学人治《易经》，宜宗程《传》。亭林先生博学，治史有感，而创发民主思想，惜乎未达经义。东原精考核而好哲学，矫正理学之弊。清世学人中罕有其匹也，然非超悟之才。二公莫辨程《传》之失，是其缺也。

已救程误，当释圣文。云何"乾道变化，各正性命"？上句"乾道变化"。已释在前，今释"各正性命"。有二事须先说者：一、古人行文造句，多有伏词。伏者，其辞隐伏，避繁也。上句尾"化"字下，下句首"各"字上，伏有"万物"二字，又下句"各"字下，伏有"禀受"两字。此伏字之宜寻者也。二、《易》学创始于伏羲之八卦。言八卦，即含摄六十四卦。说在第一分中。八卦本非占卜之术，而术数家利用八卦为占卜之宝典。自是而术数家以占卜之道说《易》，道字有多义。此处道字，犹术也。遂承伏羲《易》学之统。后来汉《易》之象数，即古术数家《易》说之流传也。孔子作《周易》，虽根据

第二分 广 义

伏羲八卦,而其阐明卦义、爻义,不与伏羲同。后圣、先圣,时代相隔太远故。后圣,谓孔子。先圣,谓伏羲。古术数之《易》说,行世久远。孔子欲托之以发抒自己创见,且解术数之迷。故其卦辞、爻辞,时有采用古《易》说之象,而改变其义,实乃其自作也。古《易》说,谓古术数家之《易》说。其字,指孔子。下同。亦有其自取之象。如乾为仁,乾称正与大,此等象,必孔子所取也。说在第一分。各正之正字,乾道之象也。不直言乾而言正,则以正为乾道之象故也。学《易》者如不考象,则《易》之辞往往不可通。程氏以扫象为贤,此学王弼而大谬者也。王弼通象,程颐竟不求通。如上二事既明,则各正性命句,当详定之,曰:"万物各禀受乾道,以为其性命。"注意。乾,称"大生",又主导坤以"广生"。故万物各资取乾道,为其性命。《乾·彖》只言资取,而吾亦言禀受者何? 资取之义,盖以万物是取得乾道而始有性命。万物不是从空无中偶然幻现也。但万物既已资取于乾道,成就了自己的性命,(自己,设为万物之自谓。下仿此。)则于资取的同时,亦即是万物禀受了乾道。总之,资取一词,表示乾道已被万物完全取得来了,不可妄想万物以外有独存之乾道。禀受一词,亦即表示万物完全禀受了乾道为其自己的性命,亦无可离万物而求乾道。二词含义,元来一致。又理学家如程朱诸老解释"命"字,必曰天所赋予于万物者谓之"命"。此因有天帝在他脑中活动,故如此解。余案《易经·无妄》卦曰"动而健,天之命也"。(此处"天"字与《乾卦》天行健之"天"字,同是取诸天体之行也健,为乾道之象。)余据此二处,将"命"字与"生"字连合成词,而定其义曰:"生生不已,动而恒健,故云生命。"恒字吃紧,乾为生命、为心灵,乾道是健而又健,无有不健时,余故用一恒字。程颐注曰"天所赋为命,物所受为性"云云。(引在前文。)将性命两字拆开,只欲归本于天帝之故耳。又复应知,生命恒是活活跃跃的,故说一动字。其动而恒健,正由于生命力之充实不可已止。《屯卦·彖传》曰"雷雨之动满盈"是

257

也。(雷雨之动,满盈于天地之间,生物畅遂。以此形容生命力充实、盛大。)有问:"西洋学人颇有持意志论者,以为宇宙开辟,原于强烈的意志力。今者,先生说《易》,以乾为生命、为心灵。虽与单提意志者绝不同,而乾是刚健性,与西人崇奖意志之强力者,岂不有相近欤? 夫奖强力,则凡富于权力欲者将借之以自豪,而兴凌驾万物之野心。此非人道之忧欤?"(此中万物,指全世界人类。)答曰:吾子之虑,对于西洋意志论者而言则诚然矣,惜乎未通乾坤之蕴也。意志强力,盲目的追求也。乾道大明终始,无迷暗性,岂可谓其同于盲目追求之强力乎? 乾之德性,略说有三:曰刚健,曰中正,曰纯粹。刚健而不离乎中正、纯粹,是乃"大明"之健,非迷暗之强也。强力而离乎中正、纯粹,(中正、纯粹二德,其义深远,宜深玩。吾释在前文。)是乃迷暗之强耳。《坤卦》言坤,"先迷,失道"。与佛氏"无明"之论可相通。(佛说"无明",即是一种迷暗势力。)此与乾道"大明",极端相反。迷暗之强力是暴力,"大明"之健是大生之力。"大生"之力毕竟不以力名之,故姚信曰:"乾称精也。"**佛氏之法**,此处法字,指佛氏之学说。**分别万物为有情、无情两大类。**此处情字,佛家经论之注疏,皆以有情识者名有情。无情,则有情之反。**如自最低级之动物至最高级之人类,凡有情识者皆称众生,皆为有生命之物。若乃草木、土石诸物,皆无情识,并称无情世间,都是无生命之物。外道主张草木有生命,佛之徒犹不许可。实则外道之主张为是。佛氏反之,非也。土石之类,世人以为纯是物质,无有生命。若依《大易》乾坤互含之原则,**《大易》,指孔子之《周易》。**坤含载乎乾,乾斡运乎坤。**斡运,注见前。**乾坤不可拆之为两物,何可说土石无生命乎?**生命,乾也,土石,坤也。乾坤既不可拆开,何可说土石无生命? **但土石之类坚凝闭塞,生命力虽潜运于土石中,毕竟不能显发出来。世人不信土石有生命,亦无怪其然耳。**运者,运行。潜,犹隐伏也。有问:"先生据《乾·彖》有'万物资始'及万物'各正性命'之文,据《坤·彖》

有'万物资生'及《大传》'坤化成物'之文,遂综合此两处文义,而说宇宙之间,每一物皆禀受乾道以有生命,言生命,即摄心灵。皆禀受坤道以有形体。每一物之形体,虽是就个体而说,但个体实与太空之无量数物质宇宙,通为一完整体。(亦可云全体。)如此,则是每一物皆为乾坤完备之物。先生说《易》诚有据。而我窃疑,生物之生命,乾也;其形体则坤也,可谓乾坤完备矣。无机物之形体唯是物质,不可谓有生命、心灵,是乃纯坤而无乾也。"余答之曰:大宇长宙之间,实无独有乾而缺坤,或独有坤而缺乾之物。只阴阳不无偏胜耳。坤为阴性,乾为阳性。阴胜者,说为阴物,无机物是也。而阴物非无阳性,阳性,谓生命、心灵。但生命力斡运乎坤,本当转化物质为生机体,而其条件未能齐备,则生命力终潜藏于物质中而不得发现出来。故疑无机物只是阴物,独有阴性而缺阳性耳。阳物,非无阴性。阳物之形体即阴也。如动物与人之躯体即是物质的,即阴性也。植物之形体是物质,不待言。蓄然万物,形体最粗大者,莫如诸天体;最纤细者,莫如一微尘。生命、心灵,充盛至极者,莫如人类。低弱不著者,莫如原形质或苔藓之类。万物之所由始或所由生,必有质和能,以结其形,固其体;必有性和灵,浑然至精,性,谓生命。灵者,心灵。浑然者,大全而不可剖分之貌。以主领与运行乎物质之中,融其分化而通为一体。融者,融合。坤化成物,便分而为多数个别的物。生命、心灵,则斡运乎无量的个体中,而融合为一体。一体者,言其是全体性,不可剖分,故云一体。物质凝成实物,便分为无数的个体。生命之流,充满乎大宇,而普遍主领乎无数的实物中。孔子《周易·观卦》,著观生之奥义,著,犹发明也。幽深之义,曰奥义。确实于自身和万物共有之生生大流,体会亲切,生生大流,即生命之代词。遂乃实践于躬行之际。扩大其天地万物一体之德量，与众生共遵循于大公至均之规矩，而天下一家都无苦乐不齐，强弱异势之悲剧。天下，犹云全世界。《礼运经》以大公为骨髓，《周官经》以至均为骨髓。此乃圣人洞彻本原，同体万物。以天地万物皆与自我为一体，故云同体万物。公均之规矩立，裁辅之大业成。裁辅者，孔子曰"裁成天地，辅相万物"云云。释在前文。人道崇高至极矣。

余相信万物实体内部，万物下，实体上，伏一之字。含藏"大生"与"太素"阴阳相反之两性，交相推动，遂成变化，乃有万物。"大生"者，乾道之称。见《易大传》。"太素"者，坤道之称。见《易纬》与郑玄《易注》等。坤称太素者：素，犹质也。太者，大之之辞。坤道凝成物质宇宙，生命力方可转化物质为生机体，是以赞美物质而尊大之也。阴阳云云者：坤之性迷暗，是名阴性；乾之性照明，是名阳性。两性相反，此实体内含之矛盾也。成变化者：乾主动以开坤，是名为变；坤承乾而与之同功，是名为化。乾变坤化，则矛盾化除，乾坤已合一，于是乎有万物。每一物皆禀受乾道"大生"以成性，性者，生命之别一称。皆禀受坤道"太素"以成形。形体，简称形。故乾坤即是万物，非离乾坤得有万物故。譬如说水即是冰，非离水得有冰故。万物即是乾坤，万物既已取得乾坤而成就了自己，即万物自身以外无有独在的乾坤。譬如北京后海昔年水浅，冬寒则海底皆坚冰也。冰已尽取海水而自成，即冰以外无有独存的海水。不可离之为二也。乾坤、万物，互相即。不可拆开。有问："乾坤即万物，万物即乾坤，既闻之矣。然则一元实体何在乎？"答曰：汝有此问，只缘有天帝在汝脑中活动，故以为一元实体当是超脱乎乾坤万物而独在，故来诘难耳。古今哲人，肯定一元实体是有而非无者，并非少数。吾侪若仅就肯定一元实体是有之观点而论，本未可遽斥若辈为错误。若辈，指肯定一元实体是有之诸哲人。然诸哲人虽同肯定一元实体是有,而其对于一元实体之说明,则鲜不陷于大错大误。此其故,何在乎?求详,则此处不便,恐牵涉太远故。略说,则姑举三项:一、肯定有一元实体者,未能扫除宗教家天帝之迷,总以为一元实体是超脱乎万物而独在。二、将一元实体猜想为独立固定的东西。此与第一错误相关。三、谈一元实体者,总以为实体之性质是单独一性,无复杂性。如一元唯心论,则其实体是单独的一性,曰精神。一元唯物论,则其实体是单独的一性,曰物质。两宗同持一性之论,果于事理相应乎? 相应,犹相符合也。今若问彼: 彼者,指两宗。实体若是一性,如何得成变化? 如何得有万物? 余不知彼等作何解答。倘谓物质是第一性,精神是第二性。今试问:既不许一元实体的内部含藏物质和精神等复杂性,后来竟有心灵从本来空无中忽然出现,且能改造物质、制御物质、利用物质,其明睿作用,盛大无匹。今乃以物质为万有之一元,是为第一性;精神,则目之为第二性。此第二性忽然出现,断无此理。若谓其从第一性发展出来, 其字,指精神或心灵。则是物质能产生非物质的心灵。因和果绝无少分相似处,明明破坏因果律。说在前文,毋须深论。

综上三项,从来破斥错误者,甚多有力之论。顾工于破者,只是攻人之缺点,而自己并未能解决问题。余详究孔子《周易》,其在宇宙论,本肯定有一元实体;但其持论之宗要, 宗者,大纲。要者,精要之旨。实以乾坤或万物为主。而收摄一元实体,以归藏于万物。易言之,一元实体是乾坤或万物之真实自体,不是离开乾坤或万物而独在。今之难我者,如能体会孔子之胜义, 义最殊胜,

261

曰胜义。则其闻乾坤、万物互相即之论,何至不悟一元即是乾坤或万物之实体,而妄兴一元将在何处之疑乎? 吾书,以一元实体作复词用。但时或单举一元,或单举实体,均无不可。乾坤、万物互相即者,上语,乾坤即万物;下语,万物即乾坤。此谓互相即也。即字,表示异名同实。如云孔丘即孔仲尼,两名虽异,而实乃指目一人。此一例也。即字之义颇严,两语更端互即更严。(更端之更,读若耕。)但互即,亦各有深旨,不是随便作更端回环之空语。此不及详。尤复须知,孔子《周易》创明一元实体含有复杂性,非单独一性。此其所以矛盾内缊,而变化畅通。《乾·彖》曰:"乾道变化",万物"各正性命"。各字上,伏有"万物"两字。说在前。盖《周易》有乾坤互含之例,明示乾坤不是两物。读《易》者必先究明此例,方知《乾·彖》之文,举乾即含坤。言乾变,即含坤化。变者,乾主导坤也。化者,坤承乾而与之同功也。变化,即是乾坤合一,万物由是禀乾以成性,禀坤以成形。故曰"各正性命"。各字下,伏有"禀受"两字,说在前。正者,乾之象。各正者,言万物各禀受乾道,以为其性命也。学《易》者必通《易》象,方可于此处正字找得落实处。否则不知圣人何故于性命一词之上,用一正字。余昔尝对此正字多方求解,总觉难通。后阅《易》象,始涣然冰释。有问:"先生于此处,说及万物禀坤以成形。理虽如是,而《乾·彖》并未说到此。先生殆以意补之钦?"答曰:汝犹未通乾坤互含之例。上语说乾道变化,既已含坤化在内。下语说万物各禀乾以成性,从文句上看,只说禀乾成性之一方,实际上此处有伏文。伏文为何? 即禀坤成形是也。须知,上语有乾变,所以下语承之,说万物禀乾成性。上语化字,明明是坤化,则下语应承之说禀坤成形。否则下语缺了一方,无此理。汝如通《易》例当知此处实有伏文,非余敢以己意妄补也。且《易》之辩证法,辨物析理,不拘一方。才说此,便有彼。虽无明文,定有伏文。《易经》未易读,今人轻视圣文,宜戒。圣人说到乾坤或万物,则已密示乾坤、万物,定有一元实体。

密示,犹隐示也。否则乾坤、万物,岂是空华幻现,都无实体乎?才明此,即悟彼。不如是,未堪学《易》。今日好《易》者,鲁之儒,如陈生亚三、姜生伯棠,吾望其猛力也。

"保合太和,乃利贞"者。案上文云"乾道变化",盖谓乾主变、开坤,坤承乾而化,阴阳两性化除矛盾而归合一,是谓太和也。乾坤合一而太和,如自宇宙而言,则乾道统坤与坤道承乾之天则,昭然著明。如生命力斡运乎物质中,其初隐藏,终乃转化物质为生机体。宇宙由粗重、闭碍而变为"大生"、"大明",此非乾道统坤,坤道承乾之盛事乎?粗重者,形体至大,曰粗,如诸天体是也。物质凝成一切实物,莫不笨重秽浊,故总说粗重。闭碍者,物质坚凝,便成闭塞的东西,且障碍性极大。《易纬》说坤性沉坠,以其下坠,无向上升进之性故也。《乾·彖》言"大明",以乾为心灵故也。《大传》称乾曰"大生",以乾为生命故也。坤为物质,物质不能为生命心灵之元。(元,犹本原也。)世人以物质为生命心灵之本原,此大误也。而浅识者终不省。又复当知,乾坤合一而太和。如自人生而言,则人生当以自力,存养乾道,扩大乾道。凡暗室起意兴触境生心,及见诸行事者,一切皆以"随顺躯壳起念"为大戒。"随顺躯壳起念",此先哲王阳明先生语也。先生倡明良知之学,内省真切。此语甚深广大,是其平生真实得力处。余以为人生丧失乾道,至于下坠或陷于滔天罪恶,而寻其恶根,无非"随顺躯壳起念"而已。滔天者,滔,犹漫漫也。(今俗谚犹以河水溢出,曰漫漫。)古时洪水为灾,史称水势上升,漫漫及于天际,谓之滔天。盖极言之耳。世人遂以凶人作大恶者,谓其罪亦滔天。躯壳,坤也。"随顺躯壳",即是随顺坤阴。坤承乾即不迷乱,当称坤道。坤不承乾即失道,当称坤阴。阴者,阴暗,坤之性也。他处或随便有用坤道一词而未审者,须依此注正之。坤阴乘势,而乾道浸丧。乾道已丧矣，尚何有乾道统坤与坤道承乾之天则可得而说乎？人之惑也，皆以身躯为小己，惟顺承坤阴逞其迷乱耳。老子曰"五色令人目盲，五音令人耳聋，五味令人口爽，爽，犹失也。失其味之正也。驰骋田猎，令人心发狂"云云。俗人之贪名利、争地位，野心家之恋权力，皆心发狂之最甚者。老氏去欲去知，其言诚不无过。然小人"随顺躯壳起念"，毕生在盲、聋、爽、发狂中度日，丧其生命、心灵而不觉。老氏为浅夫昏子击暮鼓晨钟，为，读卫。可厚非欤？孔子曰："致知在格物。"格物，谓穷究事物之理。致知之知字，阳明训为良知，甚是。良知必推致之于万物，博征物理。博征者，多方考察，求得证验也。良知，乾道也。乾，称"大明"，即良知也。良知博征物理，则明于万物之轨则，乃能统物而不失其道。统者，统御。试就身心生活言，如《论语》称孔子曰"视思明，听思聪"云云。思者，良知之主动以辨乎色、声者也。万物之色，来接乎目，而思之明，则何盲之有？万物之声，来触乎耳，而思之聪，则何聋之有？又就一切作为或事业言，则良知通天地万物为一体，尽裁成辅相之本责，而无"随顺躯壳起念"之秽恶，岂有心发狂之患欤？裁成云云者，《易大传》曰"裁成天地，辅相万物"。此孔子之言也。本责者，本分应尽的责任，曰本责。惜乎老氏竟不能学孔子也。老子先学孔子之道，见《淮南子·要略训》。

乾坤合一，即乾道常统坤，而不息其健；坤道常承乾，而与乾同功。此乃天则，不可违也。君子修之，修者，修明乾统坤，坤承乾之天则也。则太和盛于内，内，谓内部生活。而充盈乎大宇。盈，犹满也。小人背之，背叛乾统坤，坤承乾之天则也。则天地闭，日月蚀。闭者，闭塞不通，生命绝矣。日月蚀，心灵丧矣。"保合太和，乃利贞。"大哉圣言！

万世之下，有感于斯者，犹旦暮遇之也。

"首出庶物，万国咸宁"者，此《乾·象》终结之文也。《乾·象》分四段。"大哉乾元"至"乃统天"，为首段。"云行雨施"至"六龙御天"，为第二段。"乾道变化"至"乃利贞"，为第三段。"首出庶物"云云，为第四段。《象传》遂终结矣。前三段是内圣学，第四段是外王学。外王学所发明者，即社会政治根本问题，要在首出庶物，消灭统治而已。庶物，犹言庶人或庶民。中文物字，乃最普遍之公名。须随文取义，人亦称物。他处未注者，仿此。圣人作《易》，创明大道，为万世开太平。为，读若卫。而其门下小康一派，至战国时流传愈广而愈坏。小康之徒改窜《六经》，当在战国初期。自汉朝成立，帝制稳固，小康学定为一尊，窜乱圣经，更无忌惮。孔子之真相不可得而明，是乃中国学术史上极大恨事。上考司马谈"《六艺》经传千万数"之言，孔子发明《易学》之经典与弟子传记，其数必甚多。而西汉传来之《五经》，皆非孔门真本，可以断言。惟《易经》虽经小儒改易，而《乾》《坤》二卦犹略存孔子原文。但可恨者，原文虽存鳞爪，而小儒变乱其义旨。《乾卦》六爻，汉《易》假借之，以傅会帝王之事。初爻，则以文王被商纣囚困时，是谓潜龙。二爻，则谓有人君之德者，当升居天位。三爻，"君子终日乾乾"，本非专就为君者说。而荀爽解释"终日"一词，则云："日以喻君。"荀以时间的日，为天上的太阳。盖谓圣人举太阳来譬喻人君，其诬乱圣文，竟至于此。象数玩戏，可叹。如荀之说，则圣人只以乾乾最勉为天子者，乾，健也。健而又健，曰乾乾。即自强不息义。而视一般人皆不屑教也。荀以愚贱之衷测圣意，怪哉。四爻，则举武王陈兵孟津，欲伐商，而犹慎重不遽进。五爻，则飞跃而居天位。汉儒拥护皇帝之思想极浓厚、坚固，宋学承之，又复加甚。余在清末，闻先父其相公说史事，每念皇帝专制之毒，何故容忍如是其长久，未尝不悲且忿也。

"首出庶物"云云，本谓天下劳力庶民，当倡首革命，同出而共治天下事，不应有统治阶级存在也。而汉《易》家刘瓛则于此处注云："阳气为万物之所始，故曰首出庶物。汉《易》家同说乾是阳气。见第一分。立君而天下皆宁，故曰万国咸宁也"云云。凡称引古今人之说，则于其语文不尽处，用"云云"二字以结之。使其与著者文句不相混。他处未注者，可准知。宋《易》家程颐注云："天为万物之祖，天帝简称天，亦可简称帝。王为万邦之宗。乾道首出庶物，而万汇亨。乾道，指天帝。君道尊临天位，而四海从"云云。程氏以乾为天帝，以君之尊配天帝之尊。此处说得分明。余于汉宋二派各举一家，便可考见二派思想同是热烈拥护统治。一则曰："立君而天下宁。"一则曰："尊临天位而四海从。"《乾卦》之本义果如是乎？刘瓛、程颐以顽陋而变乱经义，后人莫敢疑其侮圣言。昏俗之成，由来久矣。余谓"首出庶物，万国咸宁"者：万国，犹言全世界；庶物，谓万国民众。民众久受压迫，今乃万众同觉，首出而革命，合力推翻统治，本"天下为公"之道，开大众互助之基。故万国皆安也。《乾·象》此言，与《乾卦》爻辞后"群龙无首"之结论，本来一贯。古人谓龙之为物，有强健之德。群龙者，则以譬喻万国民众，皆有刚健之德，故云"群龙"。人人皆自主，亦复彼此互相扶助若一体，莫有首长。故云无首。惟万国民众群起而消灭统治，以大公之道真诚合作，真诚互助。品德以群情之交感而日高，智慧以众智之相资而日盛。是以进进于无首之休也。进而又进，曰进进。若使一人高出于万国万民之上而奴役

之，如牧人执鞭以驱群羊。而谓万国能安，有是理乎？古代天子自
称予一人。圣人在《乾卦》一篇之中，既主张"群龙无首"，而又希望
有大君高出于万物之上以安万国。浅夫昏子不应若是颠倒，而
谓圣人昏乱至此乎？《乾卦》于六爻的爻辞之后，始提出"群龙无首"作总
结。此处不可随便读过。

　　《易》为《五经》之原。见《汉书·艺文志》。盖孔门之遗说。《乾卦》
总结六爻，创发"群龙无首"之鸿论。自是而有《春秋经》，张三
世；有《周官经》，领导作动民众，戮力新建设；有《礼运经》，归本
天下一家。规模广大，无所不包含。人道之大，极乎位天地，育
万物。人之德量，应该与太空同其广大，不宜狭碍自私。孔子言
人道，是就人性上立基，最勉人以忘小我，而合于大体即以小我而
去其私，以通天地万物为一体，是谓大体。乃道德智慧合一的境界，非
有功利之私也。问："功利一本于公，不杂乎小己之私。此可反
对否？"答：功利一本于公，则功利即是道德智慧的发用，何可反
对。孔子不是要把功利别出于道义之外，只要辨公私耳。孟子、
董仲舒之徒，全不识此意。圣人计虑周详，极乎未来之未来，无
所不贯注。"群龙无首"一语，含藏无量理道。但一般人闻之，皆
以为易解耳。犹忆辛亥，武昌光复。余与相识闲谈。有人曰：
"皇帝古称元首，今已推倒。《易经》说'群龙无首'，圣人之言验
矣。"余笑曰：云何而能达到真正无首？这里问题太多，君何言
之易耶？其人默然不复言。余年五十左右，深念世变。窃常体
会孔子之道，而得两大义：一曰，天地万物为一体，此是从源头
处说。近代思想，绝不问及此。吾言之，人必讥笑。然人类如果
全失此根本，则道德无有内在的源泉。人类共同生活，毕竟不纯

靠知识，而道德的自觉与含养必不可忽视。二曰，万物各得其所。此一语中，当然包含经济、政治等等大问题。荀子曰"民生在群"云云。人在群中，有其所应尽，谓应自尽己力。有其所应得。谓本分所应得。所应得者：如人生本有天赋之良知良能。天赋者，言其生来本有，而不可问其所从来，则假说天赋耳。非谓有天帝赋予于吾人也。然若不得受教育，则其知能不获发展。故受教育之利益，是人生之所应得而不可失者。而大多数人常不可得。此与劳动生产之人而不能有吃饭穿衣之享受者，同一悲惨。《诗经》多此类哀吟。此为不得其所之一例。所应尽者：天下之人人，应该同有共决天下事之权，及以力之所能图报于社会，是其义不容辞。而最大多数人常不可得一自尽己力之地，此亦是不得其所之一例。上来所举不得其所之两例，一就所应得而说，一就所应尽而说。两方各举一例，盖就过去有上下、贵贱、贫富等阶级存在之社会而言，将欲万物各得其所，诚哉不可能也。上述两义，余寻玩良久，而后悟圣人于《大易》创发"群龙无首"之根本原理。无首则万物各各自主，亦复彼此平等互助，犹如一体。此人道之极则，治化之隆轨也。最崇高的轨范，曰隆轨。于《春秋》则大张三世，直趣太平，余释在《原儒·原外王篇》。期成天下为公，天下一家，乃至参赞化育、天地位、万物育之盛。而后悟三字，至此作长句。天下为公，天下一家，见《礼记·礼运篇》。余在《原儒》，断定《礼运》是孔子所作《礼经》之一。原为单行本，后由小儒改窜，列入《礼记》中为一篇。孔子作《礼经》，今有目可考者，惟《礼运》与《周官》二经，皆被小儒改易。然孔子本旨犹分明可考。此二经皆发挥《春秋》义。"参赞化育"云云，皆孔子之言，而伪《中庸》所未削去者。孔子倡导科学，其义旨弘大深远。独惜秦汉以来，无人肯求解。参赞者，谓人的知识能深入大自然，而参加与赞助其变化，以发育万物也。大自然所不能成之变化，而人力参赞之乃得成。孔子称帝尧云"天工，人其代之"是也。孔子言"天地位"者，即《易大传》云：裁成天地，利用咸宜，谓之位。自科学大进而后，人类知识之权力，足以参赞天地之化育者，更日新月异。而天地位之盛事，将有非吾人今日所及测者。盖圣人深感万物皆有不得其所之患，而明见夫少数人统治天下最大多数人，横行侵削；侵者，如天子夺据天下之土地与一切财富为其私人。削者，众庶劳力之收获，王朝则搜括一空。诸侯之于其国，大夫之于其采邑，皆然。又私有制既立，造成社会上种种大不平，决不可长久容忍而弗变，遂有志乎进万物于各得其所之乐。是以《大易》阐明"首出庶物"与"群龙无首"之鸿论。鸿，大也。《春秋》二《礼》诸经，二礼，《周官》《礼运》也。前知、远见，为万世制法，为，读卫。制作法度，曰制法。包罗万有而不遗，筹策未来而不谬。尤异者，《易大传》倡导科学之论，实以科学技术为社会生产建设之基本。非上圣其能有此先知乎？

孔子倡导社会革命思想，绝不逞空想、绝不作空理论。纯以科学实事求是之精神与方法，拟定实行计划。期于理论导引实行，实行证明理论。如《春秋》三世义，即革命成功之步骤也。

"群龙无首"之盛，非可一蹴而几。《周官经》承据乱世，革命告成之初期，新建国家力行领导制。俾人民开其智慧、掘其潜力，用之于生产建国一切伟大事业，及培养其忘我无私、勤劳不偷、爱人爱物之崇高道德。俾人民三字，至此为长句。不偷，有三义：一曰，不小成，常精进故。二曰，不守故，常创造故。三曰，不偷巧，于任何事必为可久可大之计故。余昔读《周官经》，曾有札记云"群龙无首"，在孔子倡导社会革命的学说中，是彻始彻终语。略言其始，则《春秋》

主张废除天子私有天下、诸侯私有一国、大夫私有采邑之乱制，则《春秋》三字一气贯下。是消灭统治，为无首之初步。《周官经》则于统治层推翻之后，积极建设新国家。对内，则急于作动人民，使人民的思想和习惯等一切去其旧而更新，有兴奋振起之象。取消私有制，土地国有，一切生产事业皆是国营。《周官经》是以开发物质，扩大生产为本务。其一切国营，即私人不得专利，决不会有资产阶级出现。新制度之建立，以均与联两大原则为依据。《天官篇》曰"凡小事皆有联"云云。失其联，即社会溃散。均，犹平也。处处求平、事事求平，万物莫不发育。政治，以全国庶民之众智、众力、众欲，共同合作为基本，主权在民。王朝六卿互相联合领导，三公之位与王同尊，而王无实权。三公兼三老之职，一方代表地方民众，得以其利害与众志，上达于朝；一方与六卿参国政，隐有监督之权。余谓此制甚好。以上说对内。又《周官经》之经济制度，有足称美者。如泉府掌万物之取散，泉府，犹今之国家银行。聚，谓国家购入。散，谓国家售出。遍考全国各地产物之丰耗，周知其数，以时聚散，统筹其平。物贱则买入，物贵则如其本价而售出，如其本价者，谓照公家买入时之原价。断绝商贾垄断之害。垄断，谓欲夺天下之利，专为己所有也。上充国用，下苏民困。商贾窥物价将贱，则以低价买入；物贵，则大增高其价以售出。国家和民众都受其剥削。此为均调社会经济之一种优良制度，均者，均平。调者，调整。使民间生活常有余裕而不匮竭。《周官经》于革命初成，创立领导制，暂行国家社会主义，故有此制也。至于对外，则倡导国与国之间力求融合。如交通则开辟国际道路，生产则新工具可相观，商务则有无可相通，政俗则得失可相访。彼此以真正平等互助之精神见诸行事，消除怨恶。大国不欺小国，小国不侮大

270

国,以此为破除国界之先导。余在《原儒·原外王篇》说《周官经》,每陈一义皆有经文为据,可以考核。此经在汉武帝时,由民间献出。武帝诋为渎乱不经之书,藏之秘府,不令通行。不经,犹云不正。何休詈为阴谋之书。何氏以革命思想为阴谋。其后,竟缺冬官。冬官职掌百工之事,必有弘远规划,或非常异义。此必汉朝博士所毁弃,至可惜也。其未毁者,博士亦必有改窜。刘歆在朝掌校书,见此经于秘府,甚好之。然歆辅王莽篡帝位,其于此经亦必承用博士窜乱之伪本,而或以己意有所增损。故此经真相,毕竟不可睹。余详究此经体要,究未完全毁尽。体者,谓其弘纲。要者,谓其要领。学者细心求之,不难寻得孔子本旨。西汉以来二千余年,莫有真知此经者。王荆公之智,只略拾一二枝节耳,况余子乎? 近人康有为张《春秋》三世,而大毁《周官》,非独不知《周官》,实未通《春秋》耳。《礼运》,汉人删改殆尽。其中尚存天下一家之文,惜其规制,不可睹矣。要之,《春秋》《周官》《礼运》三经为一贯,皆宗主《易经》而作。《春秋经》言太平世,天下之人人皆有士君子之行。此说,存于董生书中。此于皇帝无触犯,故董生存之。士君子者,道德、智慧、材能三者,莫不淳备也。备,谓三者完全备足。淳,谓三者各极其优。天下之人人皆成士君子,即皆有纯健之德,天下者,谓普天之下,犹言全世界。人人者,则总括全人类而言之也。正符合于《乾卦》六爻皆阳之象。全人类无有一个不是健者,即人人各各自主自治,而未尝不同群合作;人人各各自由,而未尝不各循规矩;人人皆务变化日新,而无或偷安守故。至此,则人类一齐纯健,都不需要领导,亦无敢以领导者自居。《乾卦》:“用九,群龙无首,吉。”乃此象也。此为《春秋》太平世之极轨。人道至极之轨则,曰极轨。夫革命开始,消灭统治,是乃无首之初步,而非真无首也。《周官经》之制度,确是革命进程中之领导制。然王为虚位,六卿联合领导。天官以六卿之一,兼领冢宰,听众议而裁决,不为专断。三公参预大政,而持地方众志以监之。则其集众思、广众益之宏规,诚哉远大矣。宋儒言《周官经》是法家思想,此乃鄙陋之见,于儒法两无所知。及天下庶民飞跃进上,好《乾卦》五爻,飞龙在天之象。达乎全人类纯健之极顶,领导自然消失,是乃真正无首也。余在前文云"无首"是彻始彻终语。人道与治道,终归于"无首"耳。"无首"之"无"字,犹無也。以前未注,今补注于此。

　　《乾卦》初爻,"潜龙"之象,表示庶民久受统治阶层之压迫,处卑而无可动作。故以"潜龙勿用"为譬。二爻,"见龙在田",则以庶民因先觉之领导,群起而行革命之事。如龙出潜,而见于地面。见,读现。三爻,"终日乾乾",言君子志乎革命大业,必自持以健而又健,不忘惕厉。四爻,"或跃在渊",此言举大业者屡经胜败,或跃而上天,或退坠在渊,此皆势所必有。五爻,"飞龙在天",则以革命从艰难中飞跃成功,统治阶级消灭,一国之庶民从此互相联合,共为其国之主人;天下之庶民亦必互相联合,同声相应,同气相求,群起而担荷天下平之重任。天下平,见《大学》首章。《大学》盖孔门之学规。文虽简寡,而义则总括《六经》。其言天下大同之道,特揭示一条根本原则,曰平而已。平,无私也;平,无偏也;平,无诈也。(诈者,诡诈或骗诈。)天下者,天下人共有之天下。彼此同恪守大平至平之原则,一切图谋、一切事业、一切建设,皆从大平至平而发出,自然天下一家。反乎平,则大乱之道也。帝国主义国家,对内则剥削大多数劳动人民,对外则侵略弱小的众国,人间世根本找不出一个平字,此真人道之忧也。《周官经》之制度,以均平为主。而孔子定《大学》之学规,以天下平为教育之鹄的。甚深宏大哉! 万世无可易也。《乾卦·象传》之结论,归本"首出庶物,万国咸宁"。此言庶民首倡革命,同出而合力改造天下,故万国皆安也。若如刘、程二氏之解,一人为大君,据天位,高出乎万物之上,奴役天下,而万国赖之以安宁,有是理乎?

有人难曰:"孔子在古代,当然要尊崇天子。"余答之曰:《乾卦》上爻与《坤卦》五爻之辞,汝一字不通,而以愚贱之衷侮圣言,真小人无忌惮也。《乾》之上爻,明明断定君主制度无可维持之理。其辞曰:"亢龙有悔。"王肃曰:"穷高曰亢。"余案天子之位,高而已极,无有加乎其上者,故曰穷高。此言为大君者,处穷高之地,无所能为,非自退不可。古称天子,曰大君。不退,必招亡灭之祸,故曰有悔。后世亡国之主,临死有悔生帝王家之言,是其明验。《乾卦·文言》曰:"亢龙有悔,何谓也? 子曰:子,谓孔子。《文言》,是弟子记孔子之言。'贵而无位,有天子之称号,故贵。为天下人之所厌弃,名居天位而实无位。高而无民,处穷高之地,天下庶民共弃之,故曰无民。贤人在下位而无辅,周朝诸王,成、康皆中人之资。其后嗣无一不昏暗,贪残成习,不能用贤。观《诗经》变雅诸篇可见。是以动而有悔也。'"如幽王灭于狄,昭王南征而不返,桓王代郑,郑人射王中其肩之类。又曰:"亢龙有悔,穷之灾也。"孔子明知周天子不可维持。《大传》曰:"穷则变,变则通,通则久"云云。孔子盖以天子统治天下之乱制,由夏、殷至于西周,其势久穷,不可不废除,故倡导革命也。余考严、颜二氏治《春秋》,尚承先师遗说,以周王为天囚。先师,谓孔子。何休否认此说,乃宠事汉朝耳。周天子自称余一人仅亦守府。谓无位、无民,仅守王者之府第而已。不谓其为天之所幽囚,将何以解嘲乎?《论

273

语》称孔子言,天子丧其礼乐征伐之大柄,而诸侯得之。诸侯又
丧其柄,而大夫得之。大夫又丧其柄,而陪臣得之。陪臣者,大夫
之臣也。陪臣盗柄,三世必失,层层崩溃。孔子见之甚明。其主
张庶民起而革命,废统治,行民生,征考群经,随在可见。岂余以
己意妄说乎! 故就《乾卦》及群经取证,《彖传》“首出庶物”之文,
汉、宋诸儒注疏,明明背叛孔子本义。余所解有据,不可狐疑。
狐者,兽类之多疑者也。故责人之妄疑者,曰狐疑。

　　已说《乾卦》上爻,次释《坤卦》五爻。五爻之辞曰:“六五,黄
裳,元吉。”六者,双数,谓坤阴也。古术数之《易》以君为乾阳,人民为坤阴。
五者,阳位。五者,单数。凡单数皆称阳,故五爻之位为阳位。余案古代
术数之《易》,以五位为至尊。天子之位也。孔子之《易》,始废古说。
黄者,中色。古代天子之衣,其色黄。裳者,服之施于下体者也。
裳而黄色,则是下民起而夺天下之权与位,用天子之服色。盖古
代以天下最大多数之人民,皆卑微至极,名之曰下民,故取裳为
人民卑下之象。而下民用天子之服色,则是下民群起革命,废除
天子制度,消灭统治阶级。下民一齐伸出头来,共主天下事。而
过去天子之权与位,今为大众所共有,故取黄裳之象也。元吉,
犹大吉也。

　　五爻之象辞曰:“黄裳元吉,文在中也”云云。黄裳为下民群
起而推倒上层之象,而称为“元吉”者何? 圣人则曰:“文在中
也。”案“文”者,言乎其有大美也。美何在? 则以下民革去上层
而共主天下事,实行大公、大平之制度,荡除人类相食之恶毒,是
乃真正中和之道。故曰文在中也。言其大美在于实行中和之道也。

　　《坤卦·文言》曰:“君子黄中通理,案黄为中色,以譬中和之道。

理者,万物之理则。(旧说坤为理。坤即物也。云何坤为理?旧说亦不一,今俱不取之。余谓,坤为双数。《坤卦》六爻甚繁赜,而皆有理则,不可紊乱,故谓之理。《大传》云"至赜而不可乱也",是其证。)下民革命,实现中和之道,盖通达于万物之理则,故能如是。**正位居体**,下民一向卑而无位,同类皆不得其所。今则全世界民众群起而为天下之主人,是正其位也。体,谓四肢。伪《中庸》曰"动乎四体"云云。四体,即四肢也。此为古训。四肢亦称手足,古人以手足比喻兄弟。世界不得其所之民众皆同类也,皆相亲如手足也。既同革命而正其位,则全世界兄弟之众莫不安居于正位,故云居体。(四体,指天下兄弟之众今有以安居之也。)**美在其中**,美在中和之道。说见上。**而畅于四支**,四支,谓全世界兄弟之众皆得通畅也。**发于事业**,统治阶级消灭,全人类之不得其所者,今则乐于共同生活。一切经天纬地之大事业,皆以众智、众德、众力举办,健而又健,进而又进。《易大传》云"富有之谓大业"是也。**美之至也。**"案此上所引《坤卦》之辞,皆与《乾卦》完全相印。古时以坤为民众,故圣人对《坤卦》发明革命之深远理想,尤为详尽。二千数百年来之奴儒,莫不熟习《乾》《坤》二卦之文,而绝不求其解,岂不怪哉! 汉宋诸小儒解释《坤》之五爻者,以人臣居高、当权为大戒。虽周公、霍光之忠,犹不许之,而况下民可革命乎? 程颐顽陋不待言。余说孔子《六经》都被小儒改易与变乱,而不厌闻者鲜矣。

上来已释《乾·彖》,今次当释《坤·彖》。今录《坤·彖》全文如下,后再逐句分释。《坤卦·彖传》曰:"至哉坤元! 万物资生,乃顺承天。坤厚载物,德合无疆。含弘光大,品物咸亨。牝马地类,行地无疆,柔顺利贞。君子攸行,先迷失道,后顺得常。"下有"西南得朋,乃与类行。东北丧朋,乃终有庆。安贞之吉,应地无疆"。此或是小儒增入,今不录。

"至哉坤元! 万物资生。"说见《坤·象》中,兹不赘。

"乃顺承天"者：此中"天"字与《乾·象》"统天"之"天"字，互不同其所指。《乾·象》统天，谓乾道统御坤物也。坤为物，故称坤物。不曰统物，而曰统天者何？诸天体是物之最大者，大物既为乾之所统，则一切物皆为乾之所统不待言已。且先民迷信天为上帝，圣人欲破其迷，故说统天。以明天之不神，而只是太空中之大物耳。统天之义如是。《坤卦》中言"顺承天"。此"天"字则不是指坤物而名之，乃是指乾道而名之也。问："乾何以取譬于天乎？"答：乾为生命、心灵，其性刚健、生生、照明，自胜而不至化成物。自胜者，谓其刚健诸德足以自强，胜过一切也。天象高明，光明朗燿，有似于心灵。天之运行至健，有似于生命力之健。故以天为乾阳之譬喻，遂称乾为天也。

《乾卦》说"统天"，是乾统御坤，阳统御阴，生命心灵统御物质。乾为阳性，为生命心灵。坤为阴性，为物质。《坤卦》说"顺承天"，是坤顺以承乾，阴顺以承阳，物质顺承生命心灵。生命心灵，以后或简称生命力。坤化成物，物成而发展偏胜，生命力为物质所锢闭而不得显。然生命力默运乎物质中，终能改造闭塞重浊的物为生机体，而生命遂出现。此从宇宙发展说来，乾阳统坤阴，而坤阴顺承乾阳；生命力统物质，而物质顺承生命力。是为天则之不可违。天则，见前。至于人类出现，更能以自力发展其所本有之生命、心灵，俾其力用，日益弘大。此中本有二字，谓万物与人本来共一真实根源。设若根源中本无生命、心灵之端，人又何从得有生命心灵？问："根源是超脱乎万物与人生而独立乎？"答曰：否，否。此理已详说在前。遂攻破物质之障碍，而大显其光辉。自此，而人类有"裁成天地，辅相万物"、恢弘乾道统坤之大业。可谓盛矣！统坤即是统物。然统物之

功,不仅在人生实用方面,根本致力处要在毋以心为形役。心为

形役,见陶渊明《归去来》辞。形,谓身躯。人之身躯,本是物质的独立体。色

声香味皆此独立体之所耽迷,乃至名势权力皆此独立体之所追逐也。(色声香

味等等适其需要而止,不可谓迷。过分即大迷,起贪即大迷。夫雄才高德,尽

瘁于天下,无羡乎权力。世人以公意而归之,则奉公意而执行天下人之权力

耳。权力者,天下人之公器也。张江陵当国,迹似追逐,然其心戚戚焉忧国家

之倾危,为救国而追逐。(为,读卫。)其功业已就乃引退。赤条条一身,光净净

一心,大白于天下后世矣。有才而乘权力,逞野心、愚黔首,陷夏族于衰微,如

吕政者;庸奴而获一隅之权力,背亲亡国而不惜,如赵构者,皆历史上之垢秽。)

吾人若不能存养心灵,以为独立体之主宰,则独立体将役使吾人

以为己用,造作种种罪恶,是谓心为形役。为己用之己字,作为独立

体之自谓。陶公所为世人痛惜者在此。为,读卫。人若能返求其本

心之所安,常存养此心,俾其得主宰乎独立体。一切动念与行事

皆不随顺独立体之私欲与垢秽,则已往之失皆不足计。旭日既

升,云雾消散矣。此乃收复其已失之心灵也。收复并不是难事。

陶公诗有云:"云鹤有奇翼,八表须臾还。"余素喜陶公此句。腾云之

鹤,失其栖而远飞八方之外,乃须臾便还复其栖处。可见远飞虽危,而复之甚

易也。心者,身之主也。今失其本位,犹鹤之远飞而失所栖也。然吾人能自唤

起此心,则心即复位,亦如鹤之鼓翼而须臾还矣。人能自唤,犹鹤之有奇翼也。

(不自唤者,即昏没下去,如鸟损翼便死。)昔尝以此诗意,语叶石荪。石荪曰:

"陶公此句令人欣然振作,壁立万仞。"常令百体从心,身体是众多部分所合

成,故名为百体。是为统物之立大本处。夫惟乾阳统御坤阴而阴

与阳同功,生命心灵统御物质而物与灵合德,心灵,简称灵。此宇

宙人生所以为无妄、为贞明,无可厌离也。《易》有《无妄》一卦,阐明万

物皆是实理显著。贞明,见《易大传》。贞,正也。大明而常保其正,无迷乱故。

此心灵之性也。

"坤厚载物,德合无疆"者,此言坤之德用也。西汉至今二千余年,小儒皆以坤为地,此大迷也。孔子虽采占卜之象,而实改象为譬喻。余已说在前。坤取象于地,即以地为坤之譬喻耳,非谓地即是坤也。问:"坤为物质和能力,公持此说果有据乎?"答曰:《易大传》曰"坤化成物"云云。坤化者,坤承乾之主导而起化,与乾同功以凝成万物也。据此可证坤为物质,断不容疑。断者,断定。物质本有实质,而当其未凝成——实物也,则是轻微、流动的东西。既凝成实物,便万象森然,所谓物质宇宙是也。圣人作《易》,正以轻微、流动之质说为坤,别无可曲解也。圣人取地为坤之象者,诚以地是有实质故,遂取地以象坤也。易言之,即因地有实质故,遂取地以比喻物质也。物质元来是有实质的,故因地有实质而取以为譬。又《大传》称坤曰"广生"。物质是坤,生命力是乾。物质承生命力之主导而广生动植诸物之形体,所谓坤承乾化是也。地有生物之德,故可为物质生成万物之譬。大自太空无量诸天体,细至一微尘以及生物的形体,皆物质之凝成。易言之,物质实为万物之所由生起,所由成长也。余说坤是物质,义证分明。

问者又曰:"公说坤亦为能力,其证何在?"答曰:《易大传》云"乾以易知,乾为生命,亦为心灵。此处则就心灵一方面言也。易字,读难易之易。生物发展到最高级,即是生命和心灵发展到盛大时也。(最高级,谓人类。)此时心灵作用明睿至极,其于法尔道理,常不待推求而能自明自了,是其知之易也,来源深远故耳。王阳明所谓良知,即乾也。法尔道理者:法尔一词,见中译佛书。法尔,犹自然也。自然一名,世俗习用甚滥。或以事之顺成者为自然,或以理之无所待而然者曰自然。(理之无所待而然者,即以不可问其何由如是耳。余今所云自然者,即后一义也。)余尝有感,穷理到至极处,可向上诘问:"此理如是,将更有所待而使之如是乎?"问至此,毕竟无可作答。疑问愈多,将益障碍吾心灵之自明自了,生活于迷惘中失其所主。但又有难言者,若轻于反对疑问,而才非上智,学愧博通。倘妄矜自明自了,则长陷于迷暗而已。坤以简能"云云。案《大传》既言"坤化成物",明明以坤为物质。而又言"坤以简能",何耶? 能者,能力。孔子首发见质和能,只是两方面,不可拆开为各各独立之两物。故有时单言质,即已摄能;有时单言能,即已摄质。不可执单辞而失其全面也。《乾卦·象传》曰"地、势、坤"云云,汉、宋诸小儒于此处,无不曲解。曲者,邪曲。小儒解释此处都是邪解,无正解也。余谓,地有实质故,乃取地为坤之象,明示坤是物质也。势,犹能力也。已说坤为物质,当知有质,即有能相俱。譬如人身有胸和背两方面,并有而不可离之为两物,是谓相俱。是故合地与势,而名之为坤。据实而言,即以质与能字之曰坤也。此据实事实理言。上语,则就象言之也。字,犹名也。

问:"坤为质和能,已无疑矣。《大传》说坤以简能,何耶?"答曰:《大传》此处,以乾知之易与坤能之简,相对而言耳。乾是心灵。知者,心灵之发用也。故以乾知二字使用为复词。坤是能力,故以坤能二字合用为复词。然说到能力即摄物质,说到心灵即摄生命。本书间有未及注者,恐文繁故。览者宜知。简者,简单。生命心灵,是无尽藏。含藏无尽的可能,故称无尽藏。自昔以来,哲人从事于"观生"与"明心"之学者,都未曾体会到深远处。(观生,见孔子《周易·观卦》。然现存之《观卦》太简略。孔子原文,盖被小儒删削殆尽。"明心"者,佛家禅宗所谓发明心地也。)又各家所见不同,尚无公认之正见。谈生命者,不能示人以大明、正确的人生观;谈心灵者,不能使人于明心、治心、养心、用心之道,得循正轨,是大憾事。能,与乾道、心灵相比较,则简单多矣。简单则专一,故能之发动,刚劲暴烈。坤之为质，亦为能也，正以其简而已矣。

坤为质和能，伪经犹存圣文。大义足征，已说如上。伪经，谓小儒改变孔子之《周易》而为伪《周易》，即西汉传来伪五经中之《易经》是也。其中偶有留存孔子原文。"坤厚载物"云云，前方未释，今当略疏其旨。坤，承乾主导，乾，谓生命力，是主导乎坤者也。化成万物，遍含载之，故说坤有厚德。

"德合无疆"者：疆字，《说文》云："本作畺，界也。"无疆，谓乾也。乾德周遍流行，无有尽界之限，故称无疆。今言坤之德合无疆者，谓其顺承乎乾，乃与乾合德也。问："吾人设想宇宙太初，洪荒无物。纵许有质和能先在，只是轻微与流动之体，无象可睹耳。何可谓其含载万物？"答：后来万物蕃然，皆质和能之化成也。从果推因，以是知其含载万物。且汝言亦大谬矣。太空含容万物，岂有象乎？

"含弘光大，品物咸亨"者何？将释此句，先有所陈。陈者，陈说。孔子有乾坤互含之例。乾斡运乎坤，是乾含坤也。坤含载乎乾，是坤含乾也。《坤卦》中有乾象，《乾卦》中有坤象。汉人以此说旁通，而旁通即互含之例所摄也。互含者，诚以乾坤本是完然全体之两方面，不可视为各各独立之两物。完然者，大全之貌，即形容词。变无独起，化不孤成。宇宙万有更不是由多数独立分子堆集而成。圣人立乾坤互含之例，发变化之妙缊，乾为天生之精，主变导坤。坤为实质，承乾起化。宇宙由是而开，人生由是而始。会阴阳为一元。阴，谓坤也。阳，谓乾也。一元实体之内部含藏阴阳两方面的复杂性，相反而成变动，是名功用。（即就其变动，而名之为功用耳。）功用已成，即一元实体现作乾坤万物。（现字，读为发现之现，不可读为现在之现。万物皆禀乾以成性,禀坤以成形,故乾坤即是万物,万物亦即是乾坤。)而乾坤、万物以外,实物有独存的一元实体,譬如大海水变成腾涌怒跃的众沤,而众沤以外实无有独存的大海水。此谓体用不二。大哉乾坤互含之例! 一元之义定于是。乾坤非各各独立之两物,故乾坤之实体是一元,定非二元。王船山乾坤并建之主张,根本错误。(并建之论与互含不相容。)实体含藏复杂性,非一性,其义亦定于是。变无独起,化不孤成,宇宙开辟之缊,尽于此两言。乾变、坤化,阴阳合一,遂开宇宙。本书凡单用宇宙一词者,即摄人生在内。互含之义甚深宏大。倘非浅见,乌用狐疑。

今正释"含弘光大"云云:含者,谓坤含载乎乾也。弘者,谓坤能载乾,由于其德量弘大也。光与大则皆指乾而言。乾性照明,故称光。乾德健而又健,故称大。此谓坤之德量弘大,故能含载乾也。《坤·彖》此处是专就坤之含载乾而说。程颐不通孔子之《易》例,不通孔子之根本要旨,竟以含弘光大是形容坤道之四长。有此四者,故能成承天之功云云。程颐复兴上古宗教思想,以天为上帝,以地为地祇。其《易传》于此处有曰"地道顺承天施,以成其功"云云。而程并未说明施个甚么,或指天帝之命令乎? 程云成承天之功者,谓地道以顺承天帝为功耳。其迷乱之谈,本不足辨。但向来尊信者众,障蔽圣学,又何忍不揭开烟幕。

"品物咸亨"者:品物,犹云庶物。乾,斡运乎坤;坤,含载乎乾。坤承乾起化,遂成庶物。如气体、液体以及固体诸大物,大物,谓诸天体。乃至生物之形干或躯体,皆质和力之凝聚,皆坤道之承乾以化成也。物成,虽若各别;而乾为大生之流,遍运于庶物之中。故庶物莫不亨通,毕竟为一体,无彼此之隔也。

《象》称"牝马地类,行地无疆"云云。将释此文,须先辨阴阳。古代术数之《易》,其言阴阳也,已有专称与泛称之分。如阴气,乃专就寒凉肃杀之气,而给予以阴之名。阳气,乃专就和暖生长之气,而给予以阳之名。此其名阴、名阳,皆专称也。泛者,广泛,本不为一事物之专称,而可随在应用者也。如以天地分阴阳,则因人皆见为天在上,地在下,遂说天为阳,地为阴。以物分阴阳,则生物为阳,无机物为阴。以人分阴阳,则男为阳,女为阴。以动物分阴阳,则雄为阳,雌为阴。以花蕊分阴阳,则雄蕊为阳,雌蕊为阴。以君主与臣民分阴阳,则君主至尊说为阳,臣民卑贱说为阴。又如官僚对君主则为阴,对小百姓则又为阳。以上略举泛称之例。夫阴阳二名,所以有作泛称者,只因类别事物之方便而起耳。凡泛称之用以类别事物者,亦不无方便,但其取义之本于阶级的观念者颇不少。如天阳而地阴、男阳而女阴、君主阳而臣民阴之类,皆有尊阳卑阴、贵阳贱阴之意义存乎其间。此皆悖谬至极。而古代术数之《易》,乃以此为重要。至孔子作《周易》,则阴阳仍有专称及泛称二种分别。专称则绝不同于古说,下文再详。泛称虽大概照旧,而取义亦多变其旧。孔子主张"群龙无首",则君臣贵贱之分,早已不许存在。天之与地,本无上下尊卑可分。男女不妨分阴阳,但古说别以尊卑贵贱,今据孔子群龙之义以正之,则男女平等。此泛称之有异乎古说也。又复应知,泛称之用以类别事物者,大概始于上古民俗,而术数之《易》采用之。孔子作《周易》亦不废者,亦随顺世间习俗之故耳。前儒治《易》学者,前儒,通汉宋二派而言。其于阴阳二名,不究专称与泛称之别,更不知孔子之《易》对于阴阳二名,不论用为专称或泛称,而其取义都与古术数家之说,无一毫相近处。更不知三字,一气贯下为长句。名不正,即义不明。《大易》成为一团混乱,不可不正名也。

"牝马地类"者:古说,就地与天别其类,则以天为阳、地为阴。又就马之群而别其类,则雄马为阳、牝马为阴。此皆古代社会习俗相沿已久,孔子不便废之,但革去尊卑等邪谬之观念耳。马与地虽异,而以阴阳判别之,则二物同属于阴类,二物,谓地与牝马。故谓牝马是地之同类也。"行地无疆"者:此乃《坤卦》所以取牝马为譬之故。注意。坤,是质和能之总名。合物质与能力两方,而名之为坤。其取譬于地,则以地有实质故。见前。然若专用地之譬喻,很容易使人误会,将以为坤者只是物质,而不知有物质即有能力。然若二字,至此作长句。所以更取牝马行地无疆之譬,以表示坤不唯是物质,而是有物质即有能力。质和能恒相俱,而不可破作各各独立的两物者是为坤。疆,界也。曾见前。此中无疆,则谓牝马有至健之力,其行于地也迅速至极,不能划一定之界域,令其停止也。故曰"行地无疆"。圣人取譬牝马行地之故,实注意于牝马之"行地无疆",用以比喻能之至健耳。能者,能力。首句牝马地类,更有深意。其他诸卦诸爻取象颇多,罕有特别申明象与象之联系者,如乾之象,有天、有龙、有阳气等。古代民俗共信阳气生长庶物,犹乾之生生也。龙能潜、能飞,犹乾之初潜而终于飞跃以大显也。天体之运行迅速至健,犹乾德之健而又健也。乾之三象各取一义,以比喻乎乾,使人由譬喻之不一而悟乾道具有多义也。三象者,天与龙及阳气也。夫象,自孔子言之,犹譬喻也。本无须说明象与象之联系,而《坤卦》之地与牝马二象,则《象传》特明其联系,岂无故欤? 余研索多年,而后悟圣人之意,盖主张质和能只是两方面，不可破析为各各独立的两物。所以，说牝马、地类，盖以地为物质之譬；牝马健于行，为能力之譬。如不表明牝马是地之同类，即质和能是各各独立的两物，何可强并在一起称之为坤乎？《大易》严于正名，正名，见《论语》。名必如其实。名与实相符合，曰如。质和能通名为坤，以其不可离之为二故。

"柔顺利贞君子攸行"者：自"至哉坤元"起，至"行地无疆"止，皆是谈造化。造化者，谓乾道变化。说见《乾·彖》中。从"柔顺利贞"至"后顺得常"，皆发明人生要道。至精微的道理，曰要道。柔顺者，坤之性也。性者，性质。将明坤性，必先之以乾。明者，阐明之也。乾为生命、为心灵，有刚健、生生、照明、升进等性，而刚健为本。刚健者，至刚不可折，至健而直前，进进而不可停住、不可退坠，此生命力之刚健性也。生生者，蓊然万物变化密移，每一瞬间舍故生新，大生之力，其妙如此。照明者，宇宙开辟，物质层最先成就，而生命力已斡运于其间。自后，生命心灵出潜而显，即已转化物质为生机体。印度古代数论，有三德之说。三德者：曰勇、曰尘、曰暗。勇，即力也。尘，犹质也。暗者，迷暗。如彼之说，宇宙以迷暗与勇尘为因。佛氏有十二缘生之论，以为宇宙人生由迷暗势力开发。殊不知，万物发展到高级是为人类。人类毕竟有忘我的道德，有"裁成天地、辅相万物"的智慧，此岂是从迷暗势力中发生出来乎？孔子以乾为生命、心灵，本有照明之性。事实彰著，不容否认。升进者，生命、心灵是向上性，是进进性，进而又进，曰进进。《大般若经》有譬喻云："如箭射天，箭箭相承，永不退坠。"此与《大易》进进之义颇相符。是为乾性。

次坤性者：坤，为质、为能，有柔顺、迷暗、坚结、闭塞、下坠、动则刚等性,而柔顺为本。柔顺者,前人于柔顺二字似欠分别,实则须有分。柔,有胜义,有劣义。坤性柔,以其无有刚健之德故。德者,得也。言坤有柔德,是坤之所以得为坤也。柔是坤之性,亦是坤之德。就坤之柔性言,此柔字本无胜义。若坤以顺承乾道为柔,则柔是胜义。顺者,顺承乾也。坤以柔性顺承乎乾,与乾合德,是为柔顺。迷暗者:物质是迷暗性。言质即摄能。后不再注。乾性照明,坤正与之相反。佛氏所谓迷暗势力,与坤略有相近处。坚结者:物质本是轻微与流动的东西,但其凝结性颇坚强。如宇宙太初洪荒无物,及太空无量天体凝成,则物质之凝结性甚坚固可以想见。闭塞者:物质凝成为不可数计之各各独立体,每一独立体都是闭塞性极强。生命力斡运乎物质中而改造物质为生机体,要至神经系统发达完善,始得化除物质之闭塞性。而生命力乃可凭借优良工具,以显发其"大生"、"大明"之威势与光辉。下坠者:物质无升进之性,只是下坠。《易纬》言:"坤,势不自举。"坤,谓物质,其势不能自举,则其柔可知。柔性与下坠性是相依而有,故坤必待乾为主导,而后顺承乾以与乾合德。物质必待生命力为主导,而后顺承生命力以与"大生"同功。动则刚者:《乾》《坤》二卦皆有《文言》,孔门狂简诸贤记录孔子之言耳。狂简诸贤为大道派之开山。见本书第一分。伪经《文言》遭小儒改易、变乱,但孔子之言,亦偶有保存。非明者莫辨。《文言》曰:"坤,至柔,而动也刚。"此孔子之言,小儒幸存之。质和能都是柔性。《易纬》谓其势不自举者,盖以其迷暗,必须承乾主导耳。坤性盲动,其发出也,则刚猛至极。今之原子弹已证实先圣之言。但此处刚字是刚猛义,不可与乾性刚健之刚字同训。训者,解释字义之谓。乾

285

性之刚,是至健、纯善、照明、升进、中正等义。《坤卦·文言》称孔子说坤之"动也刚",则因孔子《周易》以坤为质和能。能之发动,猛烈至极,其势足以排山倒海。故此处刚字应作刚猛释,与乾性之刚不同义。程颐于此,全无分辨。此非小失也。综上所说,是为坤性。

乾性不一端,端,犹始也。其始犹未发现,将演而显著。譬如丝之绪,引伸之则愈长也。不一端者,言其端甚多也。上文提要略谈,亦难以求详。而刚健为本故,总称阳性。阳者,刚健义也。阳者,阳刚、阳明,皆刚健之义。坤性不一端,而柔顺为本故,总称阴性。阴者,柔顺义也。如上,列举乾坤两性之不同。学者详玩《易》道于仰观、俯察,远取诸物,近取诸身之际,当可了悟圣人于《乾卦》发"用九"之义,明示乾道用其纯健以统御乎阴;于《坤卦》发用六之义,明示坤道用其纯阴以顺承乎阳。以此为宇宙开辟所循之天则,亦即是人生自强所不可违之天则。其义深远极矣!

夫乾,伏"大生"之鸿机,乾,为生命。机者,机势。鸿,大也。言其生生之机势鸿大至极。"大生",见《易大传》。缊大明之潜德。乾,亦为心灵。"大明",见《乾卦》。夫坤,流动、有质而无照明之性,简单有力而缺升进之德。《易大传》言:"坤以简能。"盖以坤之动也,一触即发,其势甚简单,而破坏性极猛,如原子弹之类。问:"云何说坤之能,缺乏升进之德乎?"答:升进,是一直向上、进进不已之谓。此是生命和心灵具有伟大与丰富之创造性的活动,此中义蕴深广,(升进之性是与刚健、生生、照明等性互相关联的。无照明性,无以成其升进;无生生之性,亦无以成其升进。升进必时时舍故创新,所以进进不已,所以一直向上。此非有刚健、生生二性,何能如是。)难为不悟者言。(为,读卫。)坤之能,何可谓其有升进之德乎? 故必乾道主变,以导坤之迷暗，以开坤之闭塞，转移物质为生机体。坤乃得破迷启闭，冥然与"大生"、"大明"合德、同功，卒归合一。冥然者，乾坤冥合为一之貌。宇宙毕竟不是一团迷暗，故曰乾统坤、坤承乾，是宇宙开辟所必率循之天则也。

乾为性、灵，此性字为生命之别一称。灵者，心灵。其德刚健、照明。坤为质、能，其性柔暗。此性字，是性质之性，与上性字不同义。柔者，谓其无有乾之刚健与升进等性也。暗者，谓其无有乾之照明性也。故人生自强，唯在存养乾道，以健统坤。乾道既振，坤道自来顺承，归乎正大。正大，谓乾也。乾称正，亦称大。人之能自立者，必不"随顺躯壳起念"。故曰乾统坤、坤承乾，是人生自强所必不可违之天则也。"顺躯壳起念"，便专逞小己之私欲、私意、私见，无可与天地万物同于大通也。人生自束缚于小己自私之迷网中，自损害其与天地一体之性，自丧失其与万物同情之灵。（上言天地，亦摄万物。下言万物，亦摄天地。性者，生命之别一称。就生命言，则每一人皆与天地万物同一生命。我和一切人及动植诸物皆有生命，乃至太空诸天体大物亦莫不有生命力斡运于其中，但生物出生之条件未能具备，则生命潜隐于物质中，无由显发出来耳。孔子之《易》说乾是生命，而盛美之曰"大生"。大字，最宜深玩。说坤是物质，而称之曰"广生"，则以其承乾之主导，乃可与乾合德耳。凡言生命，皆舍摄心灵在内，以其不可离之为二故。余不信宇宙间有无生命之物。晚周惠子曰"天地一体也"云云。盖就生命而言，则人与天地万物同一生命。明明是一体，可得而拆离之乎?）坤以柔顺之德，承乾而与之合一，不敢背乾而妄自逞，是以有正固之利，故曰利贞。贞者，正而固也。守其承乾之正而坚固不摇，是为贞。贞则与乾合德，无不利。君子自强之道，不敢随顺躯壳起念，所以使坤阴无失其柔顺。而乾道弘大无疆，坤道亦与乾道合一无疆。人道其壮乎！壮，犹大也。故曰"君子攸行"。言君子之所行如此也。

先迷，失道；后顺，得常。此与上文"柔顺利贞"云云，本为一段。程颐以"柔顺"云云连上段，以"先迷"云云，提出为结尾一段之首，甚无理。程氏于两《象传》都不通晓，横以己意妄说，侮圣言而不惭。惜哉！余案"先迷""后顺"者：先后二字，非以时间言，不可误解。先者，谓坤阴不顺承乾阳，是己欲居先也。己字，作为坤阴之自谓。下己字，仿此。后者，谓坤阴顺承乾阳，即己退而居后，奉乾阳为主也。坤之性，迷暗而动也刚。刚者，刚猛。非乾性之刚，说在前。若求先乎乾，以违背刚健、照明之主，将无往而不失正常之道。乾有刚健性及照明性，故坤必以乾为主，方不陷于迷。若居后以顺承乾，则得乾为己之主，将无往不利。己字，皆作为坤之自谓。《坤卦》卦辞云："君子有攸往，往，犹行动也。一切行动，皆始乎意想之微，终于事业之巨。先迷。坤不承乾之主导而妄欲先乾，以自逞其妄动，则必迷乱。后得主，利。"坤居后而承乾，则得乾为己之主，是大吉之道。故曰利。程颐注此处，将"后得"二字连上"先迷"二字断句，又以"主"字连下"利"字断句。颐注曰："主利，利万物，则主于坤，生成皆地之功也。臣道亦然。君令，臣行。劳于事者，臣之职也"云云。详程颐之意，盖以天尊地卑，上古之人，仰望苍然之天，便信为上帝。其于地亦信为神物，谓之地祇。故妄为主利之说曰："利万物，则主于坤"云云。盖以地承上天之命，专主生成万物，是对于上天而完成其主利万物之功也。下文曰："臣道亦然，君令臣行"云云。据此，可见程颐纯以上古宗教思想，曲解孔子之《易》。曲者，邪曲。程氏以邪曲之说，解释孔子之《易》，可谓无忌惮。《坤卦·文言》有曰："后得主而有常。"案《文言》此处，与卦辞"先迷，后得主"云云，完全符合。

而程颐既曲解卦辞,乃于《文言》此处,强护其邪见。又重复为注曰:重,读若虫。"阴之道,不倡而和,和,读若荷。故居后为得。而主利成万物,坤之常也"云云。程颐以"得"字连上读,谓坤以居后为得;仍以"利"字为主利成万物。且以私意妄说文言此处,"主"字下,脱"利"字。其愚而悍,不惜侮圣言以护其邪说。理学之为理也,何曾以穷理为务哉!

《易》之言坤,义分近远。此云《易》,专指孔子之《周易》。远者指轻微与流动之物质,及物质承乾主导而化成无量物质宇宙,通称为坤。凡言物质,即摄能力在内。他处准知。此与吾人身躯,本属一体,而较疏远。近者,如植物之形干、动物之躯体,乃至人类之身躯,皆由坤或物质承乾之转化与改造,以凝成无数之各各独立体,所谓生机体是也。今克就生机体言,从一方说,固是坤道或物质之凝成。从另一方说,而生命力实主领与运行乎生机体之中,借以显发其"大生"、"大明"之德用。此言生命,即摄心灵在内。故生机体是生命力所利用之优良工具。否则生命无所凭借,将何由显发其德用乎?然复须知,生机体之为功于生命者,固以其为独立体有特殊势用,足为生命所仗托也。而有可虑者,生机体亦可能妨害生命,则亦以其为独立体有特殊势用故,往往盲目妄动,侵夺性灵之主位。性者性命,乃生命之别一称。曾见前文。灵者,心灵。性与灵,名虽为二,实非两物。说在余之《明心篇》。性灵者,乾道也,是主乎身躯者也。身躯,物质也,是乃坤阴也。坤性阴暗,故云坤阴。人皆执此坤阴之身躯以为自我,所谓小己是也。人之有私欲、私意、私见,造无量罪恶而不自觉,试求其故,无非阳明所云"随顺躯壳起念"而已。躯壳,坤阴也。迷暗之动,其发也刚猛,至乎滔天之罪。而凶人晏然，莫知悔悟。盖为坤阴之所役使，无由自反耳。坤阴乃一切物质之公名。今用在此处，实指人的躯壳而言。譬如傀儡，被人持之以动作。傀儡本非自动自作，岂能自知动作之为得为失哉？凶人不知存养自己之生命、心灵，故其身躯失所主，遂至受坤阴驱使而造罪恶，同于傀儡之无知。庄子云："哀莫大于心死。"其凶人之谓乎!《坤·象》阐明坤道曰"乃顺承天"云云。案天者，太空诸天体大物也。其运行至健，故圣人取以为乾之象。此云"顺承天"者，谓坤顺承乾也。乾为生命，有刚健、照明等性。言生命即摄心灵在内。坤为物质，有迷暗与动则刚等性。言物质，即摄能力在内。刚，犹猛也。非乾性之刚，说在前。坤之在人，是谓身躯。乾之在人，亦称性、灵。性灵释在前。人之生也，禀受乾坤相反之两性，其内部生活本不能无矛盾。然矛盾非可厌之物也。人生每由矛盾推动乎中，卒乃照见内伏之一团黑暗，而发愤图强，化除矛盾。上造乎广大智慧、刚健自胜之最高境地，而人道乃至尊矣。刚健之德充养极乎盛大，一切足以自胜而不为他力所胜。他力者，如内伏之黑暗势力消灭殆尽，外在之恶势力亦莫不摧伏，故曰不为他力所胜。夫人之所以能臻此最高境地者，非无有内在根据而能然也。人生禀受坤阴以有身躯，禀受乾阳以有生命。生命者，身躯之主也。身躯有柔暗等性，身者，坤也。坤无照明之性，故曰暗。坤有柔性，如目为五色所引，则有盲之患。耳为五音所引，则有聋之患。是坤有柔性之征也。而生命则有至刚、至健、大生、大明等性，故柔暗之坤阴必以乾阳为其主，柔暗之身躯必以生命为其主。故柔二字至此，作重复语。(重，读若虫。)生命以其刚健主导乎身躯，身躯守柔顺以随从生命力而与之合德，是为乾道帅坤，坤道得有主而不迷。帅，犹主也。坤道得有主者,谓坤得乾为其主也。**毕竟乾坤合一,矛盾化除。乾变坤化之妙,如是如是。岂非谲怪至极者哉！要之,学者如解乾坤之义,必不肯妄执矛盾以观测人生。**解者,了解。**人能不"随顺躯壳起念",常存养乾道,扩充性、灵,**性者,生命之别一称。灵者,心灵。性灵,即乾道也。说在前文。**则乾道恒统御乎坤阴,而坤与乾同功。性灵恒主宰乎身躯,而身与性合德,何有矛盾可言乎?《坤卦》谈人生,深远至极,真切至极。程颐愚陋,全无解悟,横以先民宗教思想曲解圣言,上诬先圣,下误来学。亭林、东原并言"治《易》宜宗程《传》"。以其为低能者所共推,莫窥其陋。然顾翁弘博,惜未闻道。戴君考核优才而不安其业,游心哲学而慧解犹嫌浅狭,不堪穷大极深。两先生为程氏所欺,不偶然也。**

　　《坤卦·象传》约分四段:从"至哉坤元"至"乃顺承天",为第一段。"坤厚载物"至"品物咸亨",为第二段。"牝马地类,行地无疆",为第三段。"柔顺利贞"至"后顺得常",为第四段。《坤·象》至此结束。前三段皆言造化,《乾·象》曰"乾道变化"云云,是为造化之义。宜覆玩前文。昔人用造化一词,大概含神道意义。余今用此词,完全依据孔子之《易》义,不同昔人所说。**第四段,结归人生。**

　　《乾》《坤》二卦解决宇宙人生根本问题,是广大、丰富、无穷之义海。穷理到极处,无所不包含,故曰广大。圣人之学,仰观、俯察,远取诸物,近取诸身,推论必有实据,不驰空想;立义必观大全,不陷一偏。故曰丰富。(陷一偏与驰空想者,皆贫乏之病。)《乾》《坤》二卦之义,推而广之,则不可穷竭,故曰无穷。所以称为义海也。《易大传》曰:"《乾》《坤》,其《易》之缊耶!"云云。此言《易经》广大、丰富、无穷之义趣,皆是《乾》《坤》二卦之所缊藏也。趣,犹旨也。义趣,犹云义旨。又曰"《乾》《坤》,其

《易》之门耶"云云。此言《乾》《坤》以下,众卦、众爻,皆自《乾》《坤》出也。如上二条,乃《大传》原本所载圣文。圣文,谓孔子之言。他处未注者,准知。小儒伪经,幸存而未削。伪经,指伪五经中之《易经·系辞传》。学者由圣人之言,当知《乾》《坤》二卦,不仅《易》之缊,而确是《五经》之原。原,犹本也。《乾》《坤》两《彖》,其思想体系弘大、深密,于《六经》中当为第一。《乾·彖》至纯粹,无一字不是孔子之真。《坤·彖》,惟结束处"西南得朋"云云,当是小儒增入。汉《易》于此处,用纳甲解释,则古术数之遗耳。然《坤·彖》只此一处可疑,其余则与《乾·彖》悉相符。

附识:乾为生命、心灵,坤为物质、能力。余在前文,随处引圣言为证,并加疏释。圣言,见上。小儒改变孔子之《周易》原本,而造成伪《周易》。虽削去圣言之最大部分,而犹不无少数之存留。盖《大易》《周官》《礼运》三经,皆六国时小儒所改造,犹不忍削尽圣言。不似后来汉世公羊寿师弟,卑陋无耻到极处也。余已说在第一分。惟《易大传》有乾称"大生",坤称"广生"二条,至极重要。其文曰:"夫乾,其静也专,其动也直,是以大生焉。夫坤,其静也翕,其动也辟,是以广生焉"云云。余在前文,屡引"大生"、"广生"二词,而未引其全文作释,今当引释于下。引者,引其全文。释者,余依其文而作释也。案此文,首言乾为生命、心灵也。问:"何以知之?"答:圣人言静专、动直,是以动静合一而言,不可分动静为二时也。如物体移动,则不静止;当其静止,即未尝动,是则动静分为二时。若乃生命心灵,有实而无形,流行而无止,岂可以物体之动静,推测生命、心灵乎？以后，言生命即摄心灵，避辞繁故。圣人言乾之静，即是生命力之静。生命力专一而不纷乱，故谓"静也专"；非如物体静止之谓也。生命力之动，健而又健，推其前，莫知开端；测其后，永无终止。每一瞬间舍故生新，飞腾腾，飞者，飞跃。故，犹旧也。每一瞬舍故生新，是飞跃也。活泼泼，进进而无退坠，故谓"动也直"；非如物体动移之谓也。故生命力动而不纷，即动即静；静而非止，即静即动。静专则含蓄深厚，动直则发用勇悍。故曰"是以大生"。

次言坤为物质、能力也。物质翕闭，成为一一实物，即诸物体宛然各各独立、固定，是乃静止之象。故谓"静也翕"。宛然者，各各独立、固定之貌。闢以散力，便显其刚猛，用之于破坏则莫有抵御，故谓"动也闢"。坤为质、为能，静翕以质言，动闢以能言。质和能无照明之性，承乾主导，生长遂茂。坤承乾主导而生物，物既生，即赖物质长养之而得成就。故曰"是以广生"。

有问："先生会通质和能为一，而字之曰坤。求之圣言，似不无征。会通生命心灵为一，而字之曰乾。虽有圣言可据，而吾犹未悟斯理。如何？"答曰：余尝见许多知识分子开口说生命，或极力形容生命力的充实，或赞美生命之热如火、锐如剑。我便问他：汝曾返在自身体会，汝之生命是从形骸产生出来乎？抑只是主领与默运乎形骸之中而不是形骸之副产物乎？吾问到此，诸人稍谨慎者便默然不答。或有别后再来问者，可惜此等人太少。吾于古哲中，觉得庄子于生命颇有体认，惜乎只见得片面。

庄子曰"天地与我并生，万物与我为一"云云。庄子盖悟到，生命是全体性，充实、圆满，无在无不在。生命不是我之一身所独有，是乃天地万物共有之生命也。庄子之意只如此。其实，天地万物共有之生命，即是我之一身独有之生命；我之一身独有之生命，即是天地万物共有之生命。推广言之，天地万物共有之生命，即是其各各独有之生命；其字，乃天地万物之代词。天地万物各各独有之生命，即是其共有之生命。奇哉生命，谓其是一，则一即是多；谓其是多，则多即是一。谈理至此，无可复问矣。庄子于生命，高谈天地万物共有，而忽视每一物各有。其极大错误，略说有二：一、泛称天地万物共有，则生命将成为莽荡无依据。莽者，大貌。荡者，譬如太空大气，旷然疏散、流荡，毕竟无依无据也。二、忽视天地万物各各独有生命，便陷于虚无主义。否定万有而不自知其谬，庄子确犯此过，余在本书不及论。

　　学者如肯作返己体认工夫，则生命、心灵不二之理，自不难悟。从生命中剥去心灵，即生命是迷暗势力。佛说无明，毕竟不是孔子《大易》所谓生命。余驳之已久矣。从心灵中剥去生命，即心灵丧失其刚健、生生、升进的自身，犹得成为心灵乎？庄子说心为灵台。灵台者，禅家所云明镜台也。偏从灵明一方面去观心，而不悟心灵自身即是充实不容已止、进进不可退坠、至大至刚的生命力。而不悟，至此为句。此其所以玩心于空丈，放弃"裁成天地、辅相万物"之行动实践，其理论之败缺殊不少也。兹不及论。宇宙实体之内部，含藏乾坤相反之两性。此乃法尔道理，不可问其何由如此也。法尔道理，借用中译佛典。法尔，译音，其义犹自然也。法尔道理，犹云自然之理。相反，则难免于作战，战祸必起于坤。

第二分　广　义

圣人于《乾卦》，唯说乾道在"保合太和"，绝不涉及战事。其于《坤卦》，则于上爻特著"龙战于野，其血玄黄"之文。坤之上爻其势已盛极，故与乾战。特著者：著，犹明也。圣人特别著明坤来战乎乾之象，而知坤当失败，终必顺承乎乾也。夫乾道主太和而坤阴必造战祸，此何故耶？乾为生命、心灵，有刚健、生生、照明等性。主变以导坤，必完成其统坤之伟绩，本不以战为事也。坤为质和能，有柔、暗、闭塞等性。迷暗的发展至于千形万态：粗大者如太空诸天体，纤细者如微尘，轻动者如气体，乃至坚劲者如固体。中译佛书以气体名之曰轻动，以其轻微而流动故。乃至者，中间隐含液体故。坚劲之劲，犹俗云硬也。此言其大略耳。其详，则不可究诘矣。复杂至极。无从探究，无从诘问。要之，坤阴既有实质，发展便容易。坤为物质。但有质即有能，可不言而喻。坤阴是迷暗性，则其发展更有流于偏胜之势。《说卦传》言：坤"战乎乾"。盖以坤之性暗，其动也刚猛，既凝成无量数物质宇宙，发展偏胜，则乾道大生之力，虽主领与默运乎坤物之中，健健不息，进进不已。乾道"大生"之力谓生命。以下简称乾道。不息，不暂停也。不已，无退坠也。坤化成物，故名坤物。此谓物质。而坤物有迷暗、闭塞等性，毕竟是乾道发扬之重大障碍。故乾阳坤阴二性本相反。乾，阳性也，为刚健。为生生、为照明、为升进等等。坤，阴性也，为柔、为暗、为坚劲、为闭塞、为退坠等等。二性本相反。但乾之道在以"天生"之德统坤，完成太和之功，必不以战为事。而其健德，固不畏战。惟坤之暗性，因其与乾相反，而又自恃发展偏胜之势，自恃云云，乃吾人从旁推测坤物，有此错误也。常障碍乎乾道生生、照明、升进之机，遂为战祸之戎首。坤物一战而败，终乃顺承乎乾。《坤卦》上爻，"玄黄"之血，所以著坤之始迷而终顺。迷，犹暗

295

也。坤,始而造战,迷也。战败而后承乾,全其顺德,终不失正常之道也。"血玄黄"者:坤挑战,乾起而应之,双方皆流血。古代民俗,称天为玄色,地为黄色。乾取象于天,故云玄;坤取象于地,故云黄。此举玄黄之血,以见乾坤两方,虽一胜一败,而皆不得无伤也。宇宙是太和之府,不是战斗之场。战斗者其暂,太和者永贞之道也。(永者,永久。贞者,正而固。此言太和是大正而坚固不可摇之道也。)

是故宇宙大变化,此言变化者,谓乾主变,坤承乾而起化,宇宙人生由是而始也。说在前文。**原于实体内部含藏乾坤两方面之复性。**复者,复杂之简词。言实体不是只有一种性质也。**乾,为性、为灵,阳刚性故,特异乎"太素"。**上性字,谓生命。灵者,心灵。均见前文。下刚性之性字,乃性质之简词,非生命之谓。"太素"者,《易纬》称坤曰"太素"。太者,赞美之词。素,犹质也。坤为物质,故授以此名。然凡言质者,即摄能力在内。他处未及注者,皆应准知。**坤为质、为能、阴暗性故,甚背乎"大明"。**乾,称大明。屡见前文。此言坤背乎乾也。**两性相违反,怒然交推,遂成大用。**怒然者,相反之貌。交推者,乾主变以开导乎坤,是乾推动坤也。坤始而造战,终顺承乾,即与乾合德,是坤推动乾也。故云交推。用者,功用之简称,即乾坤是也。功用有两方面之异,故析言之,曰乾坤耳。乾坤,只是功用之两方面,本非各各独立的。**实体含有复杂性,故其变动即成为乾坤两方面的现象,是名功用。实体才变动,便叫作功用;不是变动以后,又别造成乾坤万象,方叫作功用也。**不是二字,至此为句。**譬如大海水才变动,便叫作腾跃的众沤;不是变动以后又别造成一世界,方叫作腾跃的众沤也。又复当知,实体,自其太始以至无穷无尽的未来,无有不变动时,易言之,即无有不变成为乾坤万象之时。设若妄计实体有离开乾坤万象而独存之**

时,则实体便与上帝无异,断无此理。<small>妄计之计,犹猜想也。</small>有问:
"中国古天文家谓宇宙太初,洪荒无物。先生常称引此说。然则
洪荒无物时,即无实体独存乎?"答曰:立言者各有观点,不可一
概而论。就宇宙之发展而言,太初蒙鸿一气,即气体之始,物质
之希微者也。当是时也,气体即含载乎乾。所以者何? 气体,物
质也。物质即坤也。坤与乾不是各各独立之两物,坤含载乾,乾
主导坤。乾坤本浑沦为一也。<small>浑沦,不可分之貌。</small>其可曰太初鸿
荒,唯有气体,而无乾道大生之力潜运于其间乎? 坤不独化,乾
不独变。乾坤合一,即变化成。此乃自然之理,必然之势,无可
疑也。复次,实体举其自身,全变成功用,即功用以外无有独存
的实体。譬如大海水举其自身全变成腾跃的众沤,即众沤以外
无有独存的大海水。此孔子《大易》所以肯定乾坤或万物为真
实,而收摄实体以归藏于乾坤或万物。易言之,实体是乾坤或万
物之内在根源,不可求实体于乾坤或万物以外也。皇哉《大易》!
体用不二之义,<small>皇,犹大也。</small>征诸万有而不谬,洞彻理根而无疑,<small>至</small>
<small>极之理,而为众理之原者,曰理根。</small>百世以俟后圣而不摇,可谓至矣!
<small>体用不二义,包通万有。(包者,包含。通者,贯通)。孔子教人涵养天地万物一
体之德量,明儒王阳明颇识此意。</small>

　　附识:旧答人问,云:实体不是超脱乎现象而独在,故
　　现象之有复杂的发展,实本于实体之含有复杂性。《大易·
　　乾卦》以乾道六阳之发展本于一元,《坤卦》以坤道六阴之发
　　展亦本于一元,此即确定乾坤无二元也。有问:"先生在《体
　　用论》中,曾说'实体变动,成为功用'云云。今欲问者,实体

有不变动时乎?"答曰：汝之此问,发于妄情猜想,不可不猛省也。变动,即是实体之功用。体必有用,方成为体;无用,即无体可言。实体哪有不变动时? 如有不变动时,则实体便是僵死之体,有是理乎? 实体恒时变动,此法尔道理也。恒者,恒久。恒时者,言其无有不变动之时也。法尔道理,见中译佛典。穷理到至极处,不可更问其所由,归之法尔而已。法尔,犹自然也。问："实体变动,有无轨范?"答：一变为两,是其变动之轨范也。实体是一,其变动即为两。两者,乾与坤,是称功用。乾坤,即是功用之两方面,屡说在前。

有问："先生恒言,实体内部含有复杂性,故其变成功用,即有乾坤两方的异性,藏相反之机。相反,必趋于战。《坤》之上爻,有'龙战于野'之象是也。而《乾·彖》称乾道'保合太和'。其故何耶?"答曰：《大易》之义,惟乾无战。所以者何?《乾卦》称乾之德曰："刚健、中正、纯粹。"故不主战。经文,"纯粹"二字下,有"精也"二字。注疏家多以"精"字连上读,即以精为乾之一德,此乃大错。精,乃乾之别名。(注意。)经文盖言,刚健、中正、纯粹诸德,惟精独有之也。姚信、崔憬等皆如此解,甚是。乾之反坤者,乃反其阴柔、迷暗、闭固等劣性,而欲导之于正。有相反而无相仇也。坤则反乾,而欲消乾。消者,消减,非消灭也。坤之发展偏胜,即障碍乾道之发展,是坤乃消减乾之势用也。如生物未出现时,即乾道"大生"之势用,无从显发出来,是即乾道为坤阴所消减也。然乾道毕竟不可消,故《坤·彖》断言,坤必"顺承"乾。造战祸者,坤也。故《乾卦》惟称乾有"保合太和"之美。《坤卦》则明著坤之发起战祸。然坤卒以好战自败,终乃改其迷暗,而顺承乾,乾坤由是合一。乾以刚健、中正诸德主导坤，不造战而足以应战，是乾德之健而又健也。宇宙之开辟与发展，惟本乎刚健、中正诸德。人事亦可知矣。

《坤卦》上爻之文，汉《易》纯以占卜家言，妄作解释，完全背叛孔子本义。宋明人于古术数及孔子思想，两无所知。今先引经文，而后附注。

经文"上六，龙战于野，其血玄黄。"《象》曰："龙战于野，其道穷也。"《文言》曰："阴疑于阳，必战。为其嫌于无阳也，故称龙焉。犹未离其类也，故称血焉。夫玄黄者，天地之杂也，天玄而地黄。"案以上皆引经文，今逐句附注如后。

上者：《易》每卦六爻，爻之为言，效也。效法万物变动之轨则，而立六爻以表达之，故曰爻。其数，自下而上，最下一爻名初爻，最上第六爻名上爻。龙者，乾之象。先民称龙有健德，能潜能飞。故圣人以乾道，取象于龙。凡言圣人，皆指孔子。乾，始伏藏于坤中，犹龙之潜也。乾为生命，坤为物质。屡见前文，不须赘说。及乾道发扬，遂改造物质为生机体，乃大显其德用，如龙之飞跃在天也。故龙是乾之象，坤不得称龙也。注意。今《坤卦》上爻称龙者何？坤，以阴暗与刚猛之性，发展偏胜，其势足以消灭乾道，日逼乎乾而未知其所止。乾乃横遭坤之消减，至于剥，而仅存孤阳，剥，谓《剥卦》。乾亦将尽矣。尽者，灭尽之谓。《文言》曰：为其嫌于无阳也。为，读卫。此言乾道本不主战，今坤阴造战不已，遂起而应战者，因为坤之消乾，其逼乾太甚，（为，读卫。）遂至嫌于独有坤阴而无乾阳。（嫌者，疑似之辞。乾本主乎

299

坤,岂可云无？无,犹無也。今因坤之消乾,几乎乾阳将无。故圣人为疑似之辞,以明坤阴盛极,必当战败而顺承乾道耳。)上爻之辞曰"上六:龙战于野,其血玄黄"者,案上者,高亢之地。六者,《易》以数表阴、阳,则奇数为阳,偶数为阴。六是偶数,即指坤阴。坤阴居上,逞其消乾之势,将令乾无,是乃坤之以乾阳自居,而不悟满盈之祸已至也。上爻称坤曰龙,乃贬斥坤阴不守贞常之道,必自败也。野者,广博之地。乾道广大,故以野为乾道之象,此言坤来战乎乾也。"其血玄黄"者,此言战为凶事,虽乾胜而坤败,而双方皆有流血之凶也。"玄黄",说见前。

《象》曰:"龙战于野,其道穷也。"案此上爻《象传》也。解释上爻之《象》,曰《象传》。坤阴势盛,消乾,造战。乾道被消而似无有。至此,则乾阳无可宽容,必疾起应战。坤阴毕竟不能抗拒乾道"大生"、"大明"之健德、健力。故战祸一发,则坤阴乃处于穷地,若不顺承乾,即无以自存也。

《文言》曰:"阴疑于阳必战。为其嫌于无阳也,故称龙焉。犹未离其类也,故称血焉。"案此《文言》,解释上爻之象也。《坤》之上爻,曰"龙战"云云。夫战,何由起乎？起自阴疑于阳也。疑,犹似也。阴之迷暗,必须顺承"大生"、"大明"之乾阳,此乃天则之不可违者。天,犹云自然。则者,轨则。天则,犹云自然之轨则。乾以健统坤,坤以顺承乾,此乃乾和坤所共循之最高轨则。不可问其所由然,只合归之自然而已。(自者,自己。然者,如此。自己如此曰自然。乾当以健统坤,是其自己如此,无有使之如此者。坤当以顺承乾,亦是其自己如此,无有使之如此者。)今坤乃不承乾,而狂逞以消乾,是坤将取乾而代之,即坤似居乾位。乾受坤之逼,其势日蹙,似无所有。似乎独有坤阴而无乾阳。乾道艰难至此,何可不应战,故曰必战。

坤何以称龙乎? 为坤之消乾也日急,唯坤阴独盛,似无乾阳。为,读若卫。故称坤曰龙,明坤之必败也。

坤何以称血乎? 古《易》坤阴之象甚多,而血乃阴象之一,孔子亦承用之。坤虽称龙,实则坤阴当顺承乾阳,不可称龙。坤究是阴性之类,其势虽逼乾,而实未离于阴类也,故复称血。古《易》以血为阴性故。古《易》,谓古术数家以伏羲之八卦,应用于占卜之术,其于诸卦诸爻皆取象甚多。孔子作《周易》根本消灭古代一切术数和占卜等术,而于古《易》所取诸象则因其行世甚久,不妨采用其象而改变其义。此如世间语言文字,多有沿用旧名词而改从新义者。如先民呼山曰巅,后乃以巅改为天之称。如此类者,不可胜数也。故孔子《周易》卦爻之象,有用旧象而改从新义者,不可不知。称坤曰血,以明坤之未离阴类,实不可称龙也。此是一义。又有别义,坤称血者,言乾起应战,坤必败而流血也。流血,本以专罪造战之坤阴方面,而亦并原不战之乾。原者,悯其无罪,而原恕之也。所以者何? 战为凶事,胜败皆有伤。坤流血,乾亦不得不流血。故“其血玄黄”之辞,明乾坤俱伤。而《文言》之结语曰:“夫玄黄者,天地之杂也”云云。战场之一聚血,乃乾阳坤阴之杂和。此虽凶事,而吉亦自此开端。坤不胜而悔悟,卒顺承乾。自是乾坤合一,永保太和,皆从乾坤杂和之一聚血而来也。妙哉妙哉!

有人问:乾为生命,坤为物质。两性相反,本由乾坤之实体含藏如是两方相反之性，非偶然也。如是两方云云者，即指乾坤两方之性互相反也。此言乾坤同一实体，所谓一元。实体含有乾坤两方相反的复杂性，故实体变成乾坤，即此乾坤相反的两性大大的显著起来。譬如众沤共以大海水为其自体，大海水本来含有众沤的动跃、湿、润等性，故其变成众沤，（其字，指大海水。下准知。）即此众沤的自体，便将动跃、湿、润等性大大的显著起来。此中以众沤比喻乾坤，以大海水比喻乾坤之实体，所谓一元。但此处用众沤和大海水之譬喻，一方，正取大海水与众沤本非二物，而乾坤与其实体不可分而为二，所谓体用不二者，犹如大海水和众沤也。另一方，并取大海水本含有众沤的动跃等性，故说众沤既成自大海水，即众沤的自体，便能将动跃等性显著起来。而乾坤之实体含有乾坤两方相反的复杂性，故说乾坤既成自实体，便能将其实体本来含有两方相反之性显著起来，亦犹众沤和大海水也。然复须知，此譬喻究不能全相似。大海水含有之动跃、湿、润等性，无有相反之义。此与乾坤两性互相反者，无相似处。大凡取譬喻，只取其有少分相似，不能求其全相似也。夫相反则不能无战。虽云战非常道，毕竟由两相反而归于乾坤合一，保合太和。虽云二字，一气贯至此。然欲不经战事，而直达太和，诚恐此等高尚理想，能实现者或少耳。坤造战，而乾不战。及坤之恶已盈，乾徐起而应之。坤受创伤，卒顺承乾，永守正固。坤以承乾为正固之道，今乃能永守之也。乾之健而又健，终乃克服迷暗之刚猛。应坤之战而胜之，曰克。坤自是顺承于乾，曰服。迷暗，谓坤，坤性暗故。坤之动也刚猛，而终于取败。《坤卦·文言》谓坤性至柔，此其征也。大哉乾乎！《乾卦》以龙之能潜龙飞，故取为乾之象。（象，犹譬喻也。见本书第一分。）此义深远。飞而不能潜，非健也。坤之刚猛，所以为至柔也。炸药之发也刚猛，而一发无余。此虽习见之事，而由此可以悟入深广无穷的理道。生命和心灵之力,其潜藏也,可谓入乎九渊而犹不知其底,是其潜蓄至深也。(《乾卦》初爻之潜,宜深玩。)其高飞也,可谓极乎九天而犹未见其止,是其发扬甚盛也。(《乾卦》五爻之象曰"飞龙在天"云云。夫天,无止境也。此云天者,实指天界,谓太空也。非就某一星体而言。飞龙之飞,岂有止乎?)余相信,宇宙浑是生命力充塞流行,(塞,犹满也。)生命无尽,宇宙无尽。(无尽者,言其无有灭尽之一日。)此生命力所以称乾也欤!(言生命即摄心灵,以其非两物故。)乾之为言,健而又健也。物质之力不得与生命力并论。此不及详。夫乾道藏"大生"之机,缊照明之德,乾称"大明",又称"大生"。均见前。其当主导坤质、运用坤质,坤为物质,故名坤质。运用者,谓生命心灵的力,必须改造物质为生机体,方可凭借之,以发展其盛大之德用也。以完成乾坤合一,保合太和之丰功,是乃理之自然,势所必至也。然事势不无困难者。坤有实质而其性暗,且坚凝性强、闭塞性强、惰性最甚,此云惰性,亦称退坠性。又有其动也刚猛之患,故生命力主领与运行乎坤质之中,常受坤质之障碍,而甚难顺利显发自己之力用。自己,设为生命之自谓。此就宇宙发展史观之,生命力不易冲破坤质之障碍,其情形可推见也。宇宙发展,约分三层:一曰,物质层。太初时期,最先成就。由蒙鸿一气,即气体。而经液体以至固体。无量诸天体大物布列太空,是乃无数物质宇宙。其数太多,诸大海岸沙数之多,当不及其万分之一。是为物质层。二曰,生命层。物质层凝成,经历不可数计之悠长年代,而后有生机体出现,即生命出现。是为生命层。在生机体未出现以前,生命力只是斡运于物质中,潜藏而不得显发出来。斡者,主领之谓。运者,运行。不可妄疑太初唯有物质,并无生命力默运于物质层也。不可二字,一气贯下为句。默,犹潜隐也。设若太初本无生命,则后时生命出现,岂是偶然而来乎?倘谓生命亦从坤质产生,则其说之决定不可通者,有二故:一、推原太初,宇宙肇开,肇,犹始也。不得不承认其由于变化。而变无独起,是义不摇,遍征物理、人事,莫有例外。云何宇宙肇开可由一物独变乎?一物独变,造成世界,惟教徒笃信上帝有是事耳。其然,岂其然乎?圣人作《周易》,圣人,指孔子。即用显体。孔子之《周易》,不于功用或现象以外建立实体,而收摄实体以归藏于功用或现象。易言之,即以实体为功用或现象之内在根源,故说即用显体。(此言克就功用或现象,而阐明其有内在的实体也。显者,阐明之谓。如此,则其立论是以功用或现象为主,实体只是功用或现象自身所有之内在根源耳。以此视古今哲学家谈本体而未离宗教窠臼者,迷悟隔绝,何止天渊之判。)此是《周易》哲学大根本处。学者倘于大根本处,见之明,持之定,则于《周易》哲学庶几不生谬解。其立论本以功用或现象为主。注意。现象分殊,分者,分别。殊者,殊异。现象各别为类,互相殊异故。不可淆乱。不可淆杂,不可混乱。一切现象,都不无因而起。如此有,故彼有。故,犹因也。由此为因,而彼得有。彼,即果也。彼之与此,定有相似,故因果律存焉。若许坤质得为非坤质之因,非坤质,指生命和心灵。即因与果截然无相似处,截然者,彼此本不同类,无有相似之貌。是乃破坏因果律。由上二故,余确然不信建立坤质为一元可以说明生命所由生。余确然不信五字,一气贯下为句。须知,坤质和乾道"大生"(即生命)皆由其一元实体之内部含藏复杂性而变成乾坤两方面,是名功用,亦名现象。一元实体变成

304

乾坤,譬如大海水变成众沤。屡说在前。是故《周易·乾·彖》说"乾道变化"云云。化属于坤,此中有伏文。说在前,宜覆玩。本谓乾道主变以导坤,坤阴承乾而起化与乾同功,遂成万物,开宇宙。成万物、开宇宙二语作复词。宇宙,乃万物之总称耳。余深玩乾变坤化相反相成之义。盖圣人仰观、俯察,远取诸物,近取诸身,洞然发见此理,而后作《易》,以揭造化之秘,圣人,指孔子。造化,谓乾变坤化。遍征万有,非无明证。洞彻理根,极尽精微,理根,见前。大义昭然,无可疑也。宇宙肇开,断断兮不由一物独变。断断兮,肯定之貌。乾变坤化,是义决定,坚立不摇。

《乾卦》,明乾性照明,其德刚健、中正、纯粹。其于坤也,惟保合太和而已。《坤卦》,圣人则于初爻而发明其例曰:坤始消乾。此义,后详。又总括《坤卦》六爻而断之曰:"利永贞。"圣人之于坤阴,其有忧乎? 断者,断定。此言坤阴以顺承乾阳,为正常之道。利在永久持守此道,正而益固,不复动摇。故曰"利永贞"。此戒之之辞也。圣人之于坤阴有戒辞。王阳明先生得此意,教学者勿"随顺躯壳起念"。(躯壳,即坤质之凝成,阴暗性也。见利贪得,遇难欲避,乘权得势即逞野心,凡此皆随顺躯壳起念,以消减乾道之"大明",凶征也。阳明只就人生而言,而其原理,自通于造化。造化者,谓乾变坤化,而成万物、开宇宙。此从宇宙论之观点而立论也。就宇宙论而推测,坤阴常消减乾道"大生"、"大明"之德用,圣人已忧之矣。此意,须别为专论才好。)

问曰:"自太初洪荒,以至诸天体凝成,无数物质宇宙充塞太空。此一大段时期悠长不可数计,纯是物质层由肇创而至于大概完成。肇，犹始也。当此期间，生机体不获造起，生命未得出现，其为坤阴消乾最厉之际乎？"厉，犹猛也，烈也。

答曰：吾子所说，由洪荒至物质层大概完成，此一大段悠长时期，须通《乾》初与《坤》初两爻而深玩之，方无误解耳。《乾卦》初爻曰"潜龙勿用"云云。此有二义：一、太初洪荒，坤阴只是轻微、流动之质，尚未凝成实物也。乾道"大生"之力，虽主变，导坤以成物，而物之凝成，究是坤之自力所为。乾之导坤，譬如人君主领宰辅，无为而已。人君实无所作为，乾之导坤，亦犹是耳。是时，乾道隐藏于物质中无所作为，故取"潜龙勿用"为其象。二、坤阴虽承乾起化，而实自有权能。权能，犹权力也。坤阴之动也刚猛，故其行使成物之权能时，常过分发展，乾道固莫能限制之也。夫物质宇宙重重无尽，重，读若虫。吾人所居地球是八大行星之一，八大行星与太阳乃组成太阳系。在此太阳系之外还有许多天体系列，其数目之多，远过恒河沙数。天文学者琼斯有云："天际星球之数，几与全世界各海岸的沙粒那样多。"汤姆生云："夫以太阳系之硕大广漠，宜无伦匹，而在众星云之大宇中乃渺乎沧海之一粟耳。"由此可见，充塞太空，只是无量物质宇宙。余在前文，曾说坤阴发展偏胜，此其证也。复次，生物所可存在之域，其与一团烈火相似之最高圈围，距离必不可过远，亦不可过近，而恰为温度合适之域。若不及此域，或距热火团过近，则生物必枯萎，或距热火团过远则生物必冻毙。唯吾侪太阳系中之地球，温度恰好。但散布太空之无量星球，其类似地球之绕太阳而有适宜于生物之温度者，确甚难得。

第二分　广　义

乾道虽斡运于物质中,而不易改造物质为生机体、凭藉之以显发其"大生""大明"之德用者,其受物质之重大障碍,事实如此,不待论也。物质,即坤也。复次,依天文时间计算,行星年岁甚小。太阳系之造成,大概因星云之相撞。而两星云相碰一次之机会,约须七兆兆年。余案此说,尚难为定论,姑且视为一种说法。据此,则太阳系之年岁,在星云中已甚幼稚。地球是从太阳中分裂而出,其年龄较太阳更小。而地球凝成之后,又不知经多少时劫,始有生物。时劫,复词。劫,犹时也。自生物进化至人类,则生命、心灵发展至最高级,中间受坤质之障碍,千磨百难,实未足以形容其困也。难者,苦难。读若乱。生物和生命出现自植物始,植物从最低级进至参天之木,其所经层级无从数计。其时,生命受物质之锢闭甚重。(植物生长于一定之地点,不得自由行动,生命力微弱,心灵作用未发现。虽有许多学者谓植物有知觉,然甚暧昧不明。盖植物时期生命初出现,犹未能破除物质之锢闭故也。坤质消减乾道"大生"、"大明"之德用,使其不易顺利发展,事实彰明。)植物进化至低等动物,所历层级更繁赜。虽生命力较植物为强,知觉较植物为显,而其进展并不大。至高等动物出现,庶几上希飞跃之境,(上希二字,注意。)然终不能解脱物质锢闭之患。虽飞跃至于人类,已达最高级,然稍一放逸,犹易为物质之幽城所锢闭也。《易》之坎卦(☵),表示一阳陷于二阴之中。(上下两爻皆坤阴也,中一爻乃乾阳也。)乾阳陷于坤阴中不得显发出来,此即生命和心灵受物质锢闭之象。易言之,即坤消乾之象。《易大传》有"天道鼓万物而不与圣人同忧"之叹,其义深远极矣。天道,谓乾道也。(乾,取象于诸天体之运行至健,故乾有天之称。)但此言天道,即摄坤阴。乾主导乎坤。坤承乾起化而成物,于是自用其权能而发展偏盛,有消乾之势。乾道虽藏"大生"之机、缊照明之德,而常受坤质之障碍，厄于坤质之消剥，难以顺利发展。（消者，消减乾之力也。剥者，剥削乾之势也。）乾道鼓动乎坤质以成万物，（此中万物，总括生物及无机物而言。）而万物之能畅其性命与能发其心灵之胜用，而不为坤质所限制者，盖几乎必不可得之事也。（此中万物，专指生物而言，此中性命，犹生命也。此中坤质，专指生物之形体而言。生物界无论其为最低之藓类，或最高之人类，其生命与心灵之发展，总不能不受其形体之限制。）然至人类颇能以自力冲破坤质的限制，如修养有道者决不徇物欲以害其生命。（因物而生欲，曰物欲。声色货利乃至权力，取之不以正义者，皆物欲也。）好学不倦者，必深造于专精、深入、细密、正确的知识，或昭旷弘深的智慧。（昭者，昭明，无有迷惑。旷者，廓然大通，无有滞碍。弘者，穷理达于至大之域，无所不包通。深者，穷理抵乎至深之境，尽其底蕴。）凡此，皆非仅恃头脑组织完善，而实人之以自力进进也。若夫人之不能有成者，亦非生来便非好头脑，而实人之不尽己力也。然人之能显发其生命心灵，克以自力冲破坤质之限制者，当不为多数，则坤质消乾之势，正未堪忽视耳。后生可畏，来者难知。所贵人能自强耳。

复次，坤消乾之势，著见于人类实际生活方面者尤不可胜言。自然势力之种种危害有生命之人类者，莫非坤之消剥乎乾也。乾道鼓动乎坤以成物。坤既成物，而消乾之势亦成。圣人有见乎是而独忧之。而乾道广大，只是循乎理之自然，行乎势之不容已，本无作意。故曰不与圣人同忧。圣人有忧，所以导引人类互相勉于"裁成天地，辅相万物"之大业。圣人之扶乾，而改造坤质以顺承于乾，其德盛矣乎！综上所言，自洪荒无物，坤阴承乾起化，始凝成物，以至物质层大概完成。此一大段悠长不可数计之时期，纯是坤质独趋发展，流于偏胜。而乾道潜藏于坤质之中，未尝自用其力。故取"潜龙勿用"为其象,亦理与势合该如此耳。夫乾为生命、为心灵,必须改造物质为生机体,方得凭借之以显发光大。若非物质宇宙完成,生机体亦无从造起。此乾之所以自居勿用,而任坤之专其成物之功也。而坤之自专,将消乾,则亦自此始矣。

《坤卦》初爻之辞曰:"初六:履霜,坚冰至。《象》曰:履霜、坚冰,阴始凝也。驯致其道,至坚冰也"云云。案初者,初爻。六者,偶数,谓坤阴也。阴者,坤之性。故曰坤阴。履霜者,月令,季秋之月霜始降。人行则足履乎霜,霜乃极轻微之物。而坚固粗重之冰,将自此而至矣。《象》者,《象传》,亦称《象辞》。解释初爻之象也。微霜之象,实以譬喻坤质之凝结成物,其初必凝成小物,故曰阴始凝也。坚冰,为大物之譬喻。驯,犹顺也。道,犹路也。此言坤质顺其始凝成霜之径路,当由微霜而发展以至乎坚冰。此《象》之幽旨,幽,犹深也。本谓坤质初凝成小物,当由小物而发展以凝成大物。此亦理之自然,势不容已也。夫至大之物必起于小,先圣发明最早。先圣,指孔子。《中庸》首言"小莫能破",印度前世通人亦说极微,科学家发明元子、电子,虽诸说精粗不一,而有其大同者,则大物莫不起于小也。《中庸》一书,当是孔门大道学派记录先圣之言,惜乎为小儒所改窜。但圣言犹偶有存者。如"小莫能破"之论,实与《坤卦》初爻之义同,必为圣言。先圣《周易》释《坤卦》初爻,本有三例甚深弘大。汉《易》仅袭取二例,见于《九家易》。二例者:一曰,乾气加坤。二曰,坤始消乾,见于《坤卦》初爻。《九家易》纯是宗主术数,虽袭取先圣之例,以自文其陋,袭取,犹俗云偷取。而实变乱先圣之本义。如第一例云,"乾气加坤"。其所云气者,即古术数以乾为阳气之谬说也。本书第一分即已破斥,兹可不赘。但此例是先圣所本有。余推圣意,此例原文定是"乾力加坤"。乾为生命、为心灵,有"大生"等力用,本为坤之主导者。故圣文当是"力"字。第二例,在汉《易》袭取之,自是别有用意。帝王之世以小人为坤阴,君子为乾阳。如小人势盛,必消剥君子,以造大祸乱。如《后汉书》所载术数家进忠言于皇帝者,皆此意。幸而未改易圣文,犹可寻得《周易》思想体系,而得圣文之本义。《九家易》只袭取二例,而删除其第三例。余今玩索《坤》初之爻辞及《象传》而补之曰:坤质起化成物,其发展日盛,总是仅具实质的坤物,决定不会发展为非坤质或非有实质的东西。《坤》初者,《坤卦》初爻之简称。譬如微霜,坤物也。及其发展以至坚冰,还是坤物也。玩《坤》初之象可见。此例关系重大。否则《周易》之思想体系,将陷于完全混乱。

有问:"圣人于《坤卦》,有战斗之文。盖以坤质之障碍乾道发展,消剥乾道势力,乾不得不有以应之,故说为战耳。而有双方流血之戒辞,未免以乾阳、坤阴之战,拟诸人事,殊无义趣。"余答之曰:汝解释战字,诚得圣文本义。而流血之戒辞,圣言确不是拟诸人事。余今示汝以二义:一者,圣人已说明宇宙大变化,即乾变坤化,所谓造化是也。不得不经过战斗。恐世人闻之而尚战斗,故设为双方俱伤之辞,以为人事垂戒耳。二者,说到战事,便描写两方流血。此为文学艺术,引人情趣。《易》之卦辞、爻辞都是取象,而后乃有《象传》

《象传》《文言》等篇,朴实说理,则象中所寄寓之义,完全昭著。而取象之妙趣,引人神解,直有不知手之舞之、足之蹈之之乐。先圣《易经》原文,虽遭小儒削改,而就其偶尔幸存于伪经者玩索之,犹可想见先圣文学艺术,高矣,美矣。

先圣《大易》一经,广大至极,无所不包通,而可约之为内圣外王两方面。内圣学则特详于《乾》《坤》二卦。二卦虽别其名,实则当作一卦看。乾坤本不是各各独立之两物,学者宜识此意。内圣学,解决宇宙人生诸大问题,《中庸》所谓成己之学在是也。外王学,解决社会政治诸大问题,《中庸》所谓成物之学在是也。内外,盖强作分别。己和物,本来是一体,成己、成物,本来是一事。《论语》载孔子曰:"吾道,一以贯之。"诚哉,然也。《易》道广大悉备。此《易大传》赞美孔子《易经》之辞也。本书固已举其大体。若乃推演扩充,以泄其无尽之藏,其字,指孔子《易经》。则余有志焉。而年力俱衰,年临衰境,精力亏损殆尽。虽神思犹昔,思之发也如神来,故云神思。而文笔艰涩,不堪复耗脑血。余前年夏,因酷热为灾,自颈至背脊以及腰部,忽患柔弱,直若无骨,坠缩地面,不能树立。自是卧床三月不可起。逾三月始起。去年春初,闷绝一次。入夏,复患骨关节炎,骨质疏松。采西药注射肌肉,病势颇有挽救。秋来,又患大便下血。冬初,转为咯血,其势危厉。承中医治疗,咯血遂止。余衰残已甚,未知来日几何。本书当急作结束,借图息养。原欲作续篇,于内圣、外王,各发二十种大义。两共四十种大义。今自度不可能也,是余之遗憾也夫,是余之遗憾也夫!余患神经衰弱,盖历五十余年。平生常在疾苦中,而未尝一日废学、停思。余之思想，变迁颇繁。惟于儒佛二家学术，各详其体系，用力尤深。本书写于危病之中，而心地坦然，神思弗乱，此为余之衰年定论。此书之前有《体用论》，虽小册，而余为学之经历，及由佛而儒之故，略见此小册中。又有《原儒》，自信大体已备。而近年回忆，其中枝节处，犹多未畅发。又有杂染旧闻，未曾刊落。欲再删定，而无余力。然此书要不可废也。

有问："先生之新《易》学，盛张乾道主变、导坤之论，其犹有唯心主义之采色欤？"余答之曰：吾子何为有是言乎？西学唯心、唯物之分，本在宇宙基源处横行割裂，各执一性，说为本体。唯心论者直将实体的内部所含有之复杂性，而割去其物质性，乃说唯独有一性，字曰精神，是为本体。唯物论者反对唯心，却将实体的内部所含有之复杂性，而割去其精神性，乃说唯独有一性，字曰物质，是为本体。唯心、唯物所以分途，其主因在此。孔子之《易》明明无此事，吾子谓吾说《易》有唯心主义色彩，果何所据乎？余书发明《大易》体用不二义，本以现象为主，此是吾书根底。须识得此意。吾书不承认有离开现象而独在的实体，只收摄实体以归藏于现象，说为现象之内在根源。故曰现象为主。乾为心灵，坤为物质，乾坤皆现象也。现象有心物两方面，而不可拆裂心物为各各独立之两物。物的方面有力引起心。心的方面有力主动以符合于物则，而动不失宜。如汝步行市区街道，望见汽车奔跑而来，汝心即于此时主动起来，测定汽车行动之规律，同时指导两足迅速移步道旁，决不乱撞汽车。据此而论，汝心主导乎物，即是乾主导乎坤。事实分明，何可否认。此中物字，指两足和汽车。物即坤也，心即乾也。汝若以此类事实有唯心主义之嫌，则当于遇汽车奔来时，抑制自心令其不警不觉，庶几汝两足亦可不受心之警觉，而芒然直撞汽车。汝能如此否？若未能也，其可以唯心主义之污名，胡乱加于老夫乎？

有问："先儒有言，汉人治《易》多谈天道或气，盖重在阐明造化。唐以下治《易》者，重在谈人事，伊川实开其端。此乃易学趋向实用之途。今犹当继宋贤努力欤？"余答之曰：异哉，子之愚也，竟于汉宋两无所知。汉人所谈天道，乃上古先民迷信天帝之道，而王者诡称受天之命以镇压下民者也。汉人谈气乃术数家之阴阳二气，本非孔子《周易》以乾为阳性，坤为阴性之义也。古代帝王利用术数以愚兆民，兆者，最大多数之称耳。凡此皆当驳正。宋以来治《易》者，其所谓人事皆继承汉人拥护统治之主张，提倡忠君思想。程颐之《易传》，其愚陋更甚于汉人。杨氏《诚斋易传》，师法程氏之意，名为《易传》，而实际乃是一部史论。要之，程、杨二氏之《易》书，与司马光等合作之《资治通鉴》用意全同，皆广陈人主用人行政得失，垂为鉴戒；冀帝王修省，好自为之，享用天下，子孙世守而已。解放后数年，沪上古籍书店有杨氏书一部，闻争购者甚众，而书店索价颇高。有人欲购未即决，乃未及二日再往，则已为有力者愿出高价购去。悠悠斯世，求知学者可得几人哉？宋贤何足谈《易》，何济于人事？且汝言，亦过矣。治《易》而谈人事者，并不始于唐以下之伊川。后汉王弼虽未达孔子之外王学，而其《易略例》短篇之作，主张寡人独制之论，在政治上犹不失为一种理论。弼见后汉州将纷扰，故倡斯论耳。然其时曹氏、司马氏意图非分，分，读本分之分。言二氏欲窃帝位，非其本分所应为也。其才力足以办群丑而已。与曹斗者，皆小丑也。若夫持天下之大柄而独制之，改造世界，澄清大宇，经纬万端，振起万类。中国自唐、虞二帝后，似乎少此才。故弼之论，无影响于当时与后世。清季，吾鄂老辈王柏心子寿，亦持独制论者。左宗棠在西北甚倚重王翁。平情而论，独制可以权时之变而有济，要未可为常道也。开天下之物，成天下之务，要在通天下之志而已。吾于王翁之论，未敢过许也。宋以后有高才特识者，睹夏族颓靡成习，鲜不欲得雄才独制于上，作动天下群伦，而图成功变衰俗。张江陵、王船山、王子寿皆此志也。三公，皆楚人也。船山骨髓是儒家，本源深厚。江陵南面才，惜乎不通《周官经》。子寿较狭，然志不仕于清，真一代高士。

右笔记二则，录存于本书第二分之末尾。